浩吉重载铁路中条山隧道修建关键技术

陈 鸿　刘维正　张兆军
尚 军　张育博　编著

人民交通出版社股份有限公司

北京

内容提要

本书以浩吉重载铁路中条山隧道的工程实践为基础,针对复杂地质条件下重载铁路长大单线双洞隧道的建设需求与建设过程中的技术难题,系统介绍了重载铁路长大单线隧道在第三系高承压水、大变形、断层破碎带等复杂不良地质段的方案设计与结构优化技术、施工创新工法与关键技术、监控量测与安全预警技术、典型设备选型及机械化配套技术,以及该工程的建设管理与科技创新。

本书可供从事隧道工程的设计、施工、科研、管理等工作的专业技术人员参考使用。

图书在版编目(CIP)数据

浩吉重载铁路中条山隧道修建关键技术/陈鸿等编著. —北京:人民交通出版社股份有限公司,2022.10
ISBN 978-7-114-17961-7

Ⅰ.①浩… Ⅱ.①陈… Ⅲ.①重载铁路—铁路隧道—隧道施工—中国 Ⅳ.①U239.4

中国版本图书馆 CIP 数据核字(2022)第 078689 号

Haoji Zhongzai Tielu Zhongtiaoshan Suidao Xiujian Guanjian Jishu

书　名:	浩吉重载铁路中条山隧道修建关键技术
著 作 者:	陈　鸿　刘维正　张兆军　尚　军　张育博
责任编辑:	李　梦
责任校对:	孙国靖　宋佳时
责任印制:	刘高彤
出版发行:	人民交通出版社股份有限公司
地　　址:	(100011)北京市朝阳区安定门外外馆斜街 3 号
网　　址:	http://www.ccpcl.com.cn
销售电话:	(010)59757973
总 经 销:	人民交通出版社股份有限公司发行部
经　　销:	各地新华书店
印　　刷:	北京印匠彩色印刷有限公司
开　　本:	787×1092　1/16
印　　张:	21
字　　数:	525 千
版　　次:	2022 年 10 月　第 1 版
印　　次:	2022 年 10 月　第 1 次印刷
书　　号:	ISBN 978-7-114-17961-7
定　　价:	158.00 元

(有印刷、装订质量问题的图书由本公司负责调换)

丛书编写委员会

主 任 委 员

洪开荣

副主任委员

王小平　郭卫社

委　　员（按姓氏笔画排序）

于明华　方俊波　卢建伟　叶康慨　冯欢欢　吕建乐　刘龙卫
刘瑞庆　阮清林　孙振川　杜闯东　李丰果　李凤远　李红军
李志军　李治国　杨　卓　邹　翀　汪纲领　张　迅　张　辉
陈文義　陈振林　陈　馈　国　佳　郑大榕　赵　胜　莫智彪
高　攀　郭陕云　康宝生　董子龙　韩忠存　曾冰海

本书编写委员会

主任委员

陈　鸿　刘维正

副主任委员

张兆军　尚　军　张育博

委　　员（按姓氏笔画排序）

王尚书　王彦伟　王能学　尹忠辉　石　峰　冯　白　冯　伟

冯兴龙　皮　圣　刘国平　李小奇　李　勇　李晓军　李博文

杨正雄　杨志永　杨彦朋　余跃新　张成勇　张献伟　陈凤熔

陈洲频　陈　潇　林　琳　易定达　罗　进　赵　伟　赵宇峰

赵宝锋　秦　召　晏东行　殷晓东　高　波　郭玉旺　郭金海

曹　峰　梁　振　逯长清

主 编 单 位

中铁隧道集团二处有限公司

中南大学

参 编 单 位

中铁隧道局集团有限公司

浩吉铁路股份有限公司

中铁第六勘察设计院集团有限公司

Key Construction Technology for Zhongtiaoshan Tunnel of
Haolebaoji-Ji′an Heavy-haul Railway

丛 书 序
Introductory

  200万年前人类祖先已择洞而居,遮蔽风雨,抵御猛兽。中华文明文字记载的隧洞挖掘可追溯至公元前722年郑庄公与其母姜氏"阙地及泉,隧而相见"。人类经过不断探索研究和工程实践,如今随着技术的不断进步与可持续的文明发展,人们对采用隧道与地下工程解决人类生存与地面环境矛盾的认识越来越深刻,如解决地面交通拥堵的问题、解决水资源分布不均的问题、解决地表土地资源稀缺的问题、解决能源安全储存的问题、解决城市地表环境的问题,等等。特别是进入21世纪以来,人类已广泛形成了"来自地表挑战的地下工程解决方案"的共识。同时,正是这些应对挑战的隧道与地下工程解决方案,使得隧道与地下工程建设本身又面临着新的技术挑战,如超深埋的山岭隧道、超浅埋的城市隧道、超长隧道、跨江越海隧道以及复杂地面与地下建(构)筑物环境下的隧道与地下工程等。另外,隧道及地下工程建设还要面临极其复杂的地质条件与恶劣环境的挑战,如高地温、高地应力、高水压、极硬岩、极软岩、地下有害气体、岩溶等。

  新中国成立以后,随着铁路、公路、水利水电等基础设施的大规模建设,隧道与地下工程进入快速发展期。截至20世纪末,我国累计建成铁路隧道6211座,隧道总长度达3514km,为新中国成立前铁路隧道总长度的22倍。进入21世纪以来,我国的铁路、公路、水利水电、城市地铁、综合管廊、城市地下空间、能源洞库等得到爆发式的发展,我国一跃成为隧道与地下工程发展最快的国家,隧道总量居全球首位。截至2017年底,我国运营隧道(洞)总长达39882km,在建隧道总长约17000km,规划的隧道长度约25000km。隧道与地下工程呈现出向多领域应用延伸,并具有明显地向复杂山区、城市人口密集敏感区发展的趋势。可以说,在21世纪,隧道与地下工程将大有作为,但面临的挑战与压力也将是史无前例的。

  中铁隧道局集团有限公司(简称"中铁隧道局")为原铁道部隧道工程局,是国内隧道与地下工程建设的主力军,年隧道建设能力达500km以上,累计建成隧道(洞)长度约7000km。中铁隧道局自1978年建局以来,承担了我国大量的重、难、险隧道与地下工程建设任务,承建了众多具有标志性、里程碑意义的隧道与地下工程,如首次采用新奥法原理修建的衡广复线大瑶山隧道(14.295km)——开创了我国修建长度超过10km以上隧道的先河,创立浅埋暗挖法修建的北京地铁复兴门折返线——标志着我国地铁建设由"开膛破肚"进入暗挖法时代,首次采用沉管法修建的宁波甬江隧道——标志着我国水下隧道建设的跨越,创建复合盾构施工工法修建的广州地铁2号线越秀公园—广州火车站—三元里区间隧道——标志着我国地铁建设迈入盾构时代。从北京地铁到广州地铁,再到全国其他43座城市的地铁建设,标志着我国地铁建设技术迈入了引领行列;从穿越秦岭的西康铁路秦岭隧道(19.8km),到兰武铁路乌鞘岭隧道(20.05km)、南库二线中天山隧道(22.48km)、兰渝线西秦岭隧道(28.24km)、成兰线平安隧道(28.43km)等众多20km以上的隧道,再到兰新铁路关角隧道(32.6km)、大瑞铁路高黎贡山隧道(34.5km),以及引水工程的引松隧洞(69.8km)、引汉济渭隧洞(98.3km)、引鄂喀双隧洞(283km),展现了我国采用钻爆法、隧道掘进机法(TBM法)技术能力的综合跨越;从"万里长江第一隧"武汉长江隧道,到首座钻爆法海底隧道厦门翔安隧道、海域第一长隧广深港高铁的狮子洋隧道(10.8km)、首座内河水下立交隧道长沙营盘路湘江隧道、内河沉管隧道南昌红谷隧道,镌刻下我国水下隧道建设技术的成熟与超越;从平原、高山到水下,隧道无处不在,给人们带来了生活的便利与环境的改善。同时伴随着这些代表性隧道工程的建设,我国隧道施工机械装备与技术方法,也实现了一个又一个台阶的跨越,每一个台阶无不留有隧道人为人类美好生活而挑战自然、驾驭自然的智慧与创造。

"隧贯山河,道通天下"是隧道人的追求与梦想,更是我们的情怀,也是我们对美好生活向往的真实写照!中铁隧道局的广大技术人员,以促进隧道技术进步、共享隧道建设成果为目标,以承建的重、难、险隧道工程为依托,计划将隧道建设中遇到的难题、形成的技术、积累的经验以及对隧道工程的思考,以专题技术的方式记录和编写一部部出版物,形成"面向挑战的隧道及地下工程丛书"。希望本丛书对隧道及地下工程领域的发展与进步具有一定的参考与借鉴价值,同时期待耕耘于该领域的专家、学者和同行进行批评指正,也寄望能给未来的隧道人带来启迪,从而不断地推动隧道及地下工程技术的进步,更加自信地应对社会发展对隧道的需要与建设隧道中的挑战,更好地服务于人类!

在我们策划"面向挑战的隧道及地下工程丛书"的过程中,人民交通出版社股份有限公司给予了我们极大的帮助,共同讨论丛书的架构、篇目布局等,在此致以崇高的敬意!

本丛书在编写过程中得到了许多基层技术人员的支持与帮助,相关单位和专家也为丛书的出版做了大量的组织和支持工作,在此一并致以诚挚的感谢!

2018年12月

前　言
Preface

　　货运重载、客运高速是铁路现代化的必然趋势和重要标志。浩吉重载铁路(原名蒙华重载铁路)是我国"十二五"规划纲要中的重大交通基础设施,是继大秦铁路、朔黄铁路和瓦日铁路后建成的又一煤运铁路工程,全长1814.5km,是目前世界上一次性建成最长的重载煤运铁路和国内规模最大的运煤专线。线路北起内蒙古自治区浩勒报吉站,经内蒙古自治区、陕西、山西、河南、湖北、湖南,止于江西省吉安站,连接蒙陕甘宁能源"金三角"地区以及鄂湘赣等华中地区,是"北煤南运"新的国家战略运输通道,规划年输送能力2亿t以上。全线隧道共有228座,总长度468km,占正线总长度的25.8%,其中10km以上隧道10座。中条山隧道左线长18405m,右线长18410m,最大埋深约840m,为双洞单线隧道,是全线地质条件最复杂的隧道,进口为硬质岩层,出口为黄土层,围岩级别变化频繁,为全线头号控制性工程,也是浩吉重载铁路全线第一个开工的隧道项目。该隧道穿越变质岩、沉积岩、第三系与第四系地层以及软岩、断层破碎带、岩爆、高承压水等不良地质,其中软弱围岩段约占总长的60%。工程面临高承压富水、软岩大变形、"关门塌方"、长大斜井反坡排水、施工空间狭小等众多难题,施工风险高。

　　自2015年5月开工建设以来,在浩吉铁路股份有限公司以及相关设计、监理单位和科研院校的指导和帮助下,工程技术人员在中条山隧道建设中积极开展技术方案优化与创新,先后在设计、施工、管理等方面开展了一系列研究,攻克了诸多难题,取得了下台阶带仰拱一次开挖及时封闭成环、仰拱二次衬砌大区段施工工法、初期支护参数优化、第三系软弱基底加固工艺及防排水、富水地段仰拱体外排水、二次衬砌养护、反坡排水分段截流、二次衬砌带模注浆工艺、斜井预警系统、监控量测及拌和站信息化管理等一系列研究成果,顺利通过了各类复杂地层。本书基于上述成果,结合国内外长大单线隧道修建的先进经验,旨在系统介绍重载铁路长大单线隧道在复杂不良地质段的方案设计与结构优化技术、施工工法及关键技术、监控量测与安全预警技术、典型设备选型及机械化配套技术等,以期为同类隧道设计和施工提供示范和参考,促进我国长大山岭单线隧道修建技术的发展。

本书共分为16章。第1章主要介绍了重载铁路隧道修建技术发展状况、中条山隧道概况及工程重难点。第2章为隧道设计方案比选与结构优化,主要针对隧道的越岭方案、辅助坑道位置、辅助坑道断面及支护、隧道复合衬砌进行优化。第3章阐述了小断面隧道快速施工设备配套、设备选型、洞内运输施工组织及用电安全管理。第4章介绍了隧道超前地质预报常用技术、监控量测方法及其在典型工点的应用。第5~7章介绍了隧道安全绿色进洞措施以及斜井进正洞安全快速施工技术、Ⅱ级和Ⅲ级围岩光面爆破与水压爆破方案对比与优化技术、软弱围岩下台阶与仰拱一次开挖快速成环技术的施工关键参数、施工工法与实施效果。第8、9章介绍了穿越第三系高承压富水地层基底碎石换填注浆加固处理技术以及穿越断层施工现场地应力测试、变形特征及控制技术。第10章为二次衬砌仰拱大区段施工关键技术,采用全液压履带式栈桥进行全幅大区段一次性施工。第11章针对中条山隧道断面小、施工作业面多和距离长等特点,介绍了针对性的长大单线隧道通风技术。第12章介绍了富水地层仰拱施工体外排水施工工法与斜井反坡"分段截流、多级提升"排水技术。第13章介绍了长大单线隧道洞内无轨运输组织与安全技术。第14章主要针对单线隧道狭小空间以及小断面、变断面情况,介绍了隧道拱墙二次衬砌台车端模、大区段仰拱自行式栈桥吊模、水沟电缆槽模板配套设施等关键工装工艺改进技术。第15章介绍了长大单线隧道无砟轨道施工关键技术。第16章介绍了中条山隧道工程建设过程中的管理与科技创新理念、方法与措施。

本书是"面向挑战的隧道及地下工程丛书"之一。该丛书由中铁隧道局集团有限公司组织编写,总工程师洪开荣担任总主编,依托中铁隧道局集团有限公司承担的重、大、艰、险工程项目以及重大科技攻关项目,系统梳理总结了隧道及地下工程领域的建设关键理论、创新技术与发展成果。本书具体的编写分工如下:全书由陈鸿和刘维正负责统稿,刘维正编写第1章,陈鸿编写第2章,张成勇和陈鸿编写第3章,秦召和张兆军编写第4、11、12和14章,韦金严和尚军编写第5、6章,王彦伟和刘维正编写第7~10章,杨正雄编写第13章,张育博编写第15、16章以及附录部分。中南大学硕士研究生戴晓亚、孙康、冯瑜等参与了本书内容的整理工作,对他们的辛勤付出表示衷心感谢!在本书的编写过程中,得到了许多专家和技术人员的支持与帮助,并得到了中铁隧道局集团有限公司、中铁隧道集团二处有限公司、浩吉铁路股份有限公司、中铁第六勘察设计院集团有限公司等单位的支持和帮助,在此深表感谢!

由于作者水平有限,且参与编写人员较多,书中难免存在疏漏及不妥之处,恳请各位专家、同行及读者不吝指正,以利修正。

作　者

2022年8月

目　录
Contents

第 1 章　工程概况 ········· 001
1.1　工程简介 ········· 003
1.2　工程地质条件 ········· 004
1.3　断面设计参数 ········· 008
1.4　技术指标 ········· 009
1.5　工程重难点 ········· 009
1.6　本书主要内容 ········· 011

第 2 章　隧道设计方案比选与结构优化 ········· 013
2.1　越岭方案比选与设计方案研究 ········· 015
2.2　辅助坑道位置优化 ········· 024
2.3　辅助坑道断面及支护优化 ········· 029
2.4　隧道复合式衬砌结构优化 ········· 036
2.5　本章小结 ········· 047

第 3 章　施工组织与设备选型配套 ········· 049
3.1　小断面隧道快速施工设备配套 ········· 051
3.2　洞内运输方案 ········· 053
3.3　供电系统配置及相关措施 ········· 054
3.4　本章小结 ········· 058

第 4 章　隧道超前地质预报与监控量测方法 …… 059

4.1　复杂地质条件隧道超前地质预报 …… 061
4.2　监控量测方法 …… 072
4.3　本章小结 …… 083

第 5 章　隧道爆破开挖成型控制技术 …… 085

5.1　爆破开挖成型目标与爆破设计 …… 087
5.2　隧道爆破开挖成型控制 …… 091
5.3　本章小结 …… 093

第 6 章　隧道进洞与斜井进正洞安全快速施工技术 …… 095

6.1　隧道进洞安全快速施工技术 …… 097
6.2　斜井三岔口软岩快速挑顶施工技术 …… 100
6.3　本章小结 …… 103

第 7 章　软弱围岩下台阶与仰拱一次开挖快速成环施工技术 …… 105

7.1　两台阶带仰拱开挖快速封闭成环施工技术要点 …… 107
7.2　台阶高度与台阶长度研究 …… 111
7.3　初期支护仰拱早期受力及喷射混凝土早期强度研究 …… 122
7.4　两台阶带仰拱一次爆破工艺研究 …… 130
7.5　资源投入及施工工效 …… 134
7.6　本章小结 …… 137

第 8 章　穿越第三系高承压富水地层基底处理技术 …… 139

8.1　基底碎石换填注浆加固的优点 …… 141
8.2　基底碎石换填注浆加固施工技术 …… 142
8.3　本章小结 …… 147

第 9 章　断层破碎带施工技术 ⋯⋯ 149

　9.1　断层设计概况 ⋯⋯ 151
　9.2　现场地应力测试及分析 ⋯⋯ 152
　9.3　施工变形分析 ⋯⋯ 154
　9.4　变形控制施工技术 ⋯⋯ 155
　9.5　施工效果验证 ⋯⋯ 160
　9.6　本章小结 ⋯⋯ 160

第 10 章　二次衬砌仰拱大区段施工技术 ⋯⋯ 163

　10.1　全液压履带式长栈桥设备设计 ⋯⋯ 165
　10.2　二次衬砌仰拱及填充层模板设计和栈桥安全防护设计 ⋯⋯ 169
　10.3　二次衬砌仰拱及填充层大区段施工工艺 ⋯⋯ 172
　10.4　本章小结 ⋯⋯ 179

第 11 章　小断面隧道多工作面长距离施工通风技术 ⋯⋯ 181

　11.1　隧道通风难点 ⋯⋯ 183
　11.2　隧道通风方案 ⋯⋯ 183
　11.3　施工风量计算 ⋯⋯ 186
　11.4　设备选型 ⋯⋯ 190
　11.5　本章小结 ⋯⋯ 192

第 12 章　小断面长大单线隧道防排水技术 ⋯⋯ 193

　12.1　反坡排水施工技术 ⋯⋯ 195
　12.2　体外排水施工技术 ⋯⋯ 203
　12.3　排水施工组织 ⋯⋯ 205
　12.4　中条山隧道防排水方案 ⋯⋯ 208
　12.5　本章小结 ⋯⋯ 213

第 13 章　长大单线隧道洞内无轨运输与安全技术 ········· 215

　　13.1　无轨运输及安全管理技术 ········· 217
　　13.2　长大隧道供电及安全技术 ········· 222
　　13.3　斜井安全预报警系统 ········· 227
　　13.4　本章小结 ········· 237

第 14 章　二次衬砌台车关键工装工艺改进技术 ········· 239

　　14.1　二次衬砌台车关键工装改进 ········· 241
　　14.2　工艺流程及控制要点 ········· 251
　　14.3　施工注意事项 ········· 254
　　14.4　应用效果 ········· 255
　　14.5　本章小结 ········· 256

第 15 章　长大单线隧道无砟轨道施工技术 ········· 257

　　15.1　施工概况 ········· 259
　　15.2　轨道测量控制网 ········· 260
　　15.3　无砟轨道施工 ········· 264
　　15.4　轨道及道岔精调 ········· 274
　　15.5　本章小结 ········· 280

第 16 章　长大单线隧道工程建设管理与科技创新 ········· 281

　　16.1　工程技术管理 ········· 283
　　16.2　质量安全管理 ········· 290
　　16.3　文明施工管理 ········· 295
　　16.4　工程科技创新 ········· 298

附录 1　项目相关照片 ········· 299

附录 2　项目荣誉和成果 ········· 309

参考文献 ········· 319

第 1 章

工程概况

Key Construction Technology for Zhongtiaoshan Tunnel of
Haolebaoji-Ji'an Heavy-haul Railway

Key Construction Technology for Zhongtiaoshan Tunnel of
Haolebaoji-Ji'an Heavy-haul Railway

1.1 工程简介

中条山隧道穿越中条山山脉，进口位于运城市盐湖区解州镇，出口位于平陆县常乐镇。设计为双洞单线隧道，线间距35m，最大埋深为840m。隧道左线进口里程DK615+065，出口里程DK633+470，左线全长18405m；右线进口里程DK615+075，出口里程DK633+485，右线全长18410m。隧道设计为"人"字坡，进口端14.6km长为上坡，出口端3.8km长为下坡，设5座斜井、1座平导。线路平面如图1-1所示。

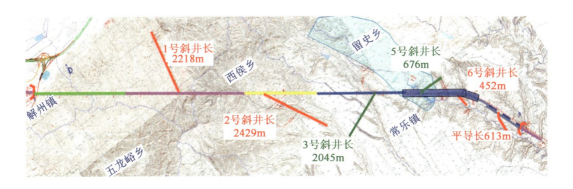

图1-1 线路平面示意图

隧道左线进口段位于半径1200m的曲线上，曲线长59.71m；洞身中部有一条半径3500m的曲线，曲线长1952.94m；出口段位于半径2500m的曲线上，曲线长6.44m。右线线路三段曲线半径同左线，曲线长度分别为109.19m、1952.94m、285.88m。

为辅助隧道出口段穿越第三系承压水段，隧道出口段设置平导，辅助排水，平导自进口段位于直线上，平导总长4319m，其中暗挖隧道长4313m，隧道洞口外设6m挡墙段；平导进口段位于直线上，与右线主隧道夹角呈44°，在平导里程PDK3+654（对应主隧道里程右线DK632+300）处下穿主隧道并拐入主线之间，沿左右线主隧道中间平行于主隧道线路前行，平导终点里程为PDK0+000（对应主隧道里程左线DK628+640）。平导纵坡采用单面坡，平导自进口分别以+3.02‰(648m)、+10.04‰(1511m)、+3‰(1100m)、+1‰(1060m)的坡度上坡到终点。

1.2 工程地质条件

1.2.1 自然地理情况

测区分为三个地貌类型,以中条山为界,中条山北麓为运城盆地,中条山为构造侵蚀中山区,中条山南麓为构造—侵蚀堆积地貌。总体走向:北东段呈北北东向,中段呈北东—北东东向;西南段呈北东向展布,总体为北东南西呈"S"形延伸。总体地形南高北低,中等切割深度,局部切割强烈。山谷多呈"V"字形或"U"字形,分水岭以北地势陡峻,以南相对平缓。

1.2.2 地层岩性

隧道穿过的主要地层包括:①太古界变质岩,岩性为片麻岩、斜长角闪岩、浅粒岩;②震旦系和寒武系沉积岩,岩性主要有灰岩、白云岩、泥岩、页岩;③第三系半成岩砾岩、泥岩、砂质泥岩;④第四系新、老黄土层。中条山隧道地层岩性分布如图 1-2 所示。隧道正洞岩性分布一览表见表 1-1,斜井岩性分布一览表见表 1-2。

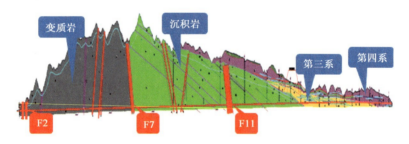

图 1-2 地层岩性分布图

中条山隧道正洞岩性分布一览表　　　　　表 1-1

序号	段　落	长度(m)	岩　性	备　注
1	DK615+065~ DK620+965	5900	变质岩(片麻岩、斜长角闪岩、浅粒岩、大理岩等)	
2	DK620+965~ DK624+760	3795	砂岩、泥岩、页岩	其中泥岩、页岩2500m
	DK624+760~ DK628+750	3990	灰岩、白云岩、泥页岩	其中泥岩、页岩1350m,灰岩2640m

续上表

序号	段落	长度(m)	岩性	备注
3	DK628+750~DK632+500	3750	中等胶结砾岩	DK628+750~DK629+280(530m)
			弱胶结砾岩	DK629+280~DK629+650(370m)
			砂层	DK629+650~DK629+800(150m)
			弱胶结砾岩与砂质泥岩互层	DK629+800~DK630+700(900m)
			砂质泥岩、泥岩	DK630+700~DK632+500(1800m)
4	DK632+500~DK633+470	970	老黄土(Q_2、Q_1)	

斜井岩性分布一览表　　表1-2

斜井编号	段落	长度(m)	岩性
1号	ⅠXJK0~ⅠXJK2+218	2218	变质岩(片麻岩、斜长角闪岩、浅粒岩)
2号	ⅡXJK0~ⅡXJK0+300	300	砂岩、页岩
	ⅡXJK0+300~ⅡXJK0+750	450	白云岩、泥质白云岩
	ⅡXJK0+750~ⅡXJK1+100	350	泥岩、F11破碎带
	ⅡXJK1+100~ⅡXJK1+950	950	灰岩
	ⅡXJK1+950~ⅡXJK2+449	499	老黄土(Q_2)
3号	ⅢXJK0~ⅢXJK1+4000	1400	灰岩
	ⅢXJK1+400~ⅢXJK1+830	430	第三系中等胶结砾岩
	ⅢXJK1+830~ⅢXJK2+045	215	老黄土(Q_2)
5号	ⅤXJK0~ⅤXJK0+180	180	砂层、弱胶结砾岩
	ⅤXJK0+180~ⅤXJK0+180~576	396	弱胶结砾岩与砂质泥岩互层
	ⅤXJK0+576~ⅤXJK0+180~676	100	老黄土(Q_1)
6号	ⅥXJK0~ⅥXJK0+320	320	第三系泥岩、砂质泥岩
	ⅥXJK0+320~ⅥXJK0+450	130	老黄土(Q_1)

1.2.3 地质构造

测区发育十多条断层,其中对隧道影响大的有三条,分别是 F2 中条山北麓大断裂、F7 中条山主干断层和 F11 中条山南麓大断裂。地质构造一览表见表1-3。

中条山隧道地质构造一览表　　表1-3

序号	断层名称	概况	影响范围	破碎带宽度(m)	备注
1	F2	正断层	DK615+150~DK615+490	340	中条山北麓大断裂、具活动性,区域断裂

续上表

序号	断层名称	概况	影响范围	破碎带宽度（m）	备注
2	F5	逆断层,倾角78°	DK618+685～DK618+795	110	
3	F6	逆断层,倾角80°,宽度30m	DK618+955～DK619+110	155	
4	F7	正断层,倾角55°～65°,与线路交角75°,宽度200m	DK620+475～DK620+795	320	中条山大断裂,区域断裂
5	F8	正断层,倾角65°,与线路交角65°,宽度10m	DK622+475～DK622+520	45	
6	F9	逆断层,倾角65°,与线路交角65°,宽度10m	DK622+720～DK622+765	45	
7	F10	逆断层,倾角50°,与线路交角65°,宽度20m	DK623+080～DK623+160	80	
8	F11	正断层,倾角60°～70°,与线路交角73°,宽度225m	DK625+410～DK625+635	225	中条山南麓大断裂,区域断裂
			ⅡXJK0+820～ⅡXJK0+980	160	

1.2.4 水文地质条件

（1）水文地质单元：区内可分为三个水文区划单元，即运城盆地水文区（Ⅰ）、中条山基岩水文区（Ⅱ）和中条山南麓水文区（Ⅲ）。

（2）地下水的赋存类型包括：基岩裂隙水文亚区、碳酸盐岩岩溶水文亚区、承压水亚区、浅层潜水亚区。

（3）地下水腐蚀性：对混凝土结构无腐蚀性。

（4）隧道涌水量：基岩段涌水量采用大气降水入渗法和地下径流模数法等水均衡法，第三系、第四系采用地下水动力学法推算。隧道分段涌水量推荐值见表1-4，第三系地层涌水量分段预测表见表1-5，斜井涌水量预测一览表见表1-6。

隧道分段涌水量推荐值表　　表1-4

序号	里程范围	长度（m）	正常涌水量（m³/d）	单位长度涌水量[m³/(d·m)]	最大涌水量（m³/d）	备注
1	DK615+065～DK615+625	560	244	0.43	487	
2	DK615+625～DK620+895	5270	8221	1.56	16442	变质岩

续上表

序号	里程范围	长度（m）	正常涌水量（m³/d）	单位长度涌水量[m³/(d·m)]	最大涌水量（m³/d）	备注
3	DK620+895~DK624+635	3740	6283	1.68	12566	砂页岩
4	DK624+635~DK628+690	4055	16828	4.15	50485	灰岩
5	DK628+490~DK632+500	4010	3650	9.10		第三系

注：正常涌水量为68076m³/d，最大涌水量为116480m³/d。

第三系地层涌水量分段预测表 表1-5

序号	里程范围	单侧单宽涌水量 q(m³/d)	区段长度（m）	区段正常涌水量（m³/d）	备注
1	DK628+690~DK628+840	26	150	7800	接触带
2	DK628+840~DK629+280	9.4	440	8300	中等胶结砾岩
3	DK629+280~DK629+480	8.3	200	3300	弱胶结砾岩
4	DK629+480~DK629+650	7.9	170	2700	弱胶结砾岩
5	DK629+650~DK629+800	27	150	8100	砂层
6	DK629+800~DK629+980	4.7	180	1700	弱胶结砾岩与砂质泥岩互层
7	DK629+980~DK630+300	4.4	320	2800	弱胶结砾岩与砂质泥岩互层
8	DK630+300~DK630+700	1.3	400	1000	
9	DK630+700~DK631+040	0.4	340	300	砂质泥岩
10	DK631+040~DK632+500	0.1	1460	500	泥岩
	合计			36500	

斜井涌水量预测一览表 表1-6

斜井编号	长度（m）	正常涌水量（m³/d）	最大涌水量（m³/d）	备注
1号	2218	3000	6000	变质岩（片麻岩、斜长角闪岩、浅粒岩）

续上表

斜井编号	长度(m)	正常涌水量(m^3/d)	最大涌水量(m^3/d)	备 注
2号	2429	5700	17000	砂岩、泥岩、页岩、白云岩、灰岩、老黄土(Q_2)
3号	2015	6000	15000	灰岩、第三系中等胶结砾岩、老黄土(Q_2)
5号	676	9000		砂层、弱胶结砾岩、弱胶结砾岩与砂质泥岩互层、老黄土(Q_1)
6号	450	450		第三系泥岩、砂质泥岩、老黄土(Q_1)

1.3 断面设计参数

隧道纵坡设计为人字坡,左线自进口端坡度分别为 + 4.56‰(135m)、+ 5.1‰(14500m)、- 3‰(3770m);右线自进口端坡度分别为 + 4.56‰(125m)、+ 5.1‰(14500m)、- 3‰(3785m)。当相邻坡段的坡度代数差≥3‰时,以半径10000m的圆曲线连接。

隧道采用复合式衬砌,由初期支护、防水层与二次衬砌组成。初期支护由C25喷射混凝土、钢筋网、锚杆和钢架组成,喷射混凝土采用湿喷工艺,二次衬砌采用模筑混凝土。

无轨运输斜井及平导辅助坑道内轮廓断面尺寸为7.50m×6.20m。Ⅴ级围岩段采用曲墙式衬砌。斜井宽度 = 0.750m(人行道宽) + 3.0m(车宽) + 3.0m(车宽) + 0.5m(余宽) + 0.25m(侧向宽度) = 7.5m,高为6.2m。

正线隧道建筑限界图见图1-3。

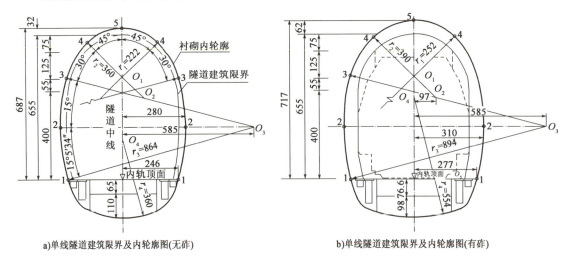

图1-3 正线隧道建筑限界图(尺寸单位:cm)

1.4 技术指标

(1) 铁路等级:国铁Ⅰ级。
(2) 正线数量:双线。
(3) 列车设计速度:120km/h。
(4) 线间距:4m。
(5) 最小曲线半径:一般1200m,困难800m。
(6) 限制坡度:浩勒报吉至纳林河双向6‰;纳林河至三门峡下行重车方向6‰,上行方向13‰。
(7) 牵引种类:电力。
(8) 牵引质量:10000t,部分5000t。
(9) 到发线有效长度:部分1700m。
(10) 闭塞类型:自动闭塞。

1.5 工程重难点

中条山隧道地质条件复杂,主要地质问题有塌方、突涌、岩爆、大变形、滑坡和崩塌等,施工风险极高,难度极大,为全线控制性工程、一级风险隧道。工程主要重难点有以下几个方面。

(1) 隧道 DK628+690~DK631+040 段洞身通过的第三系 N2 洪积扇地层中有 2350m 为富水高承压含水层,为砾岩、砂质泥岩地层,砾岩中等胶结、弱胶结,夹砂层,砂质泥岩半成岩,本段岩石强度低,暴露易风化,遇水易软化,如图1-4所示。水头距隧道底板高度80~177m,正常涌水量达36500m³/d,特别是150m段落粉细砂地层,施工风险极大。因此高承压富水第三系地段施工是本工程的重点也是难点。

(2) 中条山山区生态脆弱,隧道部分地段下穿一级、二级水源保护区和碳酸盐岩溶水文区,其上零星布有村庄,如何在施工期间控制地下水排放,防止出现环境灾害是本工程的重点和难点。

(3) 重载铁路隧道仰拱及底板和无砟轨道施工质量控制。

(4) 2号、3号斜井施工正洞通过泥岩、页岩与可溶岩分界、寒武系可溶岩与第三系地层接触带等段落,岩溶裂隙发育,局部可能发育有小型溶洞,属富水区,如图1-5所示;5号、6

号斜井及其承担施工任务的正洞段落,通过富水高承压水层,属富水段,因此反坡排水是施工重点。

图1-4 第三系揭示情况

图1-5 可溶岩施工揭示情况

(5)隧道通过断层破碎带及其影响带,岩体呈碎石角砾状;通过第三系砾岩、砂质泥岩地层,岩体强度低,遇水易软化,防止隧道坍塌是施工安全控制重点。

(6)在隧道通过断层、富水砂层、可溶岩与非可溶岩交界面时,可能出现突水、涌水、涌泥,施工过程中防突是施工安全控制重点。

(7)DK617+400~DK624+760段为片麻岩、石英岩等硬质岩,开挖过程中极可能出现岩爆,洞壁岩体有剥离和掉块现象,成洞性差,岩爆和大变形段的施工是工程重点。

(8)进口、1号、2号、3号斜井独头施工距离长,施工通风条件困难,科学设计通风方案,加强日常管理,创造好的作业环境以保证安全是施工组织管理重点。

(9)中条山隧道为双线单洞隧道,由于断面小,不利于车辆通行,施工干扰大,难以实现多工序平行作业、交叉施工。施工过程中科学高效低成本地规划、组织、实施隧道内物流工作,保证施工顺畅和工期是施工组织的重点。

(10)中条山隧道地质条件复杂、穿越断层及第三系富水层,岩性为泥质条带灰岩,节理发育,含承压水。施工环境特殊,斜井数量多,长度长,坡度陡,水量大,斜井车辆在行驶中极易发生溜车事故；掌子面突泥涌水、洞外山洪暴发倒灌，都可以引发大水淹井。尤其1号、2号、3号斜井长度均在2000m以上，且2号、3号斜井设计综合坡度在11%以上，施工实际坡比均大于设计值，接近无轨运输的极限值，垂直高差均在220m以上。

1.6 本书主要内容

针对浩吉重载铁路（简称"浩吉铁路"）中条山隧道工程的特点与重难点，在深入调研国内外相关文献资料的基础上，紧密联系现场，对重载铁路基底结构与断面尺寸优化设计、复杂地质条件下安全施工、长大单线隧道通风与排水施工及运输组织、关键设备选型与管理等方面进行研究，解决现场施工难题，形成长大单线隧道安全快速修建关键技术研究应用成果。本书主要内容如下：

（1）基于浩吉铁路中条山隧道工程的地形地貌、地层岩性、地质构造、水文地质特征和沿线隧道分布概况等基本情况，对中条山隧道的越岭方案、辅助坑道位置、辅助坑道断面及支护、隧道复合衬砌进行优化。针对隧道复杂地段，总结了小断面隧道快速施工的组织方案及施工要点、设备配套、设备选型及用电安全管理方案、长陡坡斜井运输安全管理方案。

（2）总结了复杂地质条件隧道超前地质预报5类方法的适用情况、优缺点和具体工作流程，结合现场实际情况，制定了预报方案，针对不同地质条件采取了不同的预报手段。详细介绍了隧道监控量测现状、项目内容、应用情况、预警管理及施工控制要点，为调整支护参数和施工方法提供参考。

（3）提出了解决中条山隧道工程复杂地质条件的专项施工技术。针对山岭隧道采用人工钻爆法施工过程中的超欠挖现象，提出了隧道开挖成型控制技术；针对中条山隧道斜井井底三岔口软岩段施工时，存在挑顶段受力复杂等问题，提出了贴壁进洞工法并采用超前小导管支护进洞进行优化；总结了重载铁路隧道台阶法下台阶仰拱一次开挖的施工工艺流程和具体工艺流程特点，提出了台阶开挖高度和预留长度的确定方法与软弱围岩隧道两台阶带仰拱开挖快速封闭成环施工关键技术。

（4）针对第三系高承压富水砂层、弱胶结砾岩段落的地质，形成了软岩泥化段隧道基底碎石换填注浆加固施工技术和富水地层仰拱施工体外排水施工技术，提出了系统性注浆工艺关键参数设计方法。结合现场试验总结了穿越断层施工现场地应力测试、变形特征及控制技术。通过采用全液压履带式长仰拱栈桥设备，形成了二次衬砌仰拱大区段施工关键技术。

（5）总结了隧道通风难点、通风方式及通风设备，针对中条山隧道断面小、施工作业面多和距离长等特点，提出了针对性的长大单线隧道通风技术。基于水量计算（关键）—水泵选型（根本）—管道选型（基础），提出了富水地层仰拱施工体外排水施工工法与斜井反坡"分段截流、多级提升"排水技术。长大单线隧道施工时运输效率及安全,提出了无轨运输安全管理技术、供电系统的安全技术和斜井安全预报警系统。

(6)针对单线隧道狭小空间以及小断面、变断面情况,通过对二次衬砌台车关键工装改进,形成了二次衬砌台车关键工装工艺改进关键技术。总结了轨道测量控制网布置、无砟轨道施工过程、轨道及道岔精调工作内容,提出了长大单线隧道无砟轨道施工关键技术,可为类似工程施工提供参考。

(7)介绍了中条山隧道工程建设过程中的管理与科技创新理念、方法与措施,总结了施工组织优化分析、关键设备选型与管理、质量安全管理技术的特点与内容,提出了长洞单线铁路隧道施工组织与管理技术。

第 2 章

隧道设计方案比选与结构优化

Key Construction Technology for Zhongtiaoshan Tunnel of
Haolebaoji-Ji'an Heavy-haul Railway

Key Construction Technology for Zhongtiaoshan Tunnel of
Haolebaoji-Ji'an Heavy-haul Railway

第 2 章 隧道设计方案比选与结构优化

隧道的合理设计对隧道前期施工组织及后期运行管理都有重要影响。特别针对复杂地质条件下重载铁路长大隧道的设计及优化可解决施工风险高、难度大等问题,在保证隧道顺利施工的同时,提升隧道的质量、完善隧道的使用功能、保障环保效益、增强隧道的经济性。

本章针对浩吉铁路中条山隧道,对隧道的越岭方案、辅助坑道位置、辅助坑道断面及支护、隧道复合衬砌进行优化。其中,越岭方案比选立足于加强区域地质调绘工作,从多个控制因素综合考虑进行比选,并针对隧道的实际情况,对隧道的施工方法、结构、防排水进行优化设计;隧道辅助坑道位置优化从施工图现场核对出发,对中条山隧道斜井进行优化;辅助坑道断面及支护根据施工中存在的问题及支护量测参数进行优化;隧道复合衬砌根据现场试验结果的整理分析,以及数值模拟、位移反分析和衬砌断面极限承载力分析进行优化设计。针对浩吉铁路中条山隧道的设计优化,可为类似复杂地质条件下的重载铁路长大隧道设计提供参考。

2.1 越岭方案比选与设计方案研究

浩吉铁路在运城至三门峡间穿越中条山山脉,勘察期间揭示线位在中条山南面穿越。其中一段近3.7km穿过第三系弱胶结砾岩、泥岩地层,并且富含高承压水,水头高达177m,施工难度及风险极大。该段地层胶结程度差,局部有砂层,又富含高承压水,且地表有水源地保护区,施工安全风险极高,辅助坑道设置条件困难,环境风险高。再加上近几年发现在第三系地层中修建铁路隧道困难重重,导致本线穿越第三系段在施工安全和工期上均有较大顾虑,因此前期方案研究阶段在该段越岭方案比选及隧道勘察设计等方面开展了大量工作。

2.1.1 线路方案比选

1)控制因素

本段落选线主要控制因素有峨眉台地、盐池、中条山北麓活动断裂、黄河桥位、黄河湿地自然保护区、运城市规划经济区以及地方政府意见等。

(1)峨眉台地地形高差变化大,地层岩性多变,区域地质构造及岩溶发育,并且台地冲洪积地层中存在密实砂砾石地层。

(2)中条山北麓山前大断裂为全新世活动断裂,走向 NE—NEE,倾向 NW,倾角58°~75°,为高角度正断层。

(3)黄河桥位为稀缺资源,跨河桥梁有严格的审查、审批制度。区域可能分布桥位有运三五里堆黄河桥位和芮宝高速公路桥位,前者已完成调整报批手续,后者调整申请书已报送主管部门,尚待批复。

(4)沿黄河分布两省黄河湿地保护区,山西省范围为省级,河南省范围为国家级。

(5)运城市"东拓北跃"的发展方向,向东完善城东片区和空港组团,向北近期建设城北片区,远期跨越大运高速公路重点建设盐湖组团;且地方政府希望本线能够经由万荣县、临猗县并设站。

2)越岭方案研究

结合上述控制因素,在沿运三线位的基础上,对中条山隧道补充研究了中、西、东三个系列的越岭方案。

(1)中方案系列

中方案控制因素主要有:中条山北麓山前大断裂,线路宜垂直通过,避免与断裂平行;运城端线路需考虑与解陌高速公路的交叉关系;运城端绕城高速与中条山北麓山脚间有解州水源地和关公影视城,线路需绕避;中条山北麓山前存在两处水石流,线路应予以绕避;中条山南麓有常乐镇水源地保护区,线路需绕避或采取措施通过。

结合上述控制因素,共研究了三个方案:平行运三线位的长隧道方案、垂直穿越中条山的短隧道方案、绕避水源地保护区方案。

垂直穿越方案线路长度约23.3km,比平行运三线位方案增加约3km,且有6km并行活动断裂,线路经过山前水石流、解州水源地等地段,洞外工程风险大;且穿越中条山段隧道长度15.43km,为单洞双线隧道,施工风险相对较大。

绕避保护区方案与平行运三线位长隧道方案工程、水文地质条件基本相似,隧道长度缩短130m,但辅助坑道设置条件困难,辅助坑道长度增加2.9km,且同样需穿越第三系富水段,工程总投资增加约8000万元。

综合考虑区域活动断裂位置关系、山前水石流、水源地、工程地质条件、施工条件和风险、投资等因素,推荐选择平行运三线位的长隧道方案。

(2)西方案系列

在中方案研究的基础上,结合区域水井调查和芮宝黄河桥位等情况,研究了中条山山前展线方案和运城西经永济方案。

该两方案从穿越中条山隧道长度以及第三系地层方面来看,山前展线方案隧道长19.5km,穿越第三系富水承压段落长2.7km,最大水头210m,经永济方案隧道长20.5km,穿越第三系富水承压段落长2.1km,最大水头120m,较中方案水头和段落长度都没有改善,甚至更严重;其次从中条山山前活动断裂方面,山前展线方案有近10km并行活动断裂,工程风险大;从穿越中条山之后的黄河桥长以及桥位协调性方面看,两方案均存在与芮宝高速公路共桥位的协调问题和环保相关问题,工程可实施性差;从线路经济技术条件看,两方案线路长度较中方案均有所减少,但是由于穿越中条山之后黄河南岸地势相对较低和崤山隧道高程控制造成黄河桥较长且高,工程投资较中方案分别增加9.0亿元和7.0亿元。

综上所述,山前展线方案和经永济方案中条山隧道长度均较中方案要长,在穿越富水承压段落长度和水头方面没有根本改善,且带来黄河桥位的协调问题,工程投资也较中方案有增加,研究价值不大。

在西方案基础上,进一步研究了线路拔高至中条山南麓塬顶,不穿越第三系地层方案的可能性。线路沿峨眉台地西侧展线,于永济西沿运风高速公路东侧向南,完全绕避中条山山脉,与运风高速公路黄河桥共通道跨越黄河后,沿黄河南岸布线,经灵宝西、岳渡南侧与中方案相接。但与中方案相比,本方案线路长度增加33km,桥隧长度减少1.7km,投资增加13亿元,年运营成本增加2亿元;从地方意见看,本方案无法兼顾山西运城、河南三门峡等经济据点,不符合山西、河南两省对本线线路走向意见;从环保及黄河桥位看,本方案需穿越山西范围省级保护区核心区,河南范围国家级保护区核心区,且桥位可行性未落实;若考虑利用目前中方案五里堆黄河桥位,线路需再展长56km,方案可行性不大,因此进一步深入研究的意义不大。

(3)东方案系列

在西方案系列研究价值不大的基础上,对东侧在收集水井资料的基础上进行了控制性勘探,认为线位向东,隧道穿越第三系地层工程地质条件有明显改善:隧道穿越第三系段落缩短为1km,水头高度为30~40m。

东方案控制因素主要有:大运高速公路和大西铁路共通道,间距较小,需要选择合适地点满足跨大运高速公路后下钻大西铁路;运城关公机场目前正在进行二期扩建规划,需要考虑与该机场的位置关系,进行绕避;马刨泉位于平陆县城北侧,泉水量大且供水范围广;运三高速连接线与本线共通道,目前完成初步设计未批复,本线走向应结合运三高速连接线考虑;运城湿地省级自然保护区位于五里堆黄河桥北端,运三铁路桥位两侧50m调整为试验区,线路走向的稍微调整即带来环保相关问题。

结合上述控制因素,东方案线路在中条山中段和西南段的垭口以13.7km隧道越岭,隧道通过地层岩性主要有黑云斜长片麻岩、角闪岩、砂岩、大理岩、灰岩、白云岩、页岩、泥岩、土层,围岩完整性变化较大,围岩分级为Ⅲ~Ⅴ级。主要工程地质问题为软岩变形、硬岩岩爆和岩溶、土石分界、第三系地层,以及可能局部存在密实无水砂层问题。由于隆起运动,基底地层抬升较高,第三系分布范围广但厚度小,仅在隧道南段分布大约400m,隧道受第三系承压水危害基本消除。

但东方案在河津至中条山前首先需要穿越峨眉台地,地形地质条件复杂。关于该段落,研究了西绕峨眉台地、东绕峨眉台地、中穿峨眉台地取直三大类方案。从地质角度和工程经济性分析认为,中穿峨眉台地取直方案由于地质复杂,工程投资大,不具有工程经济优势;西绕方案绕避了临猗县地下水水源保护区,但线路较长,较东绕方案线路长度增加约15km,运营费用较东绕方案增加约1.05亿元/年;受地形影响,东绕方案桥隧比例较高,较西绕方案桥隧长度增加约13km,工程投资增加约1.6亿元。

从线路长度、工程难度、工程投资、运营费用等角度出发,推荐采用经稷山的东绕峨眉台地方案。

(4)越岭方案综合比选

①在穿越第三系承压水地层段落方面,东方案有较大改善,承压水影响基本消除。

②在穿越中条山北麓活动断裂方面,中方案与断裂带大角度交叉,影响范围主要为路基段,而东方案位于隧道洞身中部,且洞外有并行断裂上盘展线,工程风险大。

③从工程措施上,中方案采用矿山法施工,第三系段落配合排水减压、地层加固等措施,可以达到较好效果,风险也基本可控。

④从线路长度和工程投资上,东方案较中方案线路长度增加14.8km,桥隧长度增加26km,工程投资增加18.9亿元,运营费用增加0.95亿元/年。

⑤工期方面,两方案均可满足总工期要求。

⑥从环境影响方面,中方案基本沿运三线位,环保手续已办理完成,而东方案沿运三高速公路连接线穿越湿地自然保护区核心区,协调难度大,且沿线涉及九龙山自然风景区、马刨泉等环境敏感点。

⑦地方政府从地方经济规划和发展等方面考虑,更倾向中方案。

综上所述,最终推荐采用中方案穿越中条山,隧道长度约18.4km,双洞单线。

2.1.2 隧道设计方案研究

1) 工程地质情况

(1) 第三系段落勘察情况

关于该段地层岩性,初测阶段主要利用运三铁路资料,由于当时采用常规单管取芯工艺,第三系地层岩芯采取率低,主要以碎块或卵砾石状为主,钻孔内取出的岩芯难以判断砾岩的胶结程度和岩石基本成分。定测阶段结合专家意见,共增加钻孔15个,孔间距100~200m,采用双管单动的钻探工艺,岩芯采取率较高,对地层有更直观的了解,并可从取出岩芯判断岩性组成及胶结程度。

关于地下水,初测阶段揭露隧道穿过承压含水层,主要由上、下两层含水层构成,下层隧道洞身水头为120~160m,上层隧道洞身水头为50~80m。由于初测阶段钻探岩芯采取率低,对含水层厚度、分布的判断可能有一定偏差。定测阶段重新核查沿线水井、泉,对所有钻孔均进行抽水或提水试验,布置2组带观测孔的抽水试验孔,详细查明了第三系地层主要含水层分界线,比初测阶段更加精确。

(2) 存在的问题及困难

本隧道工程难题主要集中在富水承压的第三系地层段落,主要表现有承压水头高(最大水压力高达1.77MPa),涌水量大,地层成岩性差,且有砂层,施工难度大。同时,地表有水源地保护区,保护区内有3座水库和2处泉眼,存在环境保护的问题。

2) 纵断面研究

(1) 控制因素

纵断面控制因素主要有洞外两端店坡车站和平陆车站、进口端在建解陌高速公路、洞身第三系地层分布及含水分界线,以及限制坡度等。

(2) 方案研究

纵断面研究的目的是降低隧道洞身穿越富水承压第三系段落的风险,减小施工难度。在可研方案基础上,从整体抬高纵断面、局部调整变坡点等角度出发,研究了大抬坡、局部调坡两个方案。

① 大抬坡方案。

进口端上跨解陌高速,路肩设计高程距高速公路路面约 12m。在 DK615+170 进洞后以 5.1‰ 的限坡上至 DK629+000,再以 3‰ 的最小下坡通过两段承压水后,在 DK631+400 处以 11‰ 的下坡至出口 DK633+470。出口端抬高约 4m,顺坡后平陆站站位高程抬高 3~4m。隧道进口端洞外工程由原来 3.9km 高 8~15m 的桥梁变化为 5.87km 高约 51m 的桥梁。同时带来的主要问题是进口端洞外有 260m 的桥梁通过活动断裂带,桥高 36m,主跨 64m,桥梁运营风险极高,故此方案不予同意。

② 局部调坡方案。

结合纵断面控制因素和辅助坑道布置,为便于组织各工区顺坡施工和灰岩及接触带等富水段顺坡排水条件,以及简化进口端与解陌高速公路交叉关系,将隧道进口高程抬高 10.8m,隧道进口拱顶距离高速公路路面 6.2m,采用盖挖施工,通过与高速公路部门对接,在高速公路通车前盖挖完成该段拱盖施工;受出口端洞外平陆站限制,出口高程基本不变,将变坡点尽量前移,由 DK631+050 调整至 DK629+700,前移 1350m,保证强富水砂层及灰岩接触带段落顺坡施工。

(3) 研究结论

根据上述方案描述,大抬坡方案受洞外桥梁专业风险控制,未能采用;最终通过和高速公路部门协调,调整隧道洞身内变坡点,优化了下穿高速公路条件,同时降低了高压富水段落施工难度和风险。

3) 施工方法比选

(1) 隧道掘进机法(TBM 法)

从进口端地质条件看,地层主要为 Ⅲ、Ⅳ 级片麻岩、石英岩和灰岩,地质条件相对较好,可以考虑采用 TBM 施工。但洞身发育有 8 条断裂带,其中 F7、F11 两条大断裂为中条山主断裂,断裂带核心区宽 200~250m,进口段 F2 中条山北麓山前断裂带宽 460m,岩体均极为破碎,中等富水,TBM 施工风险较大;且相比于钻爆法施工,TBM 法在工期和辅助坑道设置上没有明显优势。因此,不推荐采用 TBM 法施工。

(2) 盾构法

考虑盾构法,主要是针对出口端半成岩第三系地层和洞口段第四系老黄土地层软弱的特点。通过段落水文特征、地层岩性、岩体强度、颗粒大小等分析,采用盾构法存在以下制约因素。

① 盾构法对地层勘察精度要求高,本工程为山岭隧道,受地形地貌限制,地质勘察困难,采用盾构施工在施工风险、工期等方面具有较多的不确定性。

② 本段水文地质条件复杂,隧道穿越段承压水头高,最大水压力为 1.77MPa,国内外未见在高水压力下类似地层中采用盾构法的施工案例。

③ 本段地层中砾石主要为粒径 20~200mm 的碎石,并含 20%~30% 的粒径超过 200mm 的块石,钻探揭露的最大粒径约为 500mm,砾石成分饱和抗压强度为 30~70MPa。在此类地层中采用盾构掘进,盾构机刀具磨损不可避免,同时由于大粒径块石的存在,盾构施工中对其处理困难,因此在本段长距离掘进中,盾构机械磨损、换刀及孤石处理风险大。

④管片接缝防水的问题。虽然目前材料防水试验的防水能力可以超过3MPa,但目前工程实践中均未有过如此高水压的先例,对本工程中管片接缝防水的适应性仍需超前进行专题研究。

综合上述分析认为,对本段高压富水的弱胶结地层,不宜采用盾构法施工。

(3)矿山法

矿山法施工的关键有两点,一是解决高水压的问题,即选择合适的降水技术;二是解决地层稳定性的问题,即对地层进行加固。

①降水技术。

通过研究比较地表降水、洞内轻型井点降水、上部截水洞等多种方式,推荐采用洞外下部泄水洞超前降水的方式,并在正洞施工时,通过在洞内打设超前泄水孔排水减压。

②地层加固。

目前工程实践中以煤矿系统内遇到类似地层较多,处理效果较好的措施主要有注浆和旋喷。参考其经验,对以粗颗粒为主的弱胶结地层,主要考虑拱部超前密排小导管、超前管棚支护、超前注浆等工程措施进行超前加固。对粉细砂段落,采用水平旋喷,但考虑到段落水压较大,水平旋喷也会存在成桩困难,因此还需结合降水措施降低承压水水头,主要依靠洞外泄水洞降水和洞内超前泄水孔排水减压。

根据第三系富水弱胶结砾岩、泥岩和砂质泥岩的地质特点,为了确保施工安全和质量,仰拱初期支护与边墙初期支护需同步进行。为了解决隧底富水弱胶结砾岩、泥岩和砂质泥岩开挖后软化后的泥沙不断沉积,基底承载力明显下降的问题,采取碎石换填注浆加固施工技术。

4)结构优化研究

(1)系统锚杆研究

①设计情况。

隧道内拱墙设置径向系统锚杆,梅花形布置。一般地段拱部采用$\phi 25mm$组合中空注浆锚杆,边墙采用$\phi 22mm$砂浆锚杆;黄土地段拱部不设置锚杆,边墙设置$\phi 22mm$药包锚杆。此外隧道钢架设置锁脚锚杆(管),单线隧道每环设置4组(8根)。系统锚杆设置见表2-1。

系统锚杆设置　　　　表2-1

围岩级别	部　位	长度(m)	间距(环向×纵向,m)
Ⅱa	—	—	—
Ⅱb	—	—	—
Ⅲa	局部	2	1.2×1.5
Ⅲb	拱墙	2.5	1.2×1.2
Ⅳa	拱墙	2.5*	1.2×1.2
Ⅳb	拱墙	2.5*	1.2×1.0
Ⅴa	拱墙	3*	1.0×1.0
Ⅴb	拱墙	3*	1.0×1.0
Ⅴc	拱墙	3.5*	1.0×0.8

注:表中带*表示设置有钢架支护。

②优化方案。

锚杆优化宜结合试验,综合考虑系统锚杆、钢架锁脚锚杆等在不同围岩、不同部位、不同时期所起的作用及对围岩的加固作用,确定其影响,并据此进行优化。

a. 设置钢架地段。

综合考虑隧道系统锚杆和钢架锁脚锚杆对围岩的加固作用,将系统锚杆与钢架锁脚锚杆进行整合,取消原独立设置的系统锚杆,结合钢架固定和锁脚设置周边锚杆,具体措施如下:拱部正中不设置锚杆,拱部两侧钢架接头处各设置1根/组。$\phi 25mm$ 中空注浆锚杆(软弱围岩地段设置2根/组);拱部以下部位沿钢架环向两侧交错分散布置锁脚锚杆(1根/处),通过分散布置,扩大受力点,可以加强钢架与围岩的连接,避免应力集中以及局部围岩松弛引起的变形(坍塌)扩大;单线隧道拱墙环向周长约20m,设置8根锁脚锚杆+2根中空注浆锚杆,环向间距约2.2m,取消系统锚杆后每环增加2根中空注浆锚杆;每环钢架考虑1根药包锚杆,用于开挖后迅速固定松动岩块。

b. 未设置钢架地段。

根据《铁路隧道工程施工技术指南》要求,中空注浆锚杆垫板安装和紧固螺帽需在砂浆体强度达到10MPa以后进行。若不能迅速锚固围岩,建议调整为药包锚杆等能够快速产生强度、方便施工的锚杆。

(2)仰拱填充施工工艺优化研究

①设计情况。

隧道仰拱与填充分层浇筑,仰拱采用C35钢筋混凝土或C30混凝土,仰拱填充采用C20混凝土,隧道中线处单线隧道有砟轨道和无砟轨道填充厚度分别为1.10m、1.08m。单线隧道刚性悬挂及链型悬挂无砟轨道衬砌仰拱填充约$3m^3/m$,有砟轨道断面仰拱填充约$4.04m^3/m$。

②优化方案。

仰拱与填充整体浇筑,采用相同强度等级的混凝土,并优化调整墙脚结构和配筋,主要考虑因素包括:a. 分开浇筑需要设置施工缝,施工期间难免污染施工缝,导致层间结合差,另外根据重载铁路科研成果,宜少设施工缝,轨下各层混凝土强度等级宜相近;b. 受沟槽布置影响,如设置施工缝,其位置必然低于排水面,否则将可能引导侧沟排水进入施工缝;c. 整体浇筑后,底部混凝土体积较大,存在开裂风险,但可以按照《大体积混凝土施工规范》(GB 50496—2018)要求,通过施工工艺进行控制,相比运营期间地下水灌入施工缝引起的长期危害,整体浇筑更有利于长期运营安全,成本亦可控。

(3)二次衬砌纵向施工缝防水优化研究

①设计情况。

《铁路隧道设计规范》(TB 10003—2016)未区分环向施工缝和纵向施工缝,均要求同时采用两道防水措施;《地下工程防水技术规范》(GB 50108—2008)对暗挖法施工的内衬砌施工缝一级防水标准要求选择一或两道防水措施。目前选用的是两道防水措施,纵向施工缝防水措施设置为:中埋式橡胶止水条[50mm(宽)×30mm(高)]+水泥基渗透结晶型防水涂料(2层),矮边墙施工时预留安装止水条凹槽,嵌入止水条;素混凝土地段纵向施工缝处加设接茬钢筋。

②优化方案。

a.纵向施工缝设置。

考虑纵向施工缝位于盖板以下,下部设置有排水管,将环向施工缝与纵向区别对待,纵向施工缝按一道防水措施设防,保留水泥基渗透结晶型防水涂料(2层),取消纵向施工缝止水条,但施工中应加强施工缝施工水平,保证混凝土施工质量。

b.仰拱底积水排放。

结合仰拱与填充整体浇筑研究,针对隧道仰拱底部排水需要,研究采用以下方案:在初期支护以外,隧道基底中部设置排水管沟;沿隧道底部初期支护与二次衬砌之间最低点纵向全长设置φ300mm双壁打孔波纹管;在隧道底部初期支护与二次衬砌之间设置碎石垫层;其他排水措施包括无砂混凝土条带(管)、基底拱形排水空腔等。

由于仰拱与填充整体浇筑,底部刚度大,通过加密纵向排水管出水口,确保其排水通畅即可有效降低周边水压。将原设计纵向排水管按9m一道布置,加密到每4.5m或3m设置有一个排水口。

(4)长距离仰拱施工初期支护稳定性研究

①设计情况。

根据工法确定仰拱浇筑长度,一般按3~5m一环施工。初期支护钢架Ⅴ级围岩全环封闭;Ⅳ级围岩双线拱墙设置钢架,单线仅加强段拱墙设置钢架,一般地段未设置钢架;Ⅲ级围岩仅双线局部设置钢架。

②优化方案。

Ⅳ级围岩硬质岩地段增加锁脚锚杆进行加固;Ⅳ级围岩软质岩地段按2环钢架设置1环仰拱钢架进行封闭;Ⅳ级围岩单线隧道未设置钢架地段拱墙加设钢架,按1.5m/榀计,钢架不考虑纵向连接,通过锁脚锚杆固定;加强监控量测,对监测报警地段及时加强支护,并适时调整同类围岩地段支护措施。

(5)重载铁路基础加强

①设计情况。

支护类型Ⅱ级时,轨下采用钢筋混凝土底板;支护类型Ⅲ级时,轨下采用素混凝土仰拱;支护类型Ⅳ级和Ⅴ级时,轨下采用钢筋混凝土仰拱。

单线隧道仰拱厚度及配筋见表2-2,其中结构主筋采用HRB400螺纹钢筋。根据《钢筋混凝土结构设计规范》(NB/T 51079—2017),单侧纵向最小配筋率为0.2%,全部纵向钢筋最小配筋率为0.55%。除黄土隧道配筋较大外,其余隧道配筋基本满足最小配筋率。

单线隧道仰拱厚度及钢筋设置表 表2-2

围岩级别	仰拱厚度(cm)	底板厚度(cm)	主筋(mm)	纵向钢筋(mm)	主筋配筋率(%)	纵向钢筋配筋率(%)
Ⅱa	—	30	—	—	—	—
Ⅱb	—	—	—	—	—	—
Ⅲa	30	—	—	—	—	—

续上表

围岩级别	仰拱厚度（cm）	底板厚度（cm）	主筋（mm）	纵向钢筋（mm）	主筋配筋率（%）	纵向钢筋配筋率（%）
Ⅲb	30	—	—	—	—	—
Ⅳa	40	—	φ18@250	φ10@250	0.25	0.23
Ⅳb	40	—	φ18@250	φ10@250	0.25	0.28
Ⅴa	45	—	φ18@250	φ10@250	0.23	0.25
Ⅴb	50	—	φ18@250	φ12@250	0.20	0.31
Ⅴc	55	—	φ20@200	φ12@250	0.23	0.32

②优化方案。

根据目前的科研成果设置的轨下结构能够适应重载铁路的需要，结合仰拱与填充整体浇筑后隧道断面变化和轨下断面变化整体考虑进行优化，素混凝土结构在顶部布置钢筋网面筋。

（6）单线隧道轨下结构断面优化

①无砟轨道断面优化。

优化后断面如图 2-1 所示。优化内容如下：仰拱与填充整体浇筑；底部钢筋调整（图中未示），按底部整体受力进行结构计算，确定钢筋直径；沟槽优化，水沟深度不变，宽度由 30cm 调整到 40cm；水沟过水能力增加 53%；纵向施工缝取消遇水膨胀橡胶止水带，横向施工缝处沿侧沟周边增设一道钢板止水带。

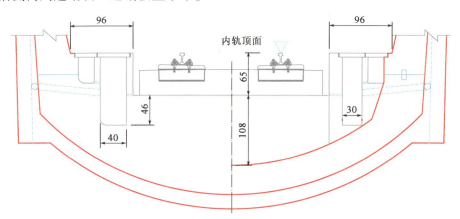

图 2-1　有砟轨道轨下断面示意图（优化后）（尺寸单位：cm）

②有砟轨道（链型悬挂）断面优化。

对轨下结构优化后断面如图 2-2 所示，优化内容同无砟轨道。

5）结构防排水设计研究

考虑到高水压因素，衬砌结构采用排水型衬砌，背后防排水系统基本沿用传统山岭隧道防排水设计理念，二次衬砌背后设置防水板加环纵向排水盲管。但考虑到传统隧道防排水体系与隧道基底位置关系，第三系地层遇水软化以及重载运营等特点，结合地层分布及隧道纵坡,对局部段落隧道基底防排水系统进行了改进。在隧道两侧水沟下方衬砌外设置深埋排水盲沟,盲沟内回填碎石作为滤水层,碎石层内布置纵向排水盲管,隧道基底再敷设一层无纺布+防水板;两侧纵向排水盲沟间隔一定距离设置横向排水盲管,盲管伸入两侧纵向盲沟,形成网格状的环纵向排水盲管(沟)组合排水系统;利用平导自排水条件,将基底排水系统自平导引出。

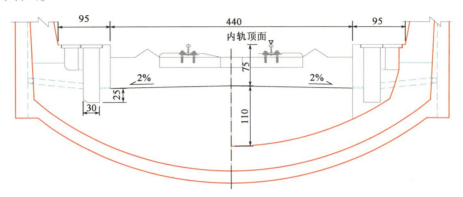

图 2-2　有砟轨道轨下断面示意图(优化后)(尺寸单位:cm)

后期沿两侧水沟纵向间隔一定距离打设降压井,井身穿过隧道水沟底部二次衬砌和初期支护结构且深入围岩内一定深度,井内埋设外裹无纺布的钢花管,管口高程高出水沟内过水断面,花管与水沟底面间空隙用密封材料封堵。

2.2 辅助坑道位置优化

2.2.1 施工图现场核对

铁路工程建设项目具有线路长、建设周期长等特点,经过的地域广,受人文、环境影响大,从初步勘测设计到开工建设一般都需要经历2~3年甚至更长的时间。由于受经济发展、人文活动以及自然灾害等因素影响,沿线地形、地貌、地表及地下建(构)筑物等会发生变化,施工图与现场实际往往存在一定的出入。因此在开工之前,应对沿线进行一次全面细致的地形、地貌、地上(下)构筑物以及人文环境核对,特别是隧道工程,由于地表、地形变化,对隧道施工影响很大,需要进行现场核对和进一步优化。

在工程开工前的准备阶段,组织开展隧道施工图现场核对优化工作,可以最大限度地避免施工图设计与现场实际不符的情况,及时有效地优化完善设计,确保施工顺利,隧道使用功能不断完善,安全、质量、环保目标得到进一步保障,从而使工程建设工期和投资控制合理,并能取得更加显著的社会效益。

2.2.2　施工图现场核对的目的

(1)准确掌握工程建设经过区域的地形、地貌等自然环境及人文环境与建设项目的关系、对工程建设的影响。
(2)能为施工图设计优化提供可靠的依据。
(3)提前发现并完善施工图中存在的差、错、碰、漏等设计缺陷。
(4)为实现"设计最优、投资最佳"的目的开好头,起好步。

2.2.3　施工图现场核对重点及程序

1)施工图现场核对的重点

隧道工程现场核对的重点是隧道进出口位置、弃渣场位置、隧道进洞方式、辅助坑道设置等,具体包括以下13项内容:
(1)进出口位置是否合理。
(2)进出洞条件(含地质、覆盖厚度、设计措施是否满足进洞或出洞条件)。
(3)辅助坑道设置是否合理。
(4)边仰坡开挖是否合理,措施是否到位。
(5)洞门类型是否合理。
(6)门洞是否处于堆积、滑坡体等不良地质上。
(7)弃渣场的位置和挡护、绿化、排水措施是否合理。
(8)洞口排水系统是否完善。
(9)隧道起讫里程是否合理,是否需要接长或缩短明(暗)洞长度。
(10)洞口上、下方既有道路的防护措施是否合理可行。
(11)弃渣是否得到合理利用。
(12)是否需要地质补勘。
(13)其他内容。

2)施工图现场核对的程序

施工图现场核对分为准备工作、现场核对及设计优化三个阶段。
(1)准备工作
施工图会审,熟习施工图纸;人员安排,制定核对计划;平面、高程控制桩点测量复核;现场成区段测量放样。
(2)现场核对
施工单位组织初次核对,认真核对现场地形、地貌、地质等与原设计的差异,形成初次核对意见;建设指挥部组织二次核对,进一步核对现场地形、地貌、地质等与原设计的差异,形成四方核对纪要,必要时邀请专家参与。

(3)设计优化

根据现场核对纪要,施工单位提出优化变更建议,建设指挥部组织研究设计优化方案,按变更管理程序办理变更设计。

2.2.4 辅助导坑优化

1)中条山隧道 3 号斜井优化

(1)原设计情况

中条山隧道 3 号斜井原设计采用双车道无轨运输断面,斜井长 1875m,综合坡度为 10.69%,与正线相交于 DK627+600 左线,平面夹角为 40°,平面线路呈"几"字形。3 号斜井原设计平面布置如图 2-3 所示。

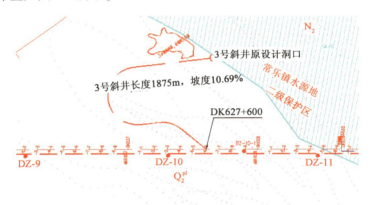

图 2-3　3 号斜井原设计平面布置示意图

(2)优化原因

原设计 3 号斜井洞口位于水源保护区边缘,且位于水库上游。幸福水库为附近地区灌溉及饮用主要水源地。在原设计位置进行隧道施工,容易对当地水资源造成污染,破坏生态环境,风险较大。且 3 号斜井平面线路呈"几"字形,施工通风困难,进入正洞后,施工的污风更难排出,影响施工,并且不利于作业工人的身体健康,也容易导致洞内发生交通安全事故。

(3)优化后方案

①将 3 号斜井洞口移至右线线路右侧,与 2 号斜井洞口位于同一冲沟内,与正洞交点里程不变,为 DK627+600,与主洞交角调整为 104°53′30″。

②3 号斜井优化后总长度为 2045m,比原设计增加 170m。井口里程为ⅢXJ2+045,井口铺底中线高程设置为 673.716m,坐标采用 2000 国家大地坐标系,坐标 $X=3855627.701$m,$Y=516413.64$m。

③优化后综合坡度为 11.06%。

(4)优化前后技术经济分析对比

优化 3 号斜井井口位置后,斜井长度 2045m;往进口方向承担正洞任务 1926m,其中Ⅱ级围岩 430m、Ⅲ级围岩 385m、Ⅳ级围岩 1111m;往出口方向承担正洞任务 1343m,其中Ⅱ级围岩60m、Ⅲ级围岩575m、Ⅳ级围岩455m、Ⅴ级围岩280m。优化后隧道开挖施工节点时间见表2-3。优化3号斜井井口位置后，斜井井身加长170m，3号斜井任务范围内总开挖时间为37.5个月，满足总工期要求。工程投资方面，优化后预计增加费用约756万元。

隧道开挖施工节点时间表 表2-3

序号	施工阶段	施工时间	节点时间
1	施工准备	2个月	2015年5月1日
2	3号斜井施工	17.7个月	2016年10月21日
3	3号斜井进口方向施工至分界里程	19.8个月	2018年6月13日
4	3号斜井出口方向施工至分界里程	19.2个月	2018年5月27日

优化后的优点有以下两个方面：

①3号斜井井位调整到和2号斜井一个沟内，远离了幸福水库（附近地区灌溉及饮用主要水源地），避免对水源的污染和环境的破坏。

②斜井井口调整后，井身平面线型由"几"字形变为直线形，有利于洞内灰尘及施工机械尾气排出洞外，对洞内照明、车辆机械行驶安全、施工作业环境极为有利，能加快施工进度，确保工期目标。

2）中条山隧道4号、5号斜井及平导优化

（1）原设计情况

4号斜井位于线路右侧，长665m，综合坡度为11.19%，与正线相交于DK629+100处，交角40°。斜井通过第三系N_2地层，主要为砾岩、砾层与砂质泥岩互层，夹砂层。砂质泥岩半成岩，为极软岩，暴露易风化，浸水易软化，甚至崩解；砾岩弱胶结，局部中等胶结；砂层夹砾石，含承压水。穿过砂层，容易发生突涌和塌方。

5号斜井位于线路右侧，长500m，综合坡度为9.93%，与线路相交于DK629+100处，交角40°，主要围岩岩性为新老黄土、泥岩、砾岩。

平导洞口位于线路右侧，全长4319m，在DK632+959处下穿右线后，沿左右线隧道中间平行布设，长3671m，主要用于隧道泄水通道。

（2）优化原因

4号斜井洞口位于常乐镇一级水源地油坊沟水库上游汇水沟内，施工会对水源地产生较大影响，洞口高程低于水库最高水位8m，存在库水倒灌的风险，不具备施工条件，且斜井通过第三系地层，施工安全风险大；出口位于黄土陡壁上，不具备进洞施工条件。

（3）优化方案

取消4号斜井，将5号斜井由线路右侧调整至线路左侧，与主隧道交点里程由DK629+900调整至DK629+600，向进口方向移动300m。调整后5号斜井全长681m，长度增加181m。同时由于出口施工条件有限，结合平导设置情况，平导直接进入主隧道同时往进口、出口方向施工，增开副联。平导采用双车道无轨斜井断面形式，调整后平导长613m，较原设计方案减少3706m。优化前后3号、4号、5号斜井及平导位置情况见图2-4。

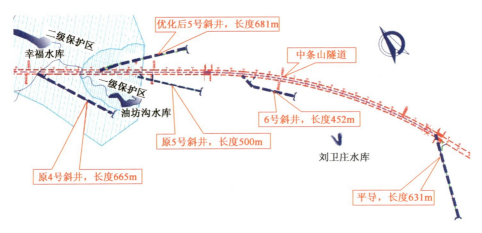

图 2-4 优化前后 3 号、4 号、5 号斜井及平导位置情况

(4) 优化前后技术经济分析比较

①安全:取消 4 号斜井后,避免了淹井及不良地质可能造成的坍塌、突涌,有利于安全生产。

②工期:优化前关键线路为 6 号斜井至隧道出口段的施工,贯通日期为 2018 年 9 月 1 日。优化后,关键线路变为 5 号、6 号斜井间的正洞施工,贯通时间为 2018 年 8 月 20 日,提前工期 12d,优化前后贯通日期具体见表 2-4。

③环保:取消 4 号斜井后,避开了一级水源保护区,有利于环保。

④效益:优化后共节约投资 7909 万元。辅助坑道优化前后技术经济对比见表 2-5。

优化前后贯通日期对比表　　　　　　　　　　　表 2-4

序号	作业面	贯通时间	
		优化前	优化后
1	3 号斜井	—	—
2	4 号斜井	2017 年 9 月 29 日	2018 年 4 月 17 日
		2018 年 1 月 27 日	
3	5 号斜井	2017 年 6 月 25 日	2018 年 8 月 20 日
4	6 号斜井		
5	平导	2018 年 9 月 1 日	2018 年 1 月 4 日
6	出口		2018 年 5 月 7 日

辅助坑道优化前后技术经济对比表　　　　　　　　表 2-5

序号	项目	优化前	优化后
1	安全	4 号斜井施工存在淹井、坍塌、突涌等风险	避免了淹井、坍塌、突涌风险
2	工期	6 号斜井到出口最迟贯通日期 2018 年 9 月 1 日	5 号、6 号斜井到出口最迟贯通日期 2018 年 8 月 20 日,工期提前 12d

续上表

序号	项目	优 化 前	优 化 后
3	环保	4号洞口位于水源保护区,施工会对水源造成污染	避开了一级水源保护区,利于环保
4	效益	4号斜井投资额2153万元,5号斜井投资额1767万元,泄水平导投资额8955万元	取消4号斜井,5号斜井投资额2149万元,平导投资额2827万元,节约土地征用补偿15万元,净节约投资7909万元

2.3 辅助坑道断面及支护优化

随着铁路跨越式发展战略的进一步推进、中长期铁路网发展规划的逐步实施及隧道修建技术的不断提高,一些地质复杂、施工难度大的长大隧道将会被投资修建。为了加快施工进度,确保铁路提前投入使用,尽快产生经济效益,对长大隧道采取辅助坑道增加工作面,实现"长隧短打"。由于隧道辅助坑道大多只作为施工期间的运输通道,后期废弃,使用期限短。因此相辅助坑道支护形式选择的好坏,对隧道建设影响非常之大,如果支护选择不当不但施工进度缓慢,延误工期,而且还会造成投资造价增加。本节以新建的浩吉铁路中条山隧道工程为背景,从原本辅助坑道支护方案存在的问题进行分析,通过对软岩辅助坑道的受力结构量测分析以及软岩辅助坑道支护形式对进度、造价及其他方面影响的分析,提出中条山隧道软岩辅助坑道支护调整的优化方案。

2.3.1 辅助坑道设计内轮廓及支护参数

1)辅助坑道内轮廓

坑道的内净空根据运输要求,结合地质条件、支护类型、机械设备、各种管线设置、人行道、安全间隙等因素,同时兼顾考虑通过大型挖装机、混凝土搅拌车等要求而拟定。坑道总宽为7.5m,车辆高3.8m,风管与车辆限界30cm,综合确定一般双车道斜井的内净空尺寸为7.5m×6.2m(宽×高)(图2-5)。

2)辅助坑道支护参数

辅助坑道按满足施工要求的临时通道进行设计,辅助坑道井底车场按双车道设计。辅助坑道的支护参数详见表2-6。

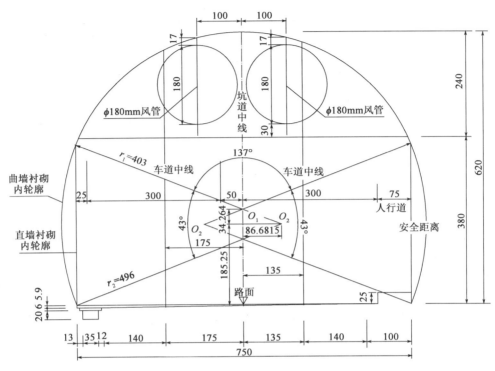

图 2-5 辅助坑道道斜井剖面图(尺寸单位:cm)

辅助坑道支护参数表　　　　表 2-6

分类	围岩级别	喷锚支护									衬砌	
		C25喷射混凝土		锚杆			钢筋网			格栅钢架			
		部位	厚度(cm)	部位	长度(m)	间距(环向×纵向,m)	部位	直径(mm)	间距(cm)	形式	间距	拱墙混凝土强度等级	铺底/仰拱厚度(cm)
双车道	喷锚衬砌	II_a	拱墙	10	拱部	2	局部	拱部	8	25×25	—	—	—	20
		III_a	拱墙	15	拱墙	2.5	1.5×1.5	拱墙	8	25×25	—	—	—	30
		IV_a	拱墙	20	拱墙	3	1.2×1.2	拱墙	8	20×20	H130格栅钢架	拱墙1.0	—	30
		V_a	拱墙	25	拱墙	3	1.2×1.2	拱墙	14	20×20	H180格栅钢架	拱墙0.8	—	40
	模筑衬砌	$\text{V}_\pm$	全环	23	拱墙	3.5	1.2×1.2	拱墙	8	20×20	H180格栅钢架	0.8	C40	40
		V_b	拱墙	23	拱墙	3.5	1.2×1.2	拱墙	8	20×20	H180格栅钢架	拱墙1.0	C40	40

2.3.2 软岩辅助坑道初期支护及二次衬砌模筑施工存在的问题分析

隧道辅助坑道大多为临时性工程，施工完成后进行封堵。辅助坑道一般地段采用喷锚衬砌，井底与正洞交叉口段、洞口段、软弱围岩采用模筑衬砌。辅助坑道在进行系统锚杆支护和模筑衬砌时存在以下安全隐患和影响：系统锚杆在软岩支护中很难锚固在未扰动的地层中，不能起到锚杆应有的锚固作用，且造成造价的增加；由于长大辅助坑道坡度较陡，综合坡率最大接近极限12%，模筑台车在安装就位时极易滑溜，造成安全事故；在进行辅助坑道二次衬砌混凝土浇筑时，由于辅助坑道较陡，混凝土就会自行流淌，振捣质量差，浇筑的混凝土质量不易得到保证，对模筑衬砌起到真正的安全储备作用大大降低；辅助坑道作为"长隧短打"的主要运输通道，当施作系统锚杆支护和模筑衬砌时对整个隧道施工运输通道影响较大，影响施工进度。

2.3.3 软岩地段支护参数的调整建议与监测结果分析

由于中条山隧道的地形复杂，许多地点无法进行准确勘察，这样就造成在勘察设计阶段对地下水和开挖后的围岩稳定情况难以准确判断，因此施工时应该根据实际围岩的揭露情况对设计提出的支护参数进行调整，这样既能确保施工安全，又能加快施工进度，节约工程造价。

1）软岩辅助坑道锚网喷监控量测结果分析

（1）各级围岩监测结果统计

中条山隧道有6个辅助坑道，穿越第四系黄土、第三系泥岩、片麻岩、灰岩等地层，监测时间已达2年左右，经统计拱顶最大累计沉降28.4mm，最大累计收敛23.93mm，各断面均处于稳定状态，见表2-7。

中条山隧道监控量测数据统计表　　　表2-7

序号	斜井	围岩级别	岩　性	拱顶最大累计沉降值(mm)	最大累计收敛值(mm)
1	1号	Ⅱ	大理岩夹石英岩	5.2	6.5
2		Ⅲ	大理岩夹石英岩	6.2	11.97
3		Ⅳ	黑云斜长片麻岩	10.2	21.01
4		Ⅴ	黑云斜长片麻岩夹辉绿岩	13.6	26.52
5	2号	Ⅲ	白云岩	7.7	4.03
6		Ⅳ	泥质灰岩、页岩夹砂岩	9.7	4.61
7		Ⅴ	第四系黄土	14.8	10.66
8	3号	Ⅲ	灰岩	4.3	4.23
9		Ⅳ	泥质灰岩	13.2	2.16
10		Ⅴ	第三系中等胶结、弱胶结砾岩	28.4	23.93

续上表

序号	斜井	围岩级别	岩 性	拱顶最大累计沉降值(mm)	最大累计收敛值(mm)
11	5号	V	第三系砾岩及砂质泥岩互层	19	21.73
12	6号	V	第三系砾岩及砂质泥岩互层	18.3	21.05
13	平导	V	第三系泥岩	20.1	22.54

(2) 软弱围岩内力监测分析

为了研究隧道辅助坑道能否取消系统锚杆和二次衬砌,在中条山隧道 5 号斜井第三系地层范围 410、280、180 断面均布设了应变计、钢筋计、土压力计,以测试拱架内力、围岩压力、锚杆轴力情况。结构内力测点布设示意图如图 2-6 所示。自 2015 年 10 月 22 日起,共设置应变计测点 20 个,采取有效数据 550d 次;钢筋计测点 70 个,采取有效测量数据 753d 次;土压力计测点 15 个,采取有效数据 240d 次。

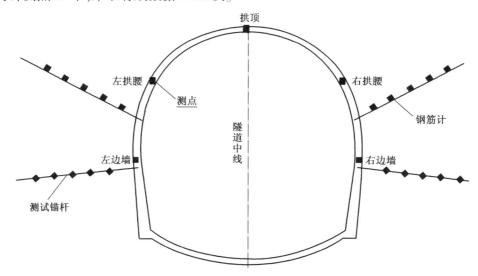

图 2-6 结构内力测点布设示意图

①初期支护拱架内力测试分析(应变计、钢筋计)。

410、280、180 断面各测点的拱架内力以受压为主,其中初期支护拱架内力最大为 XK0+410 断面处的左拱腰部位,应变值为 $-500\mu\varepsilon$(受压状态),拱顶部位受力较小,表现为受压状态($-115\mu\varepsilon$);其他各测点的应变、应力值范围分别为 $-400\sim50\mu\varepsilon$、$-9\sim-1$kN,随施工进行存在小幅震荡,并逐渐趋于一稳定数值。各断面钢架应变和内力变化曲线如图 2-7~图 2-9 所示。

②围岩压力测试分析(土压力计)。

各断面围岩压力最大值为 160kPa,其中拱顶处的竖向围岩压力基本介于 5~20kPa 之间,临近该断面附近的围岩扰动对其数值影响较大,峰值也是在这期间产生的。因为随着隧道开挖,存在一定的围岩应力释放过程,在释放初期其围岩压力会有较大波动。随着围岩变形的趋于稳定,其围岩压力也逐渐趋于稳定(基本在 1~2MPa 之间)。各断面围岩压力变化曲线如图 2-10~图 2-12 所示。

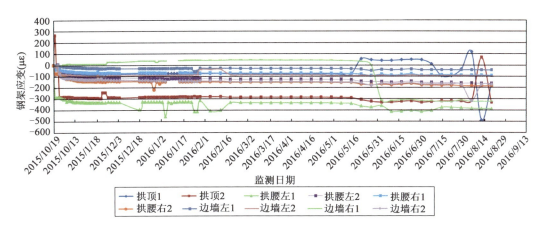

图 2-7　XK0+410 断面钢架应变(应变计)历时变化曲线

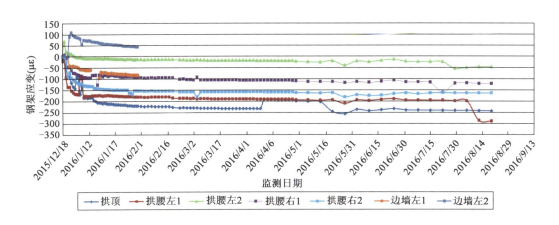

图 2-8　XK0+280 断面钢架应变(应变计)历时变化曲线

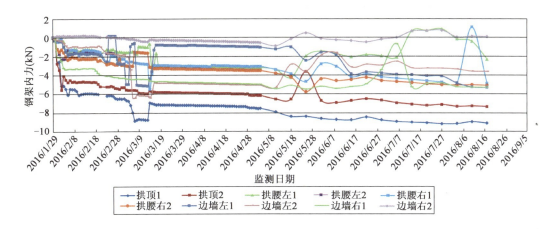

图 2-9　XK0+180 断面钢架内力历时变化曲线

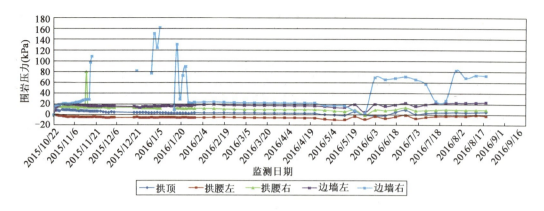

图2-10　XK0+410断面围岩压力(土压力计)历时变化曲线

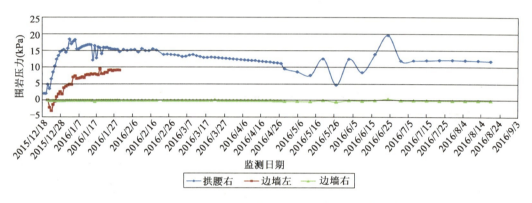

图2-11　XK0+280断面围岩压力(土压力计)历时变化曲线

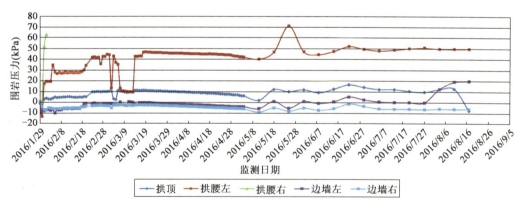

图2-12　XK0+180断面围岩压力(土压力计)历时变化曲线

③锚杆轴力测试分析(钢筋计)。

各断面锚杆轴力最大值为5.12kPa,其他各测点锚杆轴力值范围为-3~3kN,随施工进行存在小幅调整,重分布随着变形的发展呈下降趋势,最终稳定于-2~1kN。各断面锚杆轴力变化曲线如图2-13~图2-15所示。

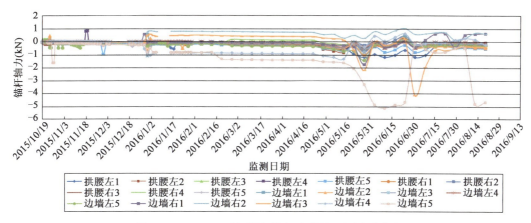

图 2-13　XK0+410 断面锚杆轴力(钢筋计)历时变化曲线

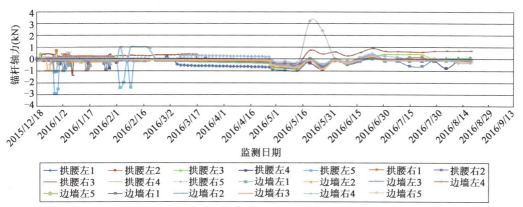

图 2-14　XK0+280 断面锚杆轴力(钢筋计)历时变化曲线

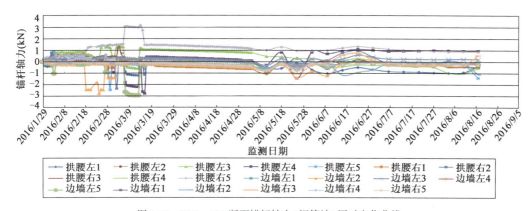

图 2-15　XK0+180 断面锚杆轴力(钢筋计)历时变化曲线

(3)结论

根据试验段结构内力测试数据和围岩变形数据分析发现:φ22mm 锚杆实测轴力值远远小于锚杆杆体本身的极限抗拉力 114kN,平均占极限抗拉值的 5% 左右。格栅拱架最大应力值为 100MPa,而 HRB400 钢筋的极限抗拉强度为 540MPa,安全系数为 5.4。斜井围岩最大变形值在 30mm 之内,变形较小且较稳定。

2）软岩辅助坑道洞口段与斜井底三岔口段支护参数调整建议

根据围岩变形和内力测试结果采取了以下支护参数调整:

(1)斜井有拱架地段取消系统锚杆。

(2)所有试验断面结构内力在仰拱混凝土封闭一段时间后基本都趋于稳定,并且围岩变形也基本趋于稳定。对斜井有二次衬砌模筑地段暂停施工。

(3)如软弱围岩需要支护,模筑衬砌地段将模筑衬砌改为喷锚衬砌封闭成环。

2.4 隧道复合式衬砌结构优化

2.4.1 研究意义与目标

目前铁路隧道复合式衬砌设计基本遵循喷锚支护作为临时支护,或作为承载结构一部分的原则。而支护与衬砌结构共同承受荷载过程中,各自承载能力或分担荷载比例无明确规定,仍然以模筑混凝土衬砌作为主要承载结构,这种过于保守的设计原则必然会造成浪费,也是导致支护质量长期处于低水平的原因之一。因此开展系统的理论研究不仅是保证工程建设顺利和安全的需要,而且对转变传统的隧道设计理念、改变目前以部颁标准图支护参数为设计依据的设计现状,继而对整体提升隧道建设水平,也具有重要的理论意义和实用价值。

结合浩吉铁路中条山隧道,从隧道复合式衬砌的支护与衬砌结构作用关系这一核心问题出发,重点开展支护结构设计方法与优化研究、支护结构质量保证措施与施工工艺研究、衬砌结构设计方法研究、支护结构为主要承载形式的复合式衬砌现场试验研究,形成隧道支护设计的理论基础,确定支护结构的设计方法;形成确保支护结构质量的保证措施与施工工艺;建立以支护为主要承载结构的复合式衬砌设计体系。

2.4.2 以初期支护为主要承载形式的结构设计方法及参数优化研究

1）复合式衬砌结构设计方法分类

参考国内外复合式衬砌结构的设计规定,主要有以下几种设计方法:

(1)以初期支护为主要承载结构,二次衬砌作为安全储备。该方法在日本较为常用。

(2)以二次衬砌为主要承载结构,初期支护保证施工期间围岩的稳定与安全。该方法在欧洲较为常用。

(3)当地质条件较好时,初期支护为主要承载结构,二次衬砌作为安全储备;当地质条件较差时,初期支护和二次衬砌均是主要承载结构,各承担一定比例的围岩压力。该方法在我国较为常用。

2)结构设计模型的选择

根据国际隧道协会规定,目前所采用的隧道结构设计模型分为4种:连续体或不连续体模型、作用—反作用模型(基础梁模型)、收敛—约束模型、工程类比法(经验方法)。我国学者刘建航、侯学渊结合地下结构的实践,也做出了类似的划分,将隧道设计模型也分为4种:经验类比模型、荷载结构模型、地层结构模型、收敛限制模型。收敛限制模型是以测试为主的设计方法,但因为地层和衬砌的响应曲线目前仍无法完全确定,故而使得该方法仍只能停留在定性的描述阶段。所以,从考虑隧道衬砌和地层的相互作用出发,地下结构的理论计算方法仅有荷载结构法和地层结构法,或者称之为结构力学方法和连续介质力学方法。

事实上,荷载结构法仍然是目前进行隧道结构理论计算用得最多的一种方法,在这种模型中,认为围岩压力的来源是坍塌岩块的重量。计算方法简单,工作量小,设计人员在采用这种方法计算时,依照规范而行,比较有把握和信心。但Ⅴ级及Ⅴ级以上的围岩都具有一定的自支承能力,而荷载结构法没有考虑结构和地层的共同作用,得出的结果往往比较保守。

地层结构法,其设计理念是认为围岩具有自承能力,支护(含衬砌结构,下同)的作用是加固围岩,并与围岩联合组成共同受力的整体,共同承受荷载的作用。地层结构法在概念和理论上比荷载结构法更合理、更灵活,但由于围岩应力释放和地层结构相互作用很难准确有效地模拟,目前尚处于发展阶段。

目前在铁路隧道设计中,支护参数根据围岩级别不同,普遍采用工程类比法进行设计。一般只验算二次衬砌结构的安全性,通常采用荷载结构法计算,对初期支护一般不验算。

对初期支护结构,属于施工阶段的强度检算。若按荷载结构法进行计算,由于是围岩和初期支护共同承担了施工期间的全部荷载,但各自分担的比例未知,因此,作用在初期支护结构上的荷载大小未知,无法合理地分析初期支护的受力情况;若仅按初期支护结构承担全部荷载,计算结果往往与现场实际相距甚远,也与新奥法充分发挥围岩自承能力的设计理念不符。因此对初期支护结构应采用地层结构模型,并考虑围岩释放率等因素来进行分析,同时在现场对围岩的荷载释放规律进行量测试验,为支护参数的修正提供合理依据。

3)隧道支护强度计算方法

(1)设计基本参数

根据《铁路隧道设计规范》(TB 10003—2016),各级围岩物理力学参数见表2-8,建筑材料的物理力学参数见表2-9。

各级围岩的物理力学参数 表2-8

序号	围岩级别	重度 γ (kN/m³)	弹性反力系数 K (MPa/m)	变形模量 E (GPa)	泊松比 ν	内摩擦角 φ (°)	黏聚力 c (MPa)	计算摩擦角 φ_0 (°)
1	Ⅱ	26	1500	26.5	0.225	55	1.8	74
2	Ⅲ	24	850	13	0.275	44.5	1.1	65

续上表

序号	围岩级别	重度 γ (kN/m³)	弹性反力系数 K (MPa/m)	变形模量 E (GPa)	泊松比 ν	内摩擦角 φ (°)	黏聚力 c (MPa)	计算摩擦角 φ₀ (°)
3	Ⅳ	21.5	350	3.7	0.325	33	0.45	55
4	Ⅴ	18.5	150	1.5	0.4	23.5	0.125	45
5	Ⅴ±	17	150	0.09	0.44	23.5	0.044	33.15

建筑材料力学参数 表2-9

序号	建筑材料	重度 γ (kN/m³)	混凝土弹性模量 E_c (GPa)	混凝土极限抗压强度 R_a (MPa)	混凝土极限抗拉强度 R_l (MPa)	抗压设计强度 (MPa)	抗拉设计强度 (MPa)	泊松比
1	C30 混凝土	23	30.0	22	2.2	—	—	0.2
2	C35 钢筋混凝土	25	31.5	25.7	2.4	—	—	0.2
3	HRB335 钢筋	78.5	200	—	—	—	—	—
4	HPB235 钢筋	78.5	210	—	—	—	—	—
5	C30 喷射混凝土	22.5	28	≥15	1.43	14.3	1.43	—

(2)截面强度验算方法

根据《铁路隧道设计规范》(TB 10003—2016),当 $e_0 \leq 0.2h$ 时,混凝土矩形截面中心及偏心受压构件的抗压强度的计算公式为:

$$KN \leq \varphi \alpha R_a b h \quad (2-1)$$

当 $e_0 > 0.2h$ 时,从抗裂要求出发,混凝土矩形截面偏心受压构件的抗拉强度计算公式为:

$$KN \leq \varphi \frac{1.75 R_l b h}{\dfrac{6e_0}{h} - 1} \quad (2-2)$$

式中:R_a——混凝土极限抗压强度;

R_l——混凝土极限抗拉强度;

K——安全系数;

N——轴向力;

b——截面的宽度;

h——截面的厚度;

φ——构件的纵向弯曲系数,对于隧道衬砌可取 $\varphi = 1.0$;

α——轴向力的偏心影响系数;

e_0——截面偏心距。

钢筋混凝土矩形截面偏心受压构件的计算公式为:

①当为大偏心受压构件($x \leq 0.55 h_0$)时:

$$KNe \leq R_{w}bx\left(h_{0} - \frac{x}{2}\right) + R'_{g}A'_{g}(h_{0} - a') \tag{2-3}$$

② 当为小偏心受压构件（$x > 0.55h_0$）时：

$$KNe \leq 0.05R_a bh_0^2 + R'_g A'_g(h_0 - a') \tag{2-4}$$

式中：h_0——截面的有效高度，$h_0 = h - a$；

e——轴向力作用点到受拉钢筋面积合力点的距离；

a、a'——自 A_g 和 A'_g 钢筋的重心分别至截面最近边缘的距离；

R_w——混凝土的弯曲抗压极限强度；

R_a——混凝土的抗压极限强度；

R'_g——钢筋的抗压计算强度；

A'_g——受压钢筋面积；

其他符号意义同前。

4）初期支护截面安全系数

初期支护作为独立承载结构的作用时间相对较短，重要性程度也相对较低。根据《铁路隧道设计规范》（TB 10003—2016）关于素混凝土或钢筋混凝土结构强度安全系数的规定，见表 2-10，采用施工阶段强度安全系数。

隧道支护混凝土结构强度安全系数 表 2-10

混凝土类型	条件	荷载组合	安全系数
素混凝土	混凝土达到抗压极限强度	永久荷载 + 可变荷载	2.0
钢筋混凝土	钢筋达到计算强度或混凝土达到抗压或抗剪极限强度		1.7
	混凝土达到抗拉极限强度（主拉应力）		2.0

5）支护参数优化研究

经过综合分析类比，在调查研究国内外类似工程设计经验的基础上，按初期支护承受 100% 的施工期荷载计算，优化后隧道衬砌支护参数见表 2-11。

优化后隧道衬砌支护参数表 表 2-11

序号	衬砌类型	初期支护							二次衬砌	
		C30 喷射混凝土		钢筋网			钢架			拱墙	仰拱
		部位	厚度（cm）	部位	钢筋直径（mm）	间距（cm）	部位	型号	间距（m）	厚度（cm）	厚度（cm）
1	SⅣa	全环	15	拱墙	8	25×25	—	—	—	30	35*
2	SⅣb	全环	22	拱墙	8	20×20	全环	H150	1.2	30	35*
3	SⅤa	全环	25	拱墙	8	20×20	全环	H180	0.85	35	40*
4	SⅤb	全环	25	拱墙	8	20×20	全环	H180	0.5	35*	40*

注：二次衬砌中带 * 的为钢筋混凝土。

需要说明的是按初期支护为主要承载形式的结构设计方法应采取措施确保初期支护的耐久性。由于喷射混凝土密实度较差,即使地下水本身无侵蚀性,但由于喷射混凝土厚度较薄,当水压力较大时,渗漏溶蚀仍将非常严重。渗漏溶蚀对喷射混凝土长期性能的影响目前还缺少研究,因此现阶段采用该方法进行设计在理论上还有难度。同时,初期支护本身工艺复杂,即使采取严格的施工质量控制措施,也容易产生质量缺陷。因此,在水压力较高的情况下,该方法不可取。

6）验算结果

（1）SIVa 断面计算结果如图 2-16、图 2-17 所示。

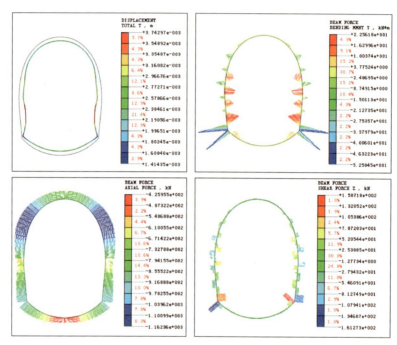

图 2-16　SIVa 型断面位移、弯矩、轴力云图

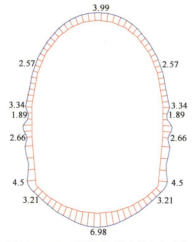

图 2-17　SIVa 型断面初期支护安全系数

(2)SIVb 型断面计算结果如图 2-18、图 2-19 所示。

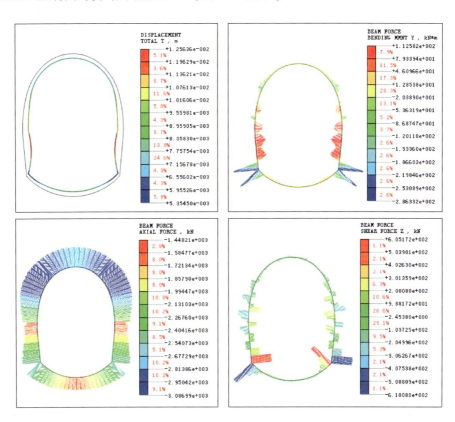

图 2-18　SIVb 型断面位移、弯矩、轴力云图

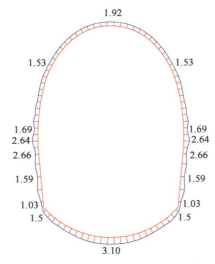

图 2-19　SIVb 型断面初期支护安全系数

(3) SVa 型断面计算结果如图 2-20、图 2-21 所示。

(4) SVb 型断面计算结果如图 2-22、图 2-23 所示。

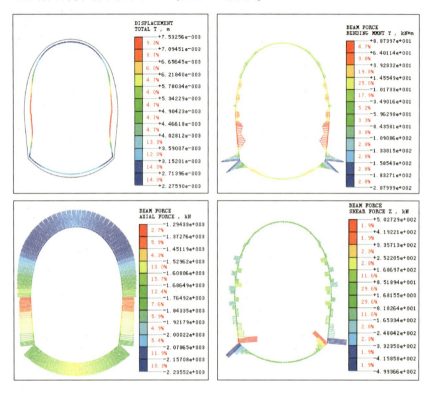

图 2-20　SVa 型断面位移、弯矩、轴力云图

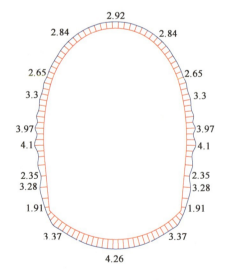

图 2-21　SVa 型断面初期支护安全系数

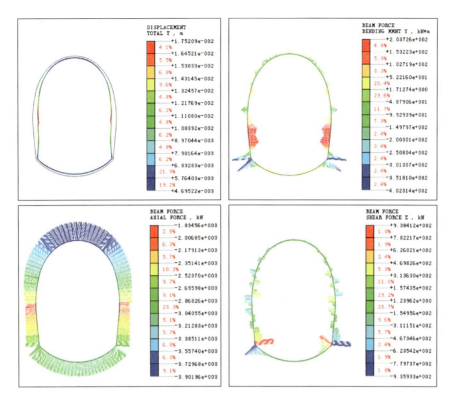

图 2-22　SVb 型断面位移、弯矩、轴力云图

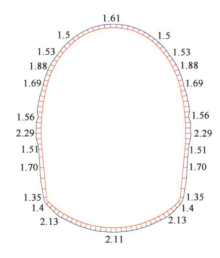

图 2-23　SVb 型断面初期支护安全系数

计算结果表明，初期支护承担 100% 的施工期荷载时，各级围岩预设计的支护参数均可以满足安全性验算要求。

2.4.3 现场试验

1）试验地段选择

由于断层带情况较为复杂,5、6号工区的第三系砾岩地层富水承压,泥岩地层具有弱膨胀性,均不利于初期支护承载试验研究,因此开展试验的段落主要针对Ⅳ、Ⅴ级围岩段落。根据地层岩性及设计衬砌类型情况在2、3号斜井工区泥质页岩和粉砂地层进行了现场测试,分别为Ⅳ围岩和Ⅴ级围岩,初期支护共埋设12个试验断面,二次衬砌共埋设6个试验断面。其中Ⅳ级初期支护埋设压力盒80组共采集数据3200余组,钢筋应力计120组共采集数据4800余组,混凝土应变计120组共采集数据4800余组;Ⅴ级初期支护埋设压力盒40组共采集数据1600余组,钢筋应力计80组共采集数据1600余组,混凝土应变计80组共采集数据1600余组。其中Ⅳ级二次衬砌埋设压力盒28组共采集数据1000余组,混凝土应变计56组共采集数据2200余组;Ⅴ级二次衬砌埋设压力盒14组共采集数据600余组,混凝土应变计28组共采集数据1100余组。

2）单线隧道复合式衬砌结构设计参数

试验工况及相应的设计参数见表2-12。

单线隧道复合式衬砌结构试验工况和设计参数　　　　表2-12

隧道	围岩级别	衬砌类型	复合式衬砌结构参数		备注
			初期支护	二次衬砌	
中条山隧道	Ⅳ级	Ⅳa	ϕ6mm 钢筋网片,网格间距25cm×25cm,全环喷射C25混凝土10cm厚	拱墙35cm厚,仰拱40cm厚*	喷射层加厚5cm,衬砌减薄5cm(从35cm减至30cm),无筋
		SⅣa	ϕ6mm 钢筋网片,网格间距25cm×25cm,全环喷射C25混凝土15cm厚	拱墙30cm厚,仰拱35cm厚*	
		Ⅳb	全环喷射C25混凝土18cm厚,全环H130钢架间距1.2m(仰拱隔榀设置)	拱墙35cm厚,仰拱40cm厚*	
		SⅣb	全环喷射C25混凝土22cm厚,全环H150钢架间距1.2m	拱墙30cm厚,仰拱35cm厚*	
	Ⅴ级	Ⅴa	全环喷射C25混凝土23cm厚,全环H150钢架间距1.0m	拱墙40cm厚*,仰拱45cm厚*	喷射层加厚2cm,格栅加密;衬砌减薄5cm且取消配筋(从40cm减至35cm,从有筋变为无筋)
		SⅤa	全环喷射C25混凝土25cm厚,全环H180钢架间距0.85m	拱墙35cm厚*,仰拱40cm厚*	

注:带*的为钢筋混凝土。

3）初期支护变形分析

根据各试验隧道位移监测数据,整理分析单线隧道在不同围岩级别、支护参数条件下初期支护的变形情况见表2-13。

拱顶沉降和净空收敛监测数据　　　　　　　表2-13

序号	衬砌类型	断面里程	拱顶沉降(mm)	净空收敛(mm)
1	IVa	DK624+583.2	11.0	7.6
2	IVa	DK624+852	4.9	1.3
3	SIVa	DK624+579	12.9	9.4
4	SIVa	YDK624+861.7	4.9	1.3
5	IVb	DK624+574.5	12.9	9.4
6	IVb	YDK624+785.2	6.8	4.8
7	SIVb	DK624+412.4	−3.7	4.6
8	SIVb	DK624+431.2	7.8	8.4
9	Va	DK624+217.3	10.5	8.1
10	Va	YDK624+137.2	5.7	1.3
11	SVa	DK624+369.9	6.4	5.9
12	SVa	YDK624+172.5	9.7	10.8

由表2-13可知：

(1)IV级围岩条件下，各试验工况下拱顶沉降值较净空变形值大，沉降最大值为12.9mm；净空变形最大值为9.4mm；V级围岩条件下，拱顶沉降最大值为10.5mm，净空变形最大值为10.8mm。

(2)不同围岩级别、同一工况下，试验断面拱顶沉降和净空变形值差别较大，初期支护加强后(SIVa/SIVb/SVa)，位移值无明显减小。

4)初期支护围岩压力分析

根据各试验断面围岩与初期支护间压力盒监测数据，整理分析单线隧道在不同围岩级别、支护参数条件下围岩与初期支护间压力变化特征。取中条山隧道试验断面各测点接触压力监测末期3次应力值的平均值作为断面围岩压力值，并根据不同设计工况，取工况内各试验断面平均值作为该工况下的围岩压力值，见表2-14。各工况下围岩压力柱状图如图2-24所示，各工况下围岩压力断面分布图如图2-25所示。

各工况不同位置围岩压力值(单位：MPa)　　　　　　　表2-14

序号	工况	拱顶		拱腰		侧墙		拱脚		仰拱	
		1号测点	2号测点	3号测点	4号测点	5号测点	6号测点	7号测点	8号测点	9号测点	10号测点
1	IVa工况	0.133	0.009	0.093	0.088	0.019	0.002	0.001	—	—	0.100
		0.093	0.009	0.090	0.181	0.093	0.224	0.012	0.181	0.091	0.093
	均值	0.113	0.009	0.091	0.135	0.056	0.113	0.006	0.181	0.091	0.097
2	SIVa工况	0.133	0.009	0.093	0.088	0.019	0.002	0.001	0.181	0.246	0.100
		0.133	0.009	0.093	0.088	—	0.001	0.181	0.246	—	0.088
	均值	0.133	0.009	0.093	0.088	0.019	0.002	0.091	0.214	0.246	0.094
3	IVb工况	0.245	0.117	0.179	0.102	0.103	0.039	0.043	0.096	0.010	0.096
		0.133	0.009	0.093	0.088	0.019	0.002	0.001	0.181	0.246	0.100
	均值	0.189	0.063	0.136	0.095	0.061	0.021	0.022	0.139	0.128	0.098

续上表

序号	工况	拱顶		拱腰		侧墙		拱脚		仰拱	
		1号测点	2号测点	3号测点	4号测点	5号测点	6号测点	7号测点	8号测点	9号测点	10号测点
4	SIVb 工况	0.048	0.117	0.109	0.102	0.103	0.039	0.027	0.094	0.029	0.071
		0.148	0.117	0.109	0.117	0.103	0.039	0.027	0.134	0.029	0.111
	均值	0.098	0.117	0.109	0.109	0.103	0.039	0.027	0.114	0.029	0.091
5	Va 工况	0.192	0.171	0.154	0.149	0.129	0.130	0.148	0.154	0.146	0.156
		0.217	0.177	0.132	0.184	0.157	0.205	0.011	0.016	0.131	—
	均值	0.205	0.174	0.143	0.167	0.143	0.168	0.080	0.085	0.139	0.156
6	SVa 工况	0.625	−0.003	0.153	0.176	0.013	0.521	0.011	0.028	0.561	—
		0.037	0.508	0.023	0.802	0.011	0.009	0.044	0.010	0.109	0.044
	均值	0.331	0.252	0.088	0.489	0.012	0.265	0.028	0.019	0.335	0.044

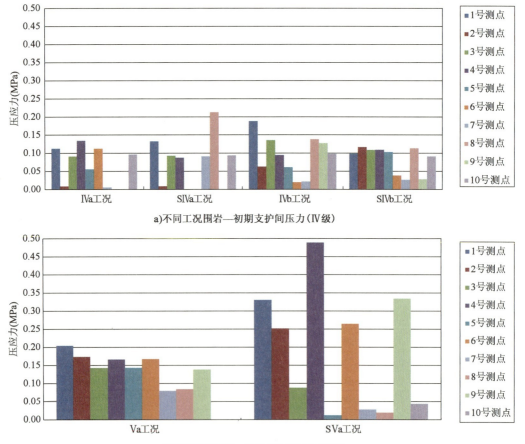

a) 不同工况围岩—初期支护间压力（Ⅳ级）

b) 不同工况围岩—初期支护间压力（Ⅴ级）

图 2-24 各工况下围岩压力柱状图

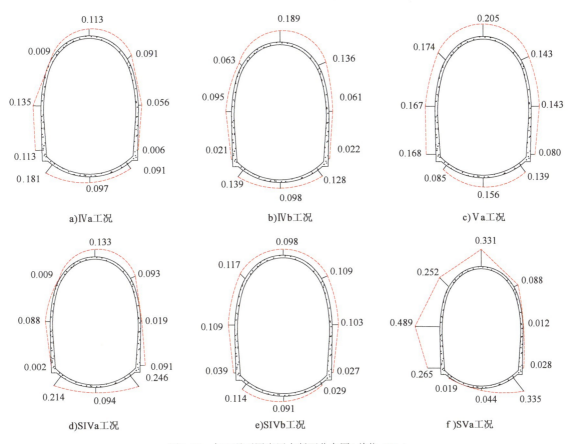

图 2-25 各工况下围岩压力断面分布图(单位:MPa)

由表 2-14、图 2-24 和图 2-25 可知:

(1)除个别测点外,IV 级围岩压力水平为 0.05~0.1MPa,V 级围岩压力水平为 0.15~0.3MPa,V 级围岩压力较大。

(2)IV 级围岩条件下,围岩压力基本呈左右对称分布,围岩压力断面分布相对均匀,初期支护加强(SIVa/SIVb)后,相同测点处围岩压力有所增大,说明初期支护承担压力增大。

(3)V 级围岩条件下,初期支护加强后(SVa 工况)围岩压力明显增大且呈左右不对称分布,最大值发生于左侧侧墙处,为 0.489MPa;原设计(Va 工况)围岩压力左右对称分布,拱部压力较大,最大值发生于拱顶处,为 0.189MPa。

2.5 本章小结

(1)在地质复杂长大越岭隧道工程中,应在加强区域地质勘察的基础上进行选线、设计工作。富水承压的重载铁路隧道施工时要充分考虑施工顺坡排水问题,加强基底防排水研究,加强机械化程度,提高工效,减少辅助坑道,重视环保设计。

(2)通过开展施工图审核和核对工作,最大限度地避免了因施工图偏差、设计与现场实际不符及工点设置不合理等造成的损失。中条山隧道通过优化避免了对常乐镇一级水源保护地的污染,实际施工进展情况满足工期要求,节约工程投资6802万元。

(3)中条山隧道辅助坑道通过取消斜井有拱架地段的系统锚杆;洞口地段二次衬砌模筑调整为喷锚衬砌封闭成环;二次衬砌模筑地段经量测稳定段落,取消了二次衬砌模筑,既加快了施工进度,又节约了工程造价。

(4)通过研究分析,明确了单线隧道复合式衬砌结构的变形受力特征,且根据试验工况提出的复合式衬砌优化方案可以保证二次衬砌具有足够的安全储备。按照优化方案施工目前未出现任何质量问题,结构安全稳定,加快了现场施工进度。

第 3 章

施工组织与设备选型配套

Key Construction Technology for Zhongtiaoshan Tunnel of
Haolebaoji-Ji'an Heavy-haul Railway

Key Construction Technology for Zhongtiaoshan Tunnel of
Haolebaoji-Ji'an Heavy-haul Railway

中条山隧道为单线隧道,隧道断面小,施作初期支护后下部宽度仅 5.94m,施工干扰很大。隧道存在高承压水、穿越多条断层带、高地应力地层、高富水中等到弱胶结砾岩地层、砂层以及黄土地层等地段,地质条件相当复杂,施工风险极高,难度极大。因此小断面隧道快速施工能否顺利实施成为决定中条山隧道能否按期、保质保量、安全施工的重要因素。对此,在小断面隧道快速施工设备配套、设备选型及用电安全管理、长陡坡斜井运输安全管理等方面进行了充分研究工作,确保了现场顺利施工。

快速施工的核心在于组织严密、工序紧凑和上下台阶平行作业,快速施工的关键在于工序管理。工序紧凑达到平行作业,强调的不是单流水线作业,而是在保证流水线作业的前提下,尽可能多地展开平行作业,以达到 1 或 2 道工序不占用循环时间。实现工序间的零交接,关键线路的主要工序要配足人员及设备,要找到影响循环时间的关键环节,如当上台阶打眼时间跟不上下台阶出渣时间时,可增加钻机数量等。

3.1 小断面隧道快速施工设备配套

3.1.1 设备配置及选型原则

本隧道正洞断面支护后设计有效净空为 5.46m,设备选型着力解决单线铁路隧道小断面传统施工设备在洞内无法施展、隧道出渣与隧道衬砌同步干扰大等难题,寻找一套适合的设备配套及相关的施工组织模式,配套设备需满足快速施工需求的大功率和符合隧道断面正常运转的小尺寸。

3.1.2 隧道施工机械配套方案

1)开挖

隧道采用机械开挖或光面爆破法开挖,采用 RPD-180 履带式地质钻机进行超前钻孔;每个作业面配备 1 台 PC140 挖掘机,1 台 ZLC40B 装载机及 4~6 台自卸汽车出渣。采用人工爆破开挖,自制多功能作业台架作操作平台,手持 YT-28 风动凿岩机钻孔。

挖掘机通过比选采用 PC150 型,由于挖掘机只参与台阶法施工中上台阶扒渣及爆破后的找顶,小断面施工中对开挖工序时间影响小(台阶法施工注意台阶长度控制在 5~7m),扒渣时间一般不超过 45min。

中条山隧道若使用 ZLC50B 装载机,则需扩挖断面(图 3-1),增加成本。通过调查、比选,现场选用 ZLC40B 装载机出渣(图 3-2),出渣时间无明显增加(全断面爆破进尺 3m,设计方量为 132m³,出渣时长平均 2.5h,台阶法施工出渣工序能与上台阶平行作业同步完成)。

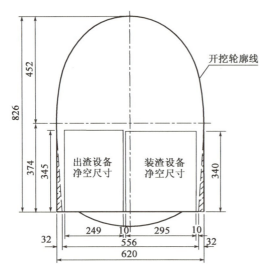

图3-1 扩挖断面示意图(尺寸单位:cm)　　　图3-2 2LC40B装载机无须扩挖及出渣

出渣设备数量按照同一斜井2个作业面同时出渣进行配置,斜井单个作业面主要设备配置表见表3-1。该配置方案减少了设备的闲置,提高了设备的利用率,同时不会造成洞内交通堵塞。

斜井单个作业面主要装渣、运输设备配置表　　　表3-1

序号	设备名称	规格型号	数量(辆)	备注
1	挖掘机	PC140	1	车宽2.65m
2	装载机	ZLC40B	1	车宽2.7m
3	自卸车	15t	4~6	车宽2.5m

2)喷射混凝土

喷射混凝土施工中,传统的"干喷"和"潮喷"技术由于具有设备简单、移动方便、输送距离长等优点而被广泛采用,但其回弹率高、粉尘浓度大、对施工人员和劳动环境造成了严重危害,且强度很难达到设计要求。因此,根据现在施工和管理要求,喷射混凝土越来越多采用"湿喷"工艺。采用"湿喷"基本避免了传统"干喷"和"潮喷"的施工缺陷,更符合现场施工要求。中条山隧道根据现场施工情况选择采用KC30混凝土湿喷机械手进行喷射混凝土,如图3-3所示。

图3-3 湿喷机械手喷射混凝土

湿喷作业的技术优点包括:

(1)减少了作业人员数量。每台湿喷机械手只需配备2人即可完成混凝土的喷射作业,将作业人员从繁重的体力劳动和恶劣的施工环境中解放出来,更人性化,施工安全系数显著提高。

（2）保证了施工质量。速凝剂掺量实现自动化，混凝土从拌和站到初期支护完成全部实现了机械化作业，减少了人为控制因素，显著提高喷射混凝土质量。现场统计数据表明，该机组喷射混凝土的回弹率均可控制在18%左右，而传统的湿喷机回弹率均在25%以上。

（3）提高了施工效率。喷射混凝土机械手为自行式设备，到达现场后能快速调整机位，无需接送风水管，混凝土运输到现场即可直接进行喷射作业，混凝土最大喷射高度为16.8m，最大喷射宽度为30m，水平最远喷射距离为15m，喷射混凝土实际能力为15m³/h。

（4）改善了作业环境。采用湿喷作业有效降低空气中粉尘浓度，现场作业环境得到极大改善，保证了作业工人的身体健康。

3）混凝土浇筑及运输

为了浇筑二次衬砌台车混凝土时能满足出渣大车及混凝土罐车通行，通过比选采用HBT40输送泵。因常规HBT60输送泵的宽度达2.7m，若使用该泵，则横断面需加宽200m设置设备洞一个，泵送距离最大110m，衬砌作业难度加宽；若横断面不加大，则出渣车与输送泵无法错车，导致出渣过程在不加设加宽段的情况下二次衬砌无法同步施工。在使用过程中，HBT40输送泵泵送能力约20m³/h，能够满足衬砌台车灌注需求。

HBT40输送泵相较HBT60具有泵体积小、单价低、锂基脂消耗低等优点，因此对小断面隧道衬砌施工来讲，HBT60输送泵存在较大的产能过剩。

混凝土罐车在选型上严格把握车辆长度，保证罐车能顺利在通道位置调头，通过反复试验，8m³罐车长度不得超过8.2m。单个作业面主要混凝土浇筑及运输设备配置情况见表3-2。

单个作业面主要混凝土浇筑及运输设备配置表　　　表3-2

序号	设备名称	规格型号	数量	备注
1	台车	12m	1	—
2	输送泵	HBT40	1	—
3	混凝土罐车	8m³	3	同一方向两个面可调换使用

3.2 洞内运输方案

3.2.1 行进线路原则及通道优化

由于单线隧道断面狭窄，均在斜井井底设置主副联，减少进出口方向施工运输干扰，同时正洞运输遵循左线进、右线出的统一交通路线，确保施工通道的畅通。

隧道约 400m 设有一横通道，横通道原设计衬砌后宽度 4m，通过优化将通道扩挖至 7.5m，装载机等设备可临时存放，减少了设备长距离的进出，保证施工运输安全。同时把通道方向设置优化为相对斜井进入方向呈倒"八"字形状，出行线路均为钝角 120°，重车不需要掉头，直接转弯即可开出，正洞运输平面示意图如图 3-4 所示。

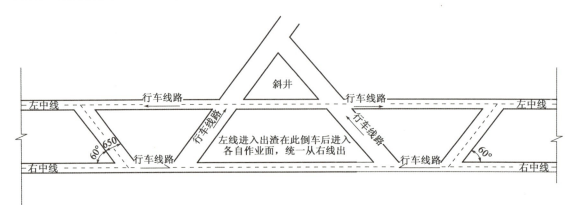

图 3-4　正洞运输平面示意图

隧道每 420m 在横通道对面设置避车洞，可进行扩挖作为补充，进行存放车辆或掉头，减小出渣设备掉头距离。

3.2.2　车辆进出规定

(1)保证现场施工在斜井井底固定 3 个大车(通道内 1 台，作业面 2 台)等待原则配置。即作业面出来一台车，靠近通道等待车辆即进入作业面等待；井底车辆看见某个作业面出来一台立即补充一台进入通道等待。同样的原则，洞外等待的车辆在一台车辆出来即进入一台车辆至斜井底等待。这样减少了洞内车辆的无序进出，确保了洞内运输的通畅。

(2)混凝土罐车按照同样的方式在斜井底通道等待，作业面出来一台罐车后进入另一台。

3.3
供电系统配置及相关措施

因中条山隧道斜井下井后承担的施工任务重，独头施工距离最长 5500m(含斜井)，施工作业面多(8 个掌子面同时施工)，用电设备容量大，为满足施工要求，10kV 高压、空气压缩机必须跟随掌子面前移，因此对斜井供电系统及电工提出较高的要求。单斜井变压器、单斜井进正洞空气压缩机配置见表 3-3 和表 3-4。供电系统按《施工现场临时用电安全技术规范》(JGJ 46—2005)的规定,采用(三相五线制)TN-S 供电。

单斜井变压器配置　　　　　　　表 3-3

序号	施工部位	变压器容量(kVA)	变压方式(kV)	数量	备 注
1	斜井分部洞外	1000	10/0.4	1	—
2	单斜井	1000	10/0.4	2	高压进洞电源
3		500	10/0.4	2	高压进洞电源

单斜井正洞电动空气压缩机配置　　　　　　　表 3-4

施工部位	承担作业面积	型号	功率	数量	备 注
单斜井	5028m×2m	英格索兰	162kW	9~10	进洞,并根据作业距离向前挪移

3.3.1　建设 35kV 变电站集中供电

斜井下底后,作业面由原来的 2 个增加至 8 个,用电负荷急速增加。为了确保现场施工,在施工区域内建立 35kV 预装式临时变电站一座,并配置相应的变压器。

3.3.2　高压进洞

1)总体布置原则

(1)高压进洞原则为简洁、实用、安全、紧凑。
(2)变压器、空气压缩机布置于风水管一侧,空气压缩机布置、变压器布置如图 3-5、图 3-6 所示。
(3)高压进洞设备安装位置前后的通视性要好。
(4)尽量减少对车辆、人行通道的占用。
(5)空气压缩机房限界标识清晰、醒目。

图 3-5　空气压缩机布置示意图

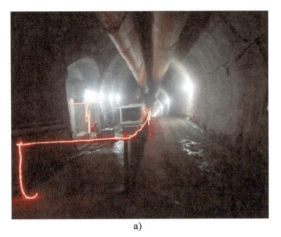
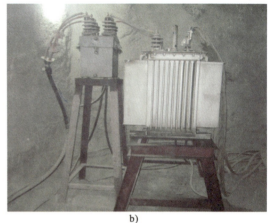

图 3-6 变压器布置示意图

2）变压器安设

(1) 变压器可安放于综合洞室内,或者设置于空气压缩机相邻的一个端头。若安放于洞室内,则洞室必须确保无落石,不渗水,地面高出井底 0.5m。变压器带电部分距顶部不小于 0.5m,变压器底部高出地面不低于 0.5m。

(2) 洞内变压器高压端需加设高压真空开关或油开关。

(3) 所有用电设备必须可靠接地。用电设备间距不小于 1m。

(4) 配电屏摆放整齐,柜门前铺设绝缘板,绝缘板宽度不小于 0.8m。

(5) 洞室内需加强照明,同时安装应急灯。

3）变压器防护

变压器和配电柜必须设置防护栏。防护栏高度 1.7m,用 $\phi 30mm$ 钢管作支架,外加 50mm×50mm 菱形钢网片。防护栏上方安装红色警示灯带,悬挂"高压危险"等安全标志牌。

4）空气压缩机房防护

(1) 空气压缩机周围加装防护围栏,防护栏高度不低于 1.2m,用 $\phi 30mm$ 钢管作支架,外加 50mm×50mm 菱形钢网片。防护栏上方安装红色警示灯带,悬挂"注意安全"等安全标识牌,标识牌高度 50cm。现场防护如图 3-7 所示。

图 3-7 空气压缩机房防护示意图

（2）空气压缩机房前后10m设置醒目警示灯，便于司机辨识，如图3-8所示。警示灯伸出边墙长度不得小于1.5m。

图3-8　警示灯布置示意图

（3）空气压缩机房前后5m处设置防撞墩，防止机动车故障时撞入空气压缩机房，如图3-9所示。

图3-9　防撞墩设置示意图

（4）空气压缩机房门设置于两侧，不得设置于正面朝车辆通道方向。

5）照明及消防

（1）空气压缩机房及配电房内应配足额灭火器材，如图3-10所示。

a)

b)

图3-10　灭火器配置示意图

（2）空气压缩机房及配电房区域内应加强照明，采用400W节能灯，间隔5m，同时装配应急灯。

 3.4 本章小结

（1）本工程施工过程中，车辆运输安全有效。通过系统管理，按上述配备的出渣车、装载机、挖掘机进行装渣运输和运输管理，Ⅱ、Ⅲ级围岩月进尺180～190m，Ⅳ、Ⅴ级围岩每个作业面月进尺80～100m。

（2）中条山隧道快速施工设备配套在开挖过程中采用ZLC40B装载机既不需要扩挖断面，出渣时间又无明显增加，确保了出渣工序与上台阶平行作业同步完成。喷射混凝土时采用KC30混凝土湿喷机械手作业，减少了作业人员的同时提升了施工效率，保证了施工质量，改善了施工人员的作业环境。

（3）对洞内运输通道及原则进行优化后，重车不需掉头，直接转弯即可开出，同时减少了出渣设备掉头距离，确保了洞内车辆的有序进出及洞内运输的通畅。

（4）通过建立35kV变电站集中供电及高压进洞的布设，满足了斜井施工的用电需求，确保了顺利安全地进行现场施工。

第4章

隧道超前地质预报与监控量测方法

Key Construction Technology for Zhongtiaoshan Tunnel of
Haolebaoji-Ji'an Heavy-haul Railway

Key Construction Technology for Zhongtiaoshan Tunnel of Haolebaoji-Ji'an Heavy-haul Railway

中条山隧道地质条件复杂,工程建设难度大,且地质问题集中,给施工带来了严重的安全隐患。在施工过程中,采用超前地质预报可以准确掌握施工掌子面前方的地质情况,避免灾害的发生或降低灾害造成的损失。同时,不断完善和创新的监控量测技术,能为支护参数的调整和施工方法的选择提供参考,保证施工安全和施工质量。本章主要介绍隧道超前地质预报常用的5种技术以及隧道监控量测方法。

4.1 复杂地质条件隧道超前地质预报

4.1.1 超前地质预报方法

由于中条山隧道复杂的地质条件及前期勘察的局限性,为在施工阶段进一步查清隧道的工程地质与水文地质条件,确保隧道施工安全,根据勘察阶段地质资料对地质复杂程度进行分级,针对可溶岩富水段和第三系高承压水段复杂地质条件,考虑各种预报手段的使用条件,并从经济性、适用性方面考虑,按照"物探先行,钻探验证,有掘必探,先探后掘"的原则,超前地质预报工作采用由面到点、长短结合、地面调查与洞内预报相结合、定性与定量相结合的方法。

中条山隧道施工过程中以地质分析法为基础,隧道地震波法(TSP法)长距离预报、地质雷达法、红外探测法及钻探相结合,开展多层次、多手段的综合超前地质预报,将超前地质预报纳入日常工序管理并贯穿于施工全过程。

隧道在可溶岩富水段和第三系高承压水段采用多种预报手段相结合的综合预报方法,通过不断总结分析,多次准确预报出岩溶、裂隙水、高承压水等不良地质问题,预报准确率较高,较好地完成了长大隧道不良地质超前预报任务,全隧未出现因地质灾害而导致的人员伤亡和财产损失,大大节约了成本,经济效益显著。

1) 地质分析法

地质分析法包括地表地质调查和掌子面地质素描等,即通过调查与分析地表和隧道内的工程地质条件,了解隧道所处地段地质结构特征,并结合隧道掌子面素描和隧道内不良地质体临近前兆,利用常规地质理论和作图法,进而推测前方可能出现的不良地质情况。

地质素描随隧道开挖同步进行,对地层岩性变化点、构造发育部位、岩溶发育带附近等复杂、重点地段,每个开挖循环进行一次素描,一般地段素描间隔不应超过10m。

(1)优点:地质分析法不占用施工时间,该方法设备(地质罗盘)简单、操作方便、预报效率高、效果好、费用低,且能为整座隧道提供完整的地质资料。

(2)缺点:对与隧道交角较大而又向前倾的结构面容易产生漏报,对操作人员地质知识水平要求较高,一般应由专业地质人员来完成。

2）TSP 法

TSP 法是利用地震波在地层中传播、反射的特性,通过信号采集系统接收反射信号,根据波在介质中的传播速度,计算隧道掌子面前方反射面(断层、软弱夹层等)距隧道掌子面的距离,通过分析接收信号特征,便可推测前方不良地质体的位置和状况,以此进行隧道超前地质预报。

中条山隧道可溶岩发育地段,每次预报距离为 100~120m,连续预报时前后两次搭接 10m 以上。

(1)优点:适用范围广,可用于极软岩至极硬岩的任何地质情况;预报距离长,能预报掌子面前方 100~200m 范围内的地质状况,围岩越硬越完整,预报距离就越大;对隧道施工干扰小,可在隧道施工间隙进行。

(2)缺点:其预报地质体距离掌子面的位置是根据 24 个爆破孔与接收器之间的弹性波速度的平均值和地质体反射波到达接收器的时间来确定的,由于弹性波速度的差异而导致地质体预报位置与实际情况有所差异,预报断层、软弱结构面等面状结构反射信号较为明显,对小型溶洞反映不明显。

3）电磁波反射法（或地质雷达法）

电磁波反射法即利用无线电波检测地下介质分布并对不可预见目标或地下界面进行扫描。其工作原理是发射天线向隧道掌子面前方发射电磁波信号(106~109Hz),电磁波向掌子面前方传播的过程中,当遇到电性差异的目标体(如空洞、裂隙、岩溶、地下水等)时,电磁波便发生反射。由接收天线接收反射波,通过对电磁波反射信号(即回波信号)的时频特征、振幅特征、相位特征等进行分析便可推断掌子面前方的地质构造(如介电常数、层厚、空洞等)。

地质雷达法主要适用于岩溶段探测,一次预报范围为 30m,在岩溶发育地段的有效探测长度则应根据雷达波形判定,前后两次重叠长度不小于 5m。

(1)优点:将发射天线和接收天线集于一体,具有分辨率高、快速、无损、连续检测、实时显示等特点,对溶洞、溶腔、断裂等反射信号的接收比较明显,探测准确率较高。

(2)缺点:仪器密封性差,洞内不易防水、防潮、防尘,易造成仪器损坏,特别是没有专门的天线,操作起来费时费力,且效果不好;探测距离太短,一次只能探测 5~30m;隧道内的环境条件与地质雷达的理论基础——半无限空间不吻合,加之探测掌子面平整度较差,天线与掌子面不能密贴,洞内台车、钢拱架、钢筋网等金属构件,对探测结果影响较大。

4）红外探测法

在隧道中,围岩每时每刻都在向外部发射红外波段的电磁波,并形成红外辐射场,场有密度、能量、方向等信息,岩层在向外部发射红外辐射的同时,必然会把它内部的地质信息传递出来。干燥无水的地层和含水地层发射强度不同的红外辐射,红外线探水仪通过接收岩体的红外辐射强度,根据围岩红外辐射场强的变化值来确定掌子面前方或洞壁四周是否有隐伏的含水体。

红外探测仪主要适用于地下水探测,一次预报范围为 30m,前后两次重叠长度不小于 5m。

(1)优点:红外探测能准确判断出探测点前方有无水体存在及其方位,对水体的探测有较高的准确率。

(2)缺点:不能对水量、水压等重要参数进行预报。对数据采集点的条件要求高,探测数据受影响程度较高,如:受喷射作业后水泥水化热影响;爆破作业后测线范围内温差明显的影响;测线范围内存在高能热源场(如电动空气压缩机等)的影响。

5)超前钻探法

(1)超前地质钻探

超前地质钻探分冲击钻和回转取芯钻两种方式,是利用钻机在隧道开挖工作面进行钻孔获取地质信息的一种超前地质预报方法,这种方法能比较直观地探明钻孔所经过部位的地层岩性、岩体完整程度、岩溶及地下水发育情况等。

本隧道针对岩溶富水段地层和第三系承压水地层综合冲击钻与回转取芯钻,采用长短钻孔相结合的方式,每循环多孔钻孔要求有一个长度大于其他钻孔5m的控制性钻孔;每循环钻3~5个孔(至少1个为取芯孔),孔深30~50m,终孔于隧道开挖轮廓线以外5~8m,前后两循环钻孔重叠5~8m。

①优点:可比较直观地显示钻孔所经过部位的地层岩性、岩体完整程度、裂隙度与地下水情况;与物探方法相比,它具有直观性、客观性,不存在物探手段经常发生的多解性、不确定性。

②缺点:费用高、占用隧道施工时间长,且资料只是一孔之见(理论上讲,由于溶洞发育的复杂性、多变性,几个钻孔也难百分之百地把掌子面前方的管道、岩溶提前揭露预报出来);遇软弱岩层取芯困难,对岩溶隧道布孔位置带有偶然性,在复杂地质条件下很难预测到掌子面前方的小断层和小型溶洞。

(2)加深炮孔探测

利用风钻或凿岩台车等在隧道开挖工作面钻小孔径浅孔获取地质信息的一种方法。加深炮孔探测适用于各种地质条件下隧道的超前地质探测,尤其适用于岩溶发育区。

加深炮孔每个开挖循环施作,岩溶富水地层和第三系富承压水地层一般每循环施作5~7个孔,孔深超过开挖进尺3~5m,沿开挖洞身周边均匀布置,相邻两循环加深炮孔位置适当错开。

4.1.2 超前地质预报工作流程

为达到既预报准确又节省有限预报资源的目的,根据区域地质资料和设计文件,结合现场实际情况,制定预报方案,针对不同地质条件采取不同的预报手段。超前地质预报工作总体流程如图4-1所示。

1)可溶岩富含高承压水地层

该地层主要发育在泥岩、页岩与可溶岩分界、寒武系可溶岩与第三系地层接触带,岩溶形态以溶蚀裂隙为主,岩溶裂隙发育,局部可能发育溶洞或岩溶管道。地下水为岩溶水,属富水区。采用地质调查、洞内地质素描、加深炮孔、TSP法综合探测手段,根据各预报结果综合研判掌子面前方地质条件。可溶岩富含高承压水地层超前地质预报工作流程如图4-2所示。

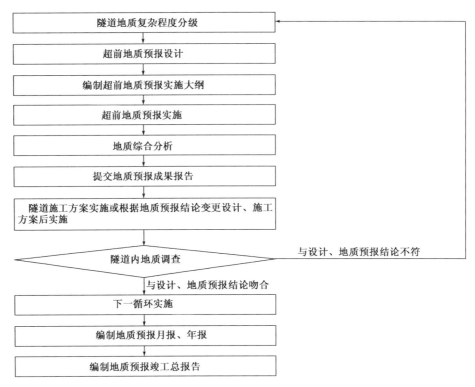

图 4-1　超前地质预报工作总体流程图

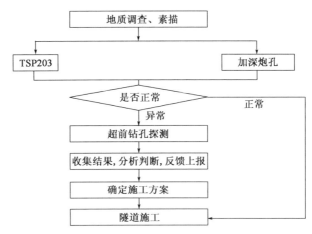

图 4-2　可溶岩富含高承压水地层超前地质预报工作流程图

2）第三系富含高承压水地层

本段岩石为第三系 N_2 洪积扇地层,其中多为弱胶结夹砂层,该地层特性为遇水易软化,暴露易风化,且该地层富含承压水,隧道涌水量大。围岩自稳性差,围岩级别以Ⅴ级为主,Ⅵ级次之,工程地质条件复杂。第三系富含高承压水地层超前地质预报工作流程如图4-3所示。

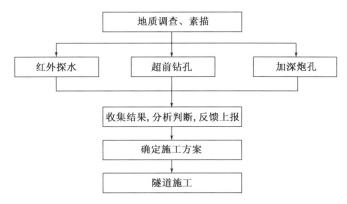

图 4-3 第三系富含高承压水地层超前地质预报工作流程图

4.1.3 超前地质预报仪器设备配置

隧道超前地质预报所需仪器设备见表 4-1。

主要仪器设备配备清单 表 4-1

序号	仪器设备及型号	数 量	产 地
1	TSP203+超前地质预报仪	1 台	瑞士
2	佳能数码照相机	2 部	中日合资
3	水平钻机 MKD-5S、矿岩-180	10 台	西安
4	地质雷达 MALA-X3M	1 台	瑞典
5	HW-304 红外探水仪	2 台	唐山
6	联想计算机	4 台	北京
7	佳能打印机	2 台	中日合资
8	地质罗盘	5 部	哈尔滨

4.1.4 典型案例

下面以中条山隧道 3 号斜井ⅢXJK0+105.2～095.7 裂隙富水段边界探测为例,对中条山隧道超前地质预报方法及验证结果进行阐述。

1)工程概况

中条山隧道 3 号斜井长 2045m,综合坡度 11.34%,由斜井洞口下坡进正洞,与右线成 76°夹角交于 DK627+600,正洞长 3315m。ⅢXJK2+045～ⅢXJK1+100 段为第四系老黄土和第三系弱胶结砾岩、半成岩砂质泥岩互层,含承压水。ⅢXJK1+100～ⅢXJK0+000 段为鲕状灰岩夹泥岩,地下水发育。

2）TSP 预报情况

（1）工作概况

地质预报组于 2016 年 12 月 09 日进洞进行了 TSP 相关数据采集，采用仪器为瑞士产 TSP203，预报里程为ⅢXJK0+121.3～ⅢXJK0+000.0 段。仪器接收器位置在ⅢXJK0+178.4，掌子面位置为ⅢXJK0+121.3，设计为 24 炮，1 个接收器接收。单孔采用药量为 33～150g 乳化炸药。数据采集时采用 X-Y-Z 三分量接收，采样间隔为 62.5μs，记录时长为 451.125ms（7000 采样数）。实际激发 24 炮，采集数据显示 22 炮合格。

（2）预报结论

预报推断表见表 4-2，TSP 成果如图 4-4 所示。

ⅢXJK0+121.3～ⅢXJK0+000.0 段结果推断表　　　表 4-2

序号	里程范围	长度（m）	探测结果推断
1	ⅢXJK0+121.3～ⅢXJK0+068	53.3	该段以正反射振幅为主，推测围岩与掌子面基本一致，理裂隙不发育，岩质硬，岩体较完整，其中ⅢXJK0+093～ⅢXJK0+090 段及ⅢXJK0+075～ⅢXJK0+068 段波速、密度有所下降，推测节理裂隙较发育，岩体较完整～较破碎；ⅢXJK0+103～ⅢXJK0+068 段泊松比增大，推测局部发育裂隙水
2	ⅢXJK0+068～ⅢXJK0+000	68	该段波速、密度等岩体指标均有所上升，推测该段节理裂隙不发育，岩体较完整；其中ⅢXJK0+048～ⅢXJK0+031 段波速、密度略有下降，节理裂隙较发育～不发育，岩体较完整，局部较破碎；ⅢXJK0+068 及ⅢXJK0+030 附近泊松比增大，推测有发育裂隙水

3）施工情况

2016 年 12 月 12 日上午 9 时 30 分，中条山隧道 3 号斜井掌子面ⅢXJK0+108.8 处进行加深炮孔作业，右侧边墙起弧位置钻孔深度 3.8m 时出现股状出水。工人停止打钻作业，将风钻退出，股状水喷出，存在一定水压力。现场估测单孔出水量 120m³/h，由掌子面喷出 17m，如图 4-5 所示。

4）地质素描

中条山隧道 3 号斜井ⅢXJK0+108.8 处地质素描如下：

（1）掌子面揭示围岩为寒武系中统张夏组（∈2z）灰岩、泥质条带灰岩，呈灰～灰白色，弱风化，属硬岩，薄～中厚层（以中厚层为主），岩层倾角较小，近乎平层，产状为 N20°E/10°S。

（2）节理、溶蚀裂隙较发育，主要发育两条节理。J_1 产状：N45°W/71°S，微张型，无充填，延伸性一般；J_2 产状：N63°W/85°N，宽张型，方解石充填，延伸性较强，岩体较完整，局部较破碎，呈块石、碎石状；围岩稳定性较好。地下水发育，掌子面发育股状出水，出水量约 200m³/h，水质清，具有一定水压力。掌子面地质素描图如图 4-6 所示。

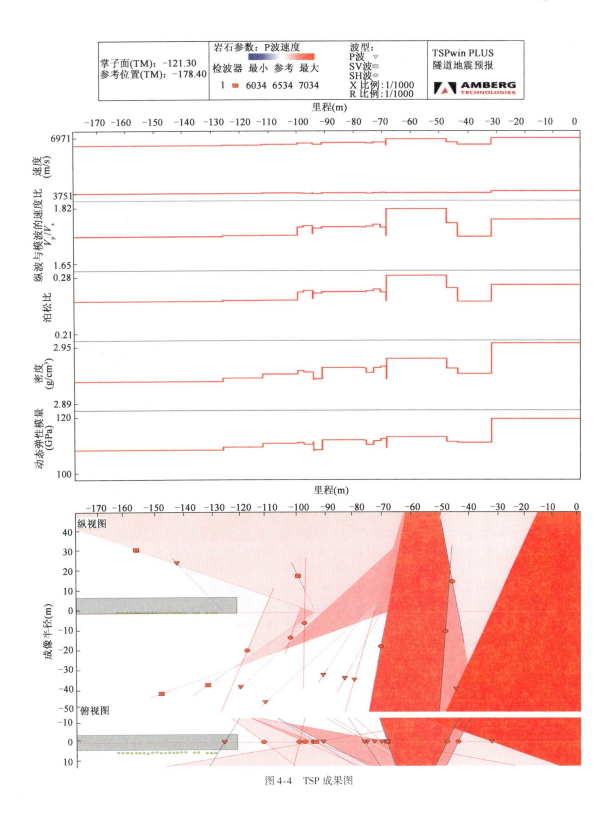

图 4-4 TSP 成果图

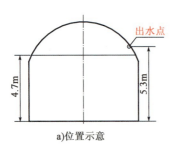

a)位置示意　　　　　　　　　　　　　　b)现场情况

图 4-5　现场出水图

5）地质雷达情况

掌子面前方 30m（ⅢXJK0+108.8～ⅢXJK0+086.8）范围内，ⅢXJK0+108.8～ⅢXJK0+105.8 段节理裂隙较发育，岩体较完整，局部较破碎；ⅢXJK0+105.8～ⅢXJK0+088.8 段节理裂隙、溶蚀裂隙较发育～发育，岩体较破碎，层间结合较差，地下水发育，其中ⅢXJK0+104.8～ⅢXJK0+102.8 段范围内掌子面中部发育小型溶孔；ⅢXJK0+088.8～ⅢXJK0+086.8 段节理裂隙不发育，岩体较完整。现场地质雷达扫描图如图 4-7 所示。

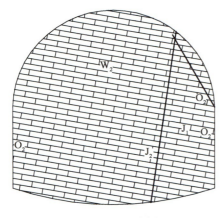

图 4-6　掌子面地质素描图　　　　　　图 4-7　现场地质雷达扫描

6）富水地层边界判定

（1）判定手段

为了准确判断前方地质条件及出水边界情况，采用长钻杆及超前地质钻孔对出水边界进行了探测。加深炮孔钻孔 53 个，深 5m，超前地质钻孔 4 个，钻孔参数见表 4-3，长钻杆和超前地质钻孔布置如图 4-8 所示。

钻孔参数表　　　　表 4-3

钻孔编号	水 平 角	竖 直 角	孔深（m）
1 号	右偏 7°	7°	30
2 号	左偏 3°	2°	30
3 号	右偏 10°	10°	30
4 号	0°	−13°	30

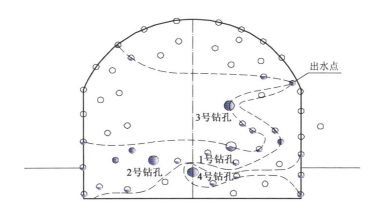

图 4-8 长钻杆和超前地质钻孔布置图

(2)超前地质钻孔情况

①1 号钻孔:0~30m 岩屑为灰岩,冲洗液呈灰白色,钻进速度慢,钻进平稳,其中 5.6m 及 12.9m 附近钻进速度突然加快,进尺约 5cm,且有水流出,水质清,初始水量约 60m³/h,12.9m 附近水量增大,水质浑浊,呈黄色,后渐清,终孔稳定水量约 30m³/h。

②2 号钻孔:0~30m 岩屑为灰岩,冲洗液呈灰白色,钻进速度慢,钻进平稳,其中 2.7m 及 14m 附近钻进速度突然加快,进尺约 5cm,且有水流出,水质清,初始水量约 20m³/h,14m 附近水量增大,水质浑浊,呈黄色,后渐清,终孔稳定水量约 70m³/h。

③3 号钻孔:0~30m 岩屑为灰岩,冲洗液呈灰白色,钻进速度慢,钻进平稳,其中 5m 及 7m 附近钻进速度突然加快,进尺约 5cm,且有水流出,水质清,初始水量约 40m³/h,7m 附近水量增大,具有一定水压,有顶钻现象,终孔稳定水量约 100m³/h。

④4 号钻孔:0~30 岩屑为灰岩,冲洗液呈灰白色,钻进速度慢,钻进平稳,其中 4m 及 14m 钻进速度突然加快,进尺约 5cm,且有水流出,水质清,初始水量约 20m³/h,14m 附近水量增大,水质浑浊,呈黄色,后渐清,终孔稳定水量约 80m³/h。

超前地质钻孔和长钻杆施工图如图 4-9 所示。

通过上述钻孔情况可知:该段围岩岩性以灰岩为主,岩质较硬,节理裂隙较发育,岩体较完整,局部较破碎,通过探测推测主要发育两条节理。J_1 产状:N27°W/79°S,属宽张型,延伸性好;J_2 产状:N46°W/85°S,属宽张型,约 5cm,泥质充填,延伸性好。地下水发育,自Ⅲ XJK0+105 附近发育地下水,水质清,Ⅲ XJK0+095 附近水量增大,水质浑浊,呈浅黄色,后渐清,具有一定水压,总出水量约 400m³/h。出水点集中在隧道右侧及下半断面,如图 4-10 所示。

(3)边界判定结论

通过超前地质钻孔及长钻杆探测确定掌子面水源为裂隙水,主要发育两条裂隙:第一条裂隙位于掌子面前方约 3.8m(Ⅲ XJK0+105)处;第二条裂隙位于掌子面前方约 13.8m(Ⅲ XJK0+095)处,贯通左右边墙,宽度为 5~15cm。探测裂隙如图 4-11、图 4-12 所示。

图 4-9　超前地质钻孔和长钻杆施工图　　　　图 4-10　超前地质钻孔和长钻杆施工后掌子面图

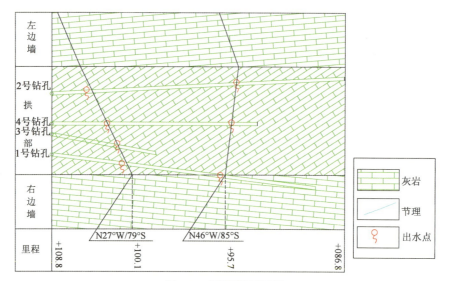

图 4-11　探测裂隙平面图

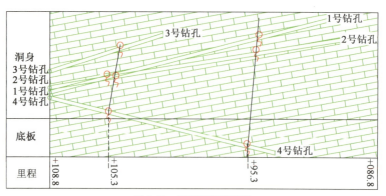

图 4-12　探测裂隙平面图

7）验证

（1）第一条裂隙验证

探明出水裂隙边界后，于 2016 年 12 月 31 日恢复掌子面开挖作业，响炮后，第一条裂隙首先暴露出来，里程为ⅢXJK0+106（探测里程为ⅢXJK0+105），里程基本准确，裂隙最宽处为 15cm（探测宽度为 5~15cm），基本准确。响炮后掌子面第一条裂隙如图4-13 所示。

图 4-13　第一条裂隙现场图

（2）第二条裂隙验证

2017 年 1 月 3 日掌子面响炮后，第二条裂隙暴露出来，里程为ⅢXJK0+096.3（探测里程为ⅢXJK0+095），里程基本准确，裂隙最宽处为 10cm（探测宽度为 5~15cm），基本准确。响炮后掌子面第二条裂隙如图4-14 所示。

图 4-14　第二条裂隙现场图

4.2 监控量测方法

4.2.1 隧道监控量测现状

随着我国经济的高速发展,我国高速公路、铁路建设同时进入高峰期,由于线路选择的需求,隧道建设在路网建设中占有较大比例,每条重点公路、铁路均存在长大隧道、高风险隧道。以往的隧道建设中洞口滑塌、洞内塌方现象层出不穷,随着隧道施工技术的不断完善,隧道监控量测技术的不断进步和创新,目前隧道塌方现象已经得到了很好的控制,隧道监控量测在隧道建设中已经受到相当的重视,并将会成为我国隧道施工的重要环节。浩吉铁路股份有限公司(简称"浩吉铁路公司")针对浩吉铁路隧道监控量测技术做了大量的工作,将隧道监控量测作为隧道施工安全的第一生命线,为施工工艺、支护参数选择和动态设计提供参考。

4.2.2 隧道监控量测项目

1)必测项目

隧道监控量测必测项目见表4-4。

必 测 项 目　　　　　　表4-4

序号	监控量测项目	常用测量仪器	测 试 精 度
1	洞内、外观察	观察、数码相机、罗盘仪	—
2	拱顶下沉	全站仪	±1.0mm
3	净空变化	全站仪	±1.0mm
4	地表沉降	全站仪	±1.0mm

2)选测项目

其他项目根据隧道岩层特性进行选择,主要选测项目有围岩内部位移、围岩压力、钢架内力、锚杆轴力、隧底隆起、二次衬砌接触压力、二次衬砌内力、喷射混凝土内力等。

4.2.3 隧道监控量测应用

1)监控量测方法选择

采用传统方法进行隧道监控量测存在很大缺陷,主要表现在:

(1)目前的隧道净空断面大、高度大,拱顶及拱脚部位测点测量困难。
(2)测量时间长,对其他工序施工带来一定干扰。
(3)人工拉尺受人为因素影响大,造成数据采集误差较大,数据质量低。
(4)不能进行三维观测,对隧道变形状态了解不充分。

为了解决以上问题,满足大净空断面快速施工需求,并保证测量结果准确性,真实反映隧道变形状态,综合考虑采取全站仪三维非接触测量。

2)断面布设

通过专家论证和现场验证,浩吉铁路调整了传统的断面布设,目前的断面布设更简单并能准确反映隧道围岩变形情况,浩吉铁路中条山隧道具体断面布设如下。

(1)地表沉降

浅埋隧道地表沉降测点在隧道开挖前布设,地表沉降测点和隧道内测点布置在同一断面里程。一般条件下,地表沉降测点纵向间距按表4-5的要求布置。

地表沉降测点纵向间距　　　　　表4-5

隧道埋深与开挖宽度关系	测点纵向间距(m)
$H_0 > 2B$	20
$B < H_0 \leq 2B$	10
$H_0 \leq B$	5

注:H_0为隧道埋深,B为隧道开挖宽度。

①地表沉降测点横向间距为2~5m,隧道中线附近测点加密,每个断面布置7~11个点。
②隧道中线两侧量测范围不小于($H_0 + B$),地表有控制性建筑物时,量测范围适当加宽。
③基准点应设置在隧道影响范围以外稳定处,并设置复核点,保证数据可靠。地表沉降横向测点布置示意图见图4-15。

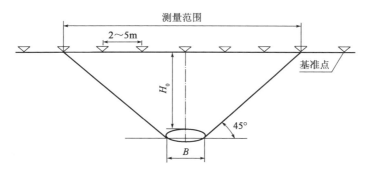

图4-15 地表沉降横向测点布置示意图

(2)拱顶下沉和水平收敛测点断面间距

①普通地层隧道监控量测的断面间距及净空变化量测的测线数,可参照表4-6的要求布置。

普通地层隧道监控量测的断面间距　　　　　　　　　　　　　　　　　表4-6

围岩级别	断面间距(m)	
	单双线正洞	单双车道辅助坑道
Ⅴ～Ⅵ	5	10
Ⅳ	20	30
Ⅲ(软质岩)	50	
Ⅲ(硬质岩)	在特殊地段布设监测断面	
Ⅱ	在特殊地段布设监测断面	

注：1. Ⅳ级围岩，在不良地质地段(主要指土体、水平层软质岩等)监测断面应适当加密。
    2. Ⅲ级软质岩主要指砂岩(三门峡以北)、片岩、板岩、页岩、泥质砂岩、砂砾岩、泥灰岩等。
    3. Ⅲ级硬质岩、Ⅱ级围岩原则上不布设监测断面，特殊地段根据现场情况布设监测断面，特殊地段包括掌子面施工有掉块、塌方等的地段，初期支护有开裂、剥落等的地段，需要进行设计调整的段落(进行一定的监测，为动态调整支护参数，施工方法等提供参考，验证调整效果)，以及其他特殊需要监测地段(斜井与正洞交叉口等)，这些特殊地段应加密测点布设断面，且测点可以不在一个支护参数断面上。
    4. 各断面布设间距误差控制在断面间距的10%以内。

②特殊地层拱顶下沉和水平收敛测点断面及布设原则。

隧道存在断层破碎带、岩溶与岩爆、危岩落石、高地应力等特殊地质条件，监控量测需加密量测断面，隧道监控量测的断面间距及净空变化量测的测线数，可参照表4-7和表4-8的要求布置。

特殊地层隧道监控量测的断面间距　　　　　　　　　　　　　　　　　表4-7

围岩级别	断面间距(m)	
	单双线正洞	单双车道辅助坑道
Ⅴ～Ⅵ	5	5
Ⅳ	10	10
Ⅲ	30	

净空变化量测的测线数量　　　　　　　　　　　　　　　　　　　　表4-8

开挖方法	一般地段	特殊地段
全断面法	一条水平测线	一条水平测线
台阶法	每台阶设置一条水平测线	每台阶设置一条水平测线
分部开挖法	每分部设置一条水平测线	交叉中隔壁法(CRD法)上部、双侧壁导坑两侧、每分部各设置一条水平测线

③拱顶下沉和水平收敛测点布设。

测点布设应按施工方法区分，全断面法、两台阶法、三台阶法按图4-16所示进行布置，其他特殊施工方法的测点布设根据现场实际情况进行布置，拱顶下沉和水平收敛测点应布置在同一断面上。

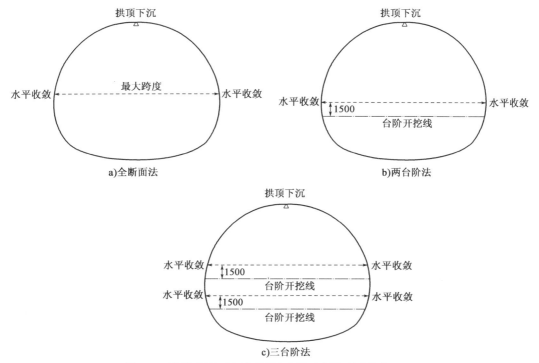

图 4-16 拱顶下沉和水平收敛测点布置示意图(尺寸单位:mm)

3)测点埋设

(1)地表沉降测点埋设

地表沉降测点埋设时先在地表钻孔,然后埋入沉降测点,外露 1~2cm,四周用砂浆填实。测点一般采用直径 20~30mm 的钢筋,长 50~100cm,顶部在斜面贴反光膜片或在平面中心设置十字标记。

(2)水平收敛和拱顶下沉测点埋设

①测点材料:采用直径不小于 20mm 的螺纹钢,长 20~30cm,尾端(隧道洞内方向)进行 45°斜切形成斜切面或者端部焊接钢板,并在斜切面处或钢板上面粘贴测量专用反射膜片。

②测点埋设:初期支护应与围岩密贴,测点埋设在钢架、格栅等初期支护上,测点一端紧贴岩面,无钢架和格栅等初期支护埋入围岩不小于 20cm,并埋设牢固。

③标识要求:测点布设以后,在测点处用红色油漆设置醒目标识,每个断面左右侧各布设 1 个标示牌,及时记录展示相关信息。

④时间要求:测点应在开挖完成后立即埋设。

⑤保护要求:监测点上严禁悬挂物品,做好测点保护,防止破坏。

⑥破坏与松动处理要求:如果测点被破坏,应 2h 内在被破坏测点附近补点,立即进行数据采集,测量数据归零;如果测点出现松动,则应及时加固,重新读取初读数。

现场监测与施工必须紧密配合,施工现场应提供监测工作时间,保证监测工作的正常进行,监测点的埋设计划应列入工程施工进度控制计划中。

4）数据测量

（1）仪器选择要求

使用的全站仪（标称精度不得低于2″，2mm+2ppm）应状态良好。

（2）人员选择要求

采用专业测量人员成立专业化的测量小组。

（3）数据采集频率

①洞内、外观察：每施工循环记录一次，特殊地段加大观察频率。

②拱顶下沉和水平收敛监测频率：一般为1次/d；台阶法施工，下部开挖过程中，上部量测频率为2次/d；出现异常情况时，根据现场管理要求，加大监测频率；当变形趋于稳定时，监测频率按表4-9进行；在初期支护稳定后，可停止该断面的监测。

变形趋于稳定时的监测频率　　　　　　　　　　表4-9

支护状态	平均变形速率（mm/d）	持续时间（d）	监测频率
初期支护全环封闭	<2	>3	1次/3d
初期支护全环封闭	<1	>7	1次/7d
初期支护全环封闭	<1	>15	1次/15d

③初期支护稳定需同时满足以下条件：初期支护表观现象正常；拱顶下沉和水平收敛平均变形速率小于1mm/d，且持续1个月以上；变形时态曲线已经收敛。

④地表沉降监测：一般为1次/d；当出现异常情况时，应加大监测频率；在二次衬砌施工通过监测断面 H_0+B 距离后（H_0 为该断面隧道埋深，B 为该断面隧道开挖宽度），且地表沉降变形时态曲线已经收敛，可停止该断面监测。

（4）数据采集上传

①监控量测人员每天定时对隧道内各断面量测数据进行采集，在监控量测中，将全站仪置于隧道中线附近的适当位置，采用极坐标测量的方法，直接对不同断面上的各监测点标志进行观测，获取各监测点在任意站心坐标系下的空间三维坐标；再利用各监测点的空间三维坐标，间接计算得到同一断面上各监测点的相对位置关系，通过比较不同监测周期相同监测点的相对位置关系的差异，来真实反映隧道施工期间的围岩净空收敛及拱顶下沉变化量，如图4-17所示。

②进洞监测前应与隧道施工单位取得联系并预订监测时间，监测时间尽量选择在拼装钢架或出渣后1h进行，初始读数在开挖后12h内完成，监测期间应停止干扰监测的施工工序。

③数据采集后3h内上传。

④观测前仪器设备进行常规检校，仪器进入洞内后开箱适应洞内温度20~30min，修正温度和气象参数。

⑤用激光进行指向监控标志，观测时用强光电筒对监控标志进行照明，以利于仪器精确照准反射膜片的十字中心。

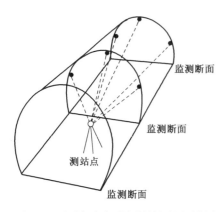

图4-17　全站仪自由测站非接触监测示意图

⑥数据的采集必须进行复核,及时进行数据分析,如有异常情况应查明原因并及时汇报。
⑦建立数据复核审查制度,保证测量数据的准确性和真实性。

5）数据分析

浩吉铁路隧道监控量测数据分析工作主要由中国建筑西南设计研究院有限公司（简称"中建西南院"）开发的"浩吉铁路隧道施工信息监测管理平台"完成。

监测信息采用变形总量、变形速率、初期支护表观现象和变形时态曲线等4项指标对隧道施工安全进行综合等级管理。

变形总量与变形速率应控制在管理等级范围内,及时巡视观察初期支护表观有无异常,同时结合变形时态曲线进行综合分析处理。

(1) 管理等级及对应措施

管理等级及对应措施见表4-10。

管理等级及对应措施　　　表4-10

管 理 等 级	对 应 措 施
正常（绿色）	正常施工
预警二级（黄色）	加强监测,密切关注发展情况,分析原因,调整施工,使隧道变形趋于稳定,并制定应急方案和对策
预警一级（红色）	暂停施工,加强监测,启动应急预案,采取相应工程措施

(2) 初期支护表观现象

隧道施工过程中应对隧道初期支护表观进行观察,当初期支护出现表4-11所述现象时,应及时进行信息反馈,并采取相应工程措施。

需要采取工程措施的初期支护表观现象　　　表4-11

序号	初 期 支 护	表 观 现 象
1	喷射混凝土	初期支护混凝土出现开裂、剥落、掉块等现象： ①纵向开裂超过3榀钢支撑间距； ②环向开裂超过已施工支护周长的1/3； ③裂缝宽度超过1mm
2	钢拱架等	扭曲、异响、拱脚下沉等

(3) 变形总量管理值

变形总量管理为普通地段变形总量,当隧道受到偏压、高地应力等情况时建议变形总量管理等级应结合现场施工情况进行动态调整,详见表4-12~表4-14。

一般地段变形总量管理值（单位:mm）　　　表4-12

监测项目	监测位置	管 理 等 级	正常（绿色）	预警二级（黄色）	预警一级（红色）
拱顶下沉	单线正洞 单车道辅助坑道	Ⅲ	<20	20~25	≥25
		Ⅳ	<48	48~64	≥64
		Ⅴ	<60	60~80	≥80
	双线正洞 双车道辅助坑道	Ⅲ	<25	25~35	≥35
		Ⅳ	<72	72~96	≥96
		Ⅴ	<90	90~120	≥120

续上表

监测项目	监测位置	管理等级	正常(绿色)	预警二级(黄色)	预警一级(红色)
水平收敛	单线正洞 单车道辅助坑道	Ⅲ	<10	10~15	≥15
		Ⅳ	<30	30~45	≥45
		Ⅴ	<40	40~55	≥55
	双线正洞 双车道辅助坑道	Ⅲ	<10	10~15	≥15
		Ⅳ	<35	35~50	≥50
		Ⅴ	<45	45~60	≥60

台阶法开挖时变形总量管理值分配比例 表4-13

工法	分部1	分部2	分部3
台阶法	40%	70%	—
三台阶法	30%	50%	70%

注:本表按隧道各分部开挖工序制定,各比例为各分部累计变形量占对应变形总量的百分比。

黄土地段变形总量管理值(单位:mm) 表4-14

监测项目	管理等级	正常(绿色)	预警二级(黄色)	预警一级(红色)
拱顶下沉	Ⅳ	<90	90~120	≥120
	Ⅴ	<110	110~150	≥150
水平收敛	Ⅳ	<35	35~50	≥50
	Ⅴ	<45	45~60	≥60

注:本表所建议变形总量管理值不包含特殊施工工法(如预切槽法等),且应结合现场施工情况进行动态调整。

(4)变形速率管理值

每日变形速率按照表4-15管理。

一般地段日变形速率管理值(单位:mm/d) 表4-15

施工阶段	监测项目	监测位置	正常(绿色)	预警二级(黄色)	预警一级(红色)
开挖过程中	拱顶下沉	单线正洞 单车道辅助坑道	<4.0	4.0~8.0	≥8.0
		双线正洞 双车道辅助坑道	<5.0	5.0~10.0	≥10.0
	水平收敛	单、双线正洞 单、双车道辅助坑道	<3.0	3.0~6.0	≥6.0
仰拱封闭后	拱顶下沉 水平收敛	单、双线正洞 单、双车道辅助坑道	<2.0	2.0~4.0	≥4.0

注:本表所建议变形速率管理值应结合现场施工情况进行动态调整。

(5)变形时态曲线特征

变形时态曲线特征如图4-18所示。

当变形处于初期匀速变形阶段和平稳发展阶段时,隧道处于相对安全的状态。围岩变形过程中,在围岩不失稳的正常情况下,在量测断面附近进行开挖施工时,受施工扰动,存在一定的变形加速现象,属于正常加速,其余变形加速属于异常加速。异常加速是围岩失稳的征兆,隧道施工安全存在威胁,应进行预警。拱顶下沉测点应埋设在拱顶轴线附近,数值采用绝对高程,周期性复核后视点,保证其数据可靠性,见表4-16。

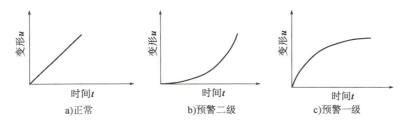

图4-18 变形时态曲线特征图

变形时态曲线在管理等级中的体现　　　　　　　　　　　　　表4-16

序号	等　级	体　现
1	正常(绿色)	无变形异常加速,变形特征曲线趋于收敛
2	预警二级(黄色)	变形异常加速,变形特征曲线无收敛迹象,日均变形速率差值连续2d增大,且均大于2mm/d
3	预警一级(红色)	变形异常加速,变形特征曲线无收敛迹象,日均变形速率差值连续3d增大,且均大于2mm/d

4.2.4 隧道监控量测预警管理

浩吉铁路推出的隧道监控量测预警管理制度完善、高效,监控量测数据采集经复核后及时上传隧道施工监测信息管理平台,根据监测管理值和现场观察确定预警信息,通过数据分析和隧道施工监测信息管理平台提示及时掌握预警信息。

1)预警处理流程

项目部按施工管理要求设定警戒值,监控量测小组进行信息采集、分析整理、复核和上传。监控量测数据达到或超过预警标准后,监控平台管理中心进行分析,并按预警级别进行预警事件上报和信息发布。预警事件上报反馈及消警处理流程如图4-19所示。

当预警部位危险因素减少,预警数据明显稳定,且后续施工对预警部位影响较小时,监控平台管理中心根据情况分析并进行消警处理。

2)预警分级管理

(1)黄色预警

①信息传递。

当出现黄色预警时,监测小组应立即报告工区长、工区技术负责人、工区安全负责人和现场监理工程师;工区技术负责人接到预警立即上报项目部经理、总工程师、安全总监、监控量测负责人、工程技术部部长、安全部部长、监理项目部总监代表;项目部工程技术部收到预警信息后立即上报设计单位。

②信息处理。

由工区技术负责人在 2h 内组织研究,制定技术方案和应急处理措施,明确工程措施责任人;技术方案报项目部工程技术部、总监代表、设计院和业主工程技术部审批,并由工区技术负责人下达指令,同时撤销预警。

③指令执行。

工区安全负责人负责现场安全防范管理,工区长和工区质量、安全负责人监督指令执行情况,指令不能及时执行时立即上报项目部总工程师,由项目部监督指令落实。

④出现黄色预警的断面必须加密观测频率,每日 2~4 次,确保洞内施工安全。

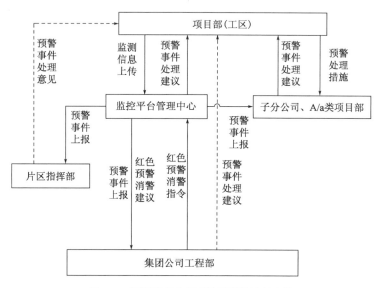

图 4-19　预警事件上报反馈及消警处理流程

(2)红色预警

①信息传递。

当出现红色预警时,监测小组应立即上报工区长、工区技术负责人、工区安全负责人和现场监理工程师,工区负责人接到预警后应立即上报项目部经理、总工程师、安全总监、监控量测负责人、工程技术部、安全部、监理项目部;项目部安全部收到预警信息后应立即上报集团公司安质部,工程技术部收到预警信息后应立即上报设计院,项目经理收到预警信息后应及时上报建设单位指挥部指挥长和集团公司分管领导。

②信息处理。

工区安全负责人收到红色预警立即下达掌子面暂停施工指令,启动应急预案,停止预警段落至掌子面的施工作业,及时撤出施工人员和机械,由工区安全负责人监督指令执行;项目部总工程师收到红色预警立即组织研究,制定技术方案和应急处理措施,明确工程措施责任人,技术方案及时上报监理项目部、设计单位和业主指挥部审批,2h 内确定处理方案。

③指令执行。

项目部工程技术部对工区下达指令,工区技术负责人对班组下达指令,工区长和安全总监监督实施。如未能及时上报项目经理、总工程师、安全总监,则由项目部监督落实。

④预警及附近断面需加密观测频率,每隔2h观测1次,直到按处理措施的方案实施,围岩量测数据呈稳定趋势后,由项目部总工程师撤销预警,洞内恢复正常施工。

4.2.5 隧道监控量测的控制要点

1)测点埋设及保护问题

(1)测点埋设不及时

受到工序及施工人员对监控量测重视程度影响,现场施工中经常会出现监测断面埋点不及时、测点埋设不及时,对数据采集和分析造成很大影响。

解决措施:对隧道监控量测进行技术交底,将隧道施工的重要意义灌输给现场施工人员,并将隧道监控量测纳入工序管理,将监控量测埋点纳入工序报验程序,测点不埋设不允许下道工序施工。

(2)测点埋设不牢固

工人埋点时疏忽大意可能造成测点埋设不牢固,出现松动现象。

解决措施:测点埋设后要进行报验,检查测点是否松动。

(3)反光片脱落

由于反光片与钢筋斜面或钢板粘贴,潮湿环境容易造成反光片脱落,经常重贴反光片会造成数据失真。

解决措施:用乳胶或植筋胶贴反光片。

(4)测点破坏

受爆破作业和机械施工等影响,测点容易被破坏。

解决措施:测点埋设时外漏长度不宜过长,外漏3~5mm。反光片要擦亮以易于观察,并且测点做好明显标志,出现破坏后2h内恢复并及时进行数据采集。

2)数据采集问题

(1)数据误差

受仪器及操作影响,数据采集过程中容易出现较大误差。

解决措施:严格采用标称精度不低于2″和2mm+2ppm的仪器,并定期校检。操作人员必须是专职测量工程师,并且每个数据采集必须换手测量,误差较大时需要多次测量以确保数据准确。

(2)拱顶下沉数据准确性问题

解决措施:拱顶下沉数据采集用的后视点采用绝对坐标,并定期对后视点复测,不定期采用不同的后视点测量并进行数据对比。

3)数据分析处理问题

(1)出现假性预警

数据采集错误或监测点异常容易出现假性预警。

解决措施:数据采集后必须经过现场监测负责人和工区技术负责人进行复核后方可上

传,如出现预警立即到现场进行复核。

(2)忽略预警

部分监测人员已熟悉正常预警信息,但对洞内外观察和变形趋势图出现预警理解不透彻;一些情况下,日累计变形量虽然未预警但初期支护异常或变形趋势异常则仍需要预警。

解决措施:加强监测人员培训,经常组织监测人员学习隧道监测相关知识,提高监测人员专业水平。

4.2.6 典型实例

1)实例一:黄色预警及处理

浩吉铁路中条山隧道3号斜井监测数据真实地反映了围岩变形情况,为隧道开挖和支护提供了重要的数据依据,确保了隧道施工的安全,具体情况如下。

(1)中条山隧道3号斜井掌子面开挖至X3DK1+141时,X3DK1+150监测断面水平收敛断面连续2d出现黄色预警,日累计收敛为7.24mm、7.81mm,根据预警数据制定了有效的处理措施:①更改开挖方式为台阶法开挖,短进尺,减少炸药用量,减少开挖扰动;②加强监控量测频次;③X3DK1+149、150、151架设3榀I16型钢套拱,在套拱位置另设临时仰拱,加固措施施作完成后,收敛得到了有效的控制。

(2)掌子面开挖至X3DK1+131时出现严重风化的碎石角砾层,掌子面拱部出现滑塌现象,滑落碎石约$50mm^3$,由于掌子面后方X3DK1+149~X3DK1+151已经进行加固处理,掌子面滑塌并未影响到后方已完成的初期支护。

X3DK1+131掌子面设计为Ⅳ级围岩,实际揭示为Ⅴ级围岩,出现滑塌后立即封闭掌子面,X3DK1+140、X3DK1+135断面增加2组监控监测断面,并加强数据采集频率,埋点后第2天两组断面水平收敛日累计值分别为12.26mm和13.06mm,出现预警后立即制定了相应的处理措施:①反压回填,注浆加固,加强数据采集频次;②X3DK1+151~X3DK1+132段落架设I16型钢套拱,在套拱底部设临时仰拱。加固措施完成后收敛得到了明显的控制,预防了掌子面滑塌扩大,确保了隧道安全。

2)实例二:红色预警及处理

浩吉铁路中条山隧道3号斜井掌子面开挖至X3DK1+107时,X3DK1+110监测断面拱顶日累计下沉16.70mm,出现红色预警;同时X3DK1+115、X3DK1+120监测断面出现黄色预警,预警后掌子面封闭时拱部开始出现滑塌现象,建设单位指挥部组织人员进行观察并制定加固处理措施,具体措施如下:

(1)X3DK1+124~X3DK1+107段增加底板厚度,底板调整为50cm厚,分别为25cm厚C25喷射混凝土临时仰拱和25cm厚C30混凝土。

(2)仰拱增设I18型钢横撑。

(3)初期支护钢架封闭成环。

(4)X3DK1+130~X3DK1+107段,增设I16型钢套拱,喷射混凝土厚度20cm。

(5)加强围岩量测和超前地质预报工作,如监测数据异常或地质、水文情况发生变化,及时报建设、监理、设计单位。经过加固处理，围岩变形得到了有效控制，施工安全通过此段破碎带。

4.3 本章小结

（1）隧道施工要高度重视超前地质预报工作，必须将超前地质预报纳入正常施工工序加强管理。超前地质预报设计要坚持"简单地质条件从简判定，复杂地质条件由简入繁，特殊地质条件多手段验证"的原则，综合运用各种预报方法，互相印证、取长补短，以取得较好的超前地质预报效果，为隧道安全风险的识别控制提供技术保障。

（2）在隧道施工中，监控量测技术的应用可有效地验证支护效果，确认支护参数和施工方法的准确性，为调整支护参数和施工方法提供参考，确认二次衬砌施作时间，为隧道实现安全、快速、高效施工提供了可靠保障。

隧道超前地质预报和监控量测的综合运用，保障了隧道施工的安全和质量，从而获得较高的经济效益。

第 5 章

隧道爆破开挖成型控制技术

Key Construction Technology for Zhongtiaoshan Tunnel of Haolebaoji-Ji'an Heavy-haul Railway

Key Construction Technology for Zhongtiaoshan Tunnel of
Haolebaoji-Ji'an Heavy-haul Railway

国内山岭隧道采用人工钻爆法施工过程中的超欠挖现象出现频率极高,工程的经济效益和社会效益往往会因此受到严重影响,安全隐患也很容易因此出现。若测量与放样精度、炮眼钻孔精度、爆破技术、施工操作与施工管理等方面出现问题,将易出现超欠挖现象。

光面爆破是一种新的爆破技术,它既能防止开挖边界以外围岩的超挖,得到平整的爆破面,又能较好地保护围岩,减少支护费用。本章针对 MHSS-3 标中条山隧道 Ⅱ、Ⅲ 级围岩开挖成型控制不好,存在安全隐患等问题,成立光面爆破小组。经三次优化爆破设计后采用水压爆破技术,加强光面爆破流程中的成型管控,提高了施工质量,现场 Ⅱ、Ⅲ 级围岩光面爆破成型效果得到大幅度提升。

5.1 爆破开挖成型目标与爆破设计

5.1.1 爆破开挖成型控制目标

爆破成型控制良好,平均线性超挖值不大于 8cm,炮眼残留率不小于 90%。

5.1.2 动态优化爆破设计

1)第一次优化爆破设计

结合现场围岩情况,现场对爆破设计进行动态优化,优化调整参数如下:
(1)掏槽眼深度为 4.5m,辅助眼及周边眼深度为 4m。
(2)周边眼间距一般位置按照 40cm 布设,台架交接处按 45cm;外插角控制在 0°~3°。
(3)周边眼分 4 段间隔装药,单孔装药量为 0.6kg。
(4)单循环进尺按照 3.5m 控制。
优化后爆破设计如图 5-1、图 5-2 所示,钻爆设计参数见表 5-1。
优化后经过现场近一个月的现场超欠挖数据统计,平均线性超挖从 13~15cm 降至 9~11cm,整体成型效果比优化前有显著提高。但是现场仍存在不少问题:一是外插角控制不好,每茬炮之间错台较大(10~15cm),二是局部周边眼间距偏大,造成炮眼之间出现欠挖。

2)第二次优化爆破设计

根据现场施工过程遇到的问题,选取中条山隧道 1 号斜井正洞出口方向 Ⅲ 级围岩(涞水杂岩、片麻岩、透闪大理岩)段作为试验段。爆破参数调整如下:
(1)掏槽眼深度为 4.5m,辅助眼及周边眼深度为 4m。
(2)周边眼间距一般位置按照 30cm 布设,台架交接处按 35cm 布设,外插角控制在 0°~2°。

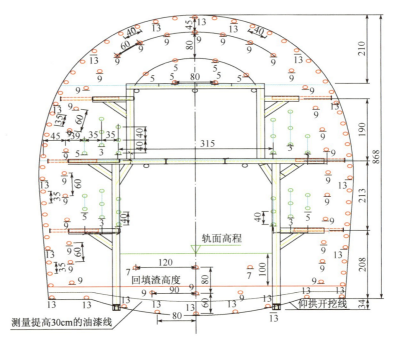

图 5-1 Ⅲ级围岩优化后炮眼布置图(尺寸单位:cm)

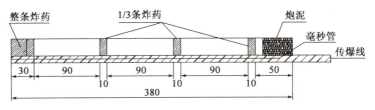

图 5-2 周边眼装药结构图(尺寸单位:cm)

第一次优化Ⅲ级围岩全断面楔形掏槽钻爆设计参数表　　表 5-1

| 序号 | 炮眼名称 | 雷管段号 | 炮孔数量（个） | 炮眼深度（m） | 炸药类型（kg/条） | 单孔装药量 | | 单孔装药长度（m） | 单孔装填系数 | 小计炸药量（kg） | 装药结构 |
						单孔条数（条）	单孔装药重量（kg）				
1	主掏槽眼	1	12	4.21	0.30	10	3.00	3.00	0.71	36	集中
2	辅助掏槽眼	3	12	4.06	0.30	8	2.40	2.40	0.59	28.8	集中
3	扩槽眼	5	8	3.91	0.30	9	2.70	2.70	0.69	21.6	集中
4	二圈眼	9	29	3.80	0.30	4	1.20	1.20	0.32	34.8	集中
5	周边眼	13	55	3.80	0.30	2	0.60	0.60	0.16	33	间隔
6	压顶眼	5	4	3.80	0.30	7	2.10	2.10	0.55	8.4	集中
7	辅助眼	5	2	3.80	0.30	7	2.10	2.10	0.55	4.2	集中
8	上层眼	7	3	3.80	0.30	8	2.40	2.40	0.63	7.2	集中
9	中层眼	9	3	3.80	0.30	8	2.40	2.40	0.63	7.2	集中

续上表

序号	炮眼名称	雷管段号	炮孔数量(个)	炮眼深度(m)	炸药类型(kg/条)	单孔装药量		单孔装药长度(m)	单孔装填系数	小计炸药量(kg)	装药结构
						单孔条数(条)	单孔装药重量(kg)				
10	仰拱下层底板眼	13	9	3.80	0.30	9	2.70	2.70	0.71	24.3	集中
合计		—	137	—	—	—	—	—	—	205.5	—

注：药卷规格为 ϕ32mm，300g/卷，每卷长度300mm；炸药单耗为1.19kg/m³。

(3) 周边眼分4段间隔装药，单孔装药量为0.6kg。
(4) 单循环进尺按照3.5m控制。
第二次优化后钻爆设计参数见表5-2。

第二次优化Ⅲ级围岩全断面楔形掏槽钻爆设计参数表 表5-2

炮眼名称	雷管段号	数量	炮眼深度(m)	炸药类型(kg/条)	单孔装药量		单孔装药长度(m)	单孔装填系数	小计炸药量(kg)	装药结构
					单孔条数(条)	单孔装药重量(kg)				
主掏槽眼	1	16	4.21	0.30	10	3	3	71%	48	集中
辅助掏槽眼	3	12	4.06	0.30	8	2.4	2.4	59%	28.8	集中
扩槽眼	5	8	3.91	0.30	9	2.7	2.7	69%	21.6	集中
二圈眼	9	29	3.80	0.30	4	1.2	1.2	32%	34.8	集中
周边眼	11	67	3.80	0.30	2	0.6	0.6	16%	40.2	间隔
压顶眼	5	4	3.80	0.30	7	2.1	2.1	55%	8.4	集中
辅助眼	5	2	3.80	0.30	7	2.1	2.1	55%	4.2	集中
上层眼	7	3	3.80	0.30	8	2.4	2.4	63%	7.2	集中
中层眼	9	3	3.80	0.30	8	2.4	2.4	63%	7.2	集中
底板眼	11	10	3.80	0.30	9	2.7	2.7	71%	27	集中
合计	—	154							227.4	—

注：1. 药卷规格为 ϕ32mm，300g/卷，每卷长300mm；炸药单耗为1.31kg/m³。
2. 效果：第二次优化后现场平均线性超挖降至6~8cm，每茬炮之间错台控制在5~10cm，但是炸药单耗偏高。

3) 第三次爆破设计优化

经过第二次优化后现场爆破效果基本达到预期目标，但是炸药单耗及爆破后空气中粉尘量偏大。为了降低炸药单耗和改善爆破后空气质量，结合工程实际采用的钻爆设计，除周边眼以外的炮眼首先在炮眼底部装1个水袋，再按照常规的炮眼装药量减1条炸药进行连续装药，最后按照炮眼剩余长度的二分之一装入水袋，另二分之一进行炮泥填塞；周边眼向眼底装入一条水袋，按照传统周边眼药量进行连续装药(或减去半条炸药)，再量取剩余长度减去40cm后装入水袋，最后将剩余的40cm装入炮泥。水压爆破的六大要点环节：水袋一定要灌满要挺拔；加工的炮泥一定要软硬适中(当天加工当天使用)；炮眼底部水袋必须填塞到眼底;回填堵塞的炮泥必须填到炮眼口;炮泥填塞要用专用炮棍(木棍)捣固炮泥;各结构之间要紧密。

水压爆破工艺流程如图 5-3 所示。水压爆破工艺流程与普通爆破基本相同,不同之处在于要事先加工好爆破所需的炮泥及水袋,并在装药时按照设计的装药结构分次序装入水袋、炸药、水袋后,用炮泥堵塞。水压爆破设备及装药结构图如图 5-4 ~ 图 5-9 所示。

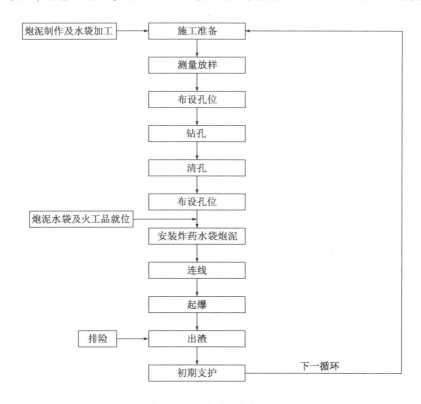

图 5-3　水压爆破工艺流程图

图 5-4　PNJ-A 型炮泥机

图 5-5　KPS-60 塑袋灌装封口机

图 5-6　成品炮泥

图 5-7　成品水袋

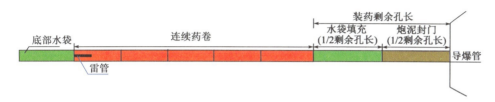

图 5-8　掏槽眼、辅助眼水压爆破装药结构

图 5-9　周边眼水压爆破装药结构

现场采用水压爆破后，有效降低了火工品单耗，炸药单耗每方降低 0.10kg；爆破后空气中粉尘含量大大降低，每循环节约通风排烟时间 15min；爆渣的块度明显减小，一般不超过 50cm，爆渣的集中度也比常规爆破明显提高，更加有利于出渣。

5.2 隧道爆破开挖成型控制

5.2.1　过程控制措施

（1）制定光面爆破管控流程，如图 5-10 所示。

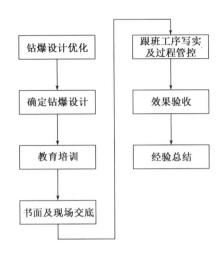

图 5-10　光面爆破管控流程

（2）修订完善光爆成型考核管理办法，加大考核力度。

为了有效地控制隧道开挖光爆成型的效果，进一步提高现场施工管理及作业人员的责任心和积极性，工区修订完善了光爆成型考核办法，加大了对超欠挖考核的奖罚力度。

（3）强化班组长质量责任制建设。

为了提高现场爆破成型效果，保证钻爆设计及光爆成型考核办法在现场严格贯彻落实，保证现场平均线性超挖小于 8cm 的目标，工区继续贯彻落实班组长质量责任制，明确班组长在开挖爆破成型中的责任，并制定相关奖罚制度。

（4）落实技术质量分级管理，加强钻爆技术交底培训工作。

隧道开挖爆破成型效果控制得好与坏，主要取决于一线开挖钻眼工现场具体操作，为了进一步使每一个现场管理人员和作业人员熟悉作业程序，掌握技术要求和作业标准，工区工程部根据优化后的最终爆破设计结合现场实际情况，本着简洁实用、有针对性和可操作性的原则，重新编制实施性技术交底，并分工班进行书面交底培训，及时将现场操作控制要点和作业标准贯彻到每一个作业人员。

（5）测量准确放样。

测量人员按照优化后的爆破设计和技术交底，用红油漆将掏槽眼、辅助眼、周边眼及隧道中线清晰地标记在掌子面，同时将掏槽眼开眼线标记在边墙上，便于开挖工准确布眼和控制掏槽眼角度。

（6）现场跟班工序写实，及时发现问题并解决问题。

为了确保现场严格执行落实钻爆设计和相关管理制度，工区安排技术人员跟班进行写实，统计各工序施工情况，通过统计发现现场施工存在问题如下：

①现场围岩为涑水杂岩，片麻岩，透闪大理岩，属硬岩，现场单孔钻眼时间平均在 30~40min，优化前每个工人钻眼 9~10 个，单循环钻眼时间约为 5h30min；现在减小周边眼间距后，每个工人钻眼 12~13 个，单循环钻眼时间约为 7h，单循环增加 1h30min。为确保月进度指标，现场应配备足够的空气压缩机，确保风压满足需求；并根据需求配备足够的新风钻，减

少因风钻故障造成误时;根据不同围岩和部位选择使用一字钻头和铸齿钻头,加快钻眼速度。

②由于使用的风钻的右手侧油壶影响周边眼钻眼外插角,工区经过研究将风钻上的油壶进行改装,移至作业台架集中给施工周边眼的风钻供油,减少因设备原因造成超挖。

(7)及时兑现考核奖罚。

①现场值班技术人员在跟班写实过程加强对每道工序的验收,从测量放样→布孔→钻孔→清孔→验孔→装药→连线→爆破后的效果情况建立验收台账,进行每循环、每个孔的验收和盯控,针对验收的合格情况进行记录,每天在工区生产早班会上进行通报并开具奖罚单。

②工区管理层根据月度超欠挖收方统计情况,从每个开挖班组中评选出一名优秀钻工,并给予相应奖励。

(8)总结经验,组织工区内部交流学习。

为了提高工区整体光爆成型效果,工区每周组织作业队长、工班长进行现场观摩检查,同时开展内部钻爆施工交流学习,共同提高。

5.2.2 效果验证

通过采取措施,现场Ⅱ、Ⅲ级围岩光面爆破成型效果大幅度提升(图5-11、图5-12),现场平均线性超挖为:Ⅱ级围岩6~7cm,Ⅲ级围岩7~8cm。

图5-11 Ⅱ级围岩开挖成型效果图

图5-12 Ⅲ级围岩开挖成型效果图

5.3 本章小结

(1)中条山隧道爆破施工中,通过不断优化、加强管理,现场光面爆破达到了预期要求;但在光面爆破施工时必须重点控制周边眼距及外插角,才能确保光面成型效果。

（2）由于长大隧道施工时，通风排烟效果受到一定的影响，尽量采用水压爆破，在爆破过程中就对粉尘进行处理，这样减少通风时间，加快施工进度，并保证了施工作业面的环境，且水压爆破爆渣的集中度明显提升更有利于出渣。

（3）由于隧道围岩情况变化频繁，技术人员应根据实际围岩情况及时优化爆破参数，以保证光面爆破成型效果。

第 6 章

隧道进洞与斜井进正洞安全快速施工技术

Key Construction Technology for Zhongtiaoshan Tunnel of
Haolebaoji-Ji'an Heavy-haul Railway

Key Construction Technology for Zhongtiaoshan Tunnel of
Haolebaoji-Ji'an Heavy-haul Railway

进洞施工是隧道工程施工的关键工序之一,其施工质量对隧道结构安全至关重要。因隧道洞口处埋深小、地形条件差且受偏压、易发生山体失稳,故采取合理的进洞方案为隧道工程的质量和安全提供保证十分重要。本章针对中条山隧道 2 号斜井,采用贴壁进洞工法,并采用超前小导管支护进洞进行优化,减少了对地表扰动同时取得了良好的经济效益及安全质量保证。

长大隧道为解决工期问题,依靠设置斜井来增加工作面,实现"长隧短打",加快进度。针对中条山隧道斜井井底三岔口软岩段施工时,存在挑顶段受力复杂,施工难度大等问题,从设计和施工方案进行了优化。通过优化挑顶施工、交叉口施工及过渡段施工,降低了施工风险,加快了施工进度。

6.1 隧道进洞安全快速施工技术

6.1.1 贴壁式进洞

1)常规施工方法

我国隧道施工设计中,一般要求自然覆盖层的厚度不低于 6~10m,而且在施工中习惯将自然覆盖层高度作为选择洞口位置(即暗洞起点)的条件之一。因此,为了保证洞口有足够的覆盖层厚度,才有了传统的洞口施工方法,即进行大范围的边仰坡开挖。

2)优化后施工方法

隧道洞口位置是隧道穿过山体埋深最小的地段,其地质条件差,地形倾斜且偏压明显。隧道进洞施工时破坏了原有植被山体的平衡状态,同时受地表水冲刷等原因影响,极易造成山体失稳,产生滑动和坍塌。与以往隧道进洞工法不同,贴壁式进洞工法按照"早进晚出"的原则,并结合地形地貌及自然环境,减少扰动,少刷或者不刷坡,选取与自然环境相匹配的洞门形式。本文以中条山隧道 2 号斜井贴壁式进洞为例,论述了隧道贴壁式进洞在工程实例中的成效。

贴壁进洞工法是在覆盖层为 0(或为 0~50cm)的条件下,采用一定的开挖方法和支护措施实现安全进洞的较为先进、环保的方法。贴壁进洞是在尽量少破坏山体植被和保证洞门安全的情况下,直接采用小导管进洞,如图 6-1、图 6-2 所示。贴壁式进洞施工步骤为:

(1)截水天沟施工后,对洞口边仰坡进行处理,然后施工导向墙、洞口矮边墙及边坡防护,将导向墙与洞口防护连接成整体,在此防护的基础上开挖后进洞。根据实际情况,白土坡隧道进口坡面基本满足洞门设置条件,可不刷坡,顺坡面掏槽设置导向墙。

(2)开挖①部台阶,开挖后安装 H130 格栅拱架(间距 0.5m/榀),设置 20cm 厚网喷射混凝土防护,采用单层 ϕ8mm 钢筋网(间距 20cm×20cm)、ϕ22mm 砂浆锚杆(间距 1.5m×1.5m),长 5m。格栅拱架安装示意图如图 6-3 所示。

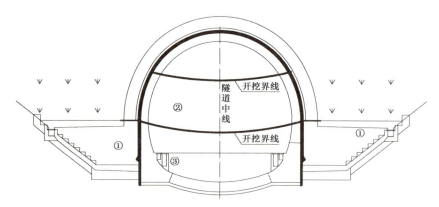

图 6-1 贴壁进洞工法横断面图
注:①、②、③-开挖分部编号。

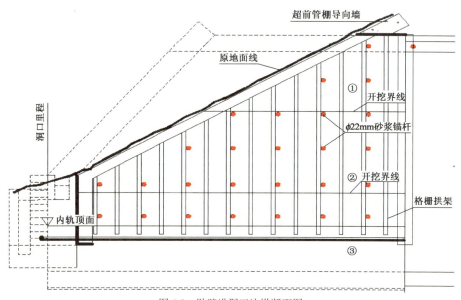

图 6-2 贴壁进洞工法纵断面图
注:①、②、③-开挖分部编号。

(3)依次开挖②部和③部台阶,进行网喷混凝土支护,参照第(2)步工序进行。

(4)布置洞门段环向排水板,包括:洞门段与洞身交界处设置一道,洞门暗埋段沿地面线距明暗边线 50cm 斜向设置一道,外露部分中部竖向左右各设置一道。

(5)布置纵向双壁打孔波纹管(外包土工布),其型号为 HDPE107/96(材质为高密度聚乙烯,外径 107mm,内径 96mm),左右各一道,布置在暗洞排水管位置,排水管出洞方向为下坡。

(6)与土体接触部位铺设土工布、防水板,外露不小于 0.3m;从洞内反向出洞时将暗洞土工布和防水板延伸到洞外,防水板衔接避开施工缝。

(7)安装外模板,浇筑混凝土。

(8)拆除外模,在外露部位刷涂一层厚 1.5mm 厚的水泥基渗透结晶型防水材料并采用 30mm 的 M10 水泥砂浆保护层。

(9)剪去外露部分土工布和防水板,采用 M10 水泥砂浆灌筑洞口接触面以及洞口周边裂缝,然后在洞口与土体接触线处涂刷水泥基渗透结晶型防水材料2遍封口。

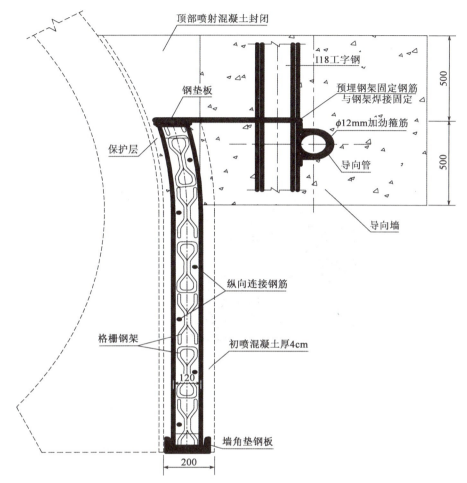

图 6-3 贴壁进洞工法格栅拱架安装示意图(尺寸单位:mm)

6.1.2 超前小导管支护进洞

目前,通常情况下隧道进出洞均采用长管棚超前支护,并采用三台阶七步流水法、中隔壁法(CD法)、交叉中隔壁法(CRD法)及双侧壁导坑法等复杂工法施工。由于这些工法施工工艺复杂、施工空间狭小,不利于机械化施工。事实上施工工艺越简单,工人越容易掌握;同时施工空间较大有利于机械化作业,工程质量和安全容易得到保证。

(1)改变洞口管棚"模块化"思路,进行针对性优化

浩吉铁路中条山隧道洞口原设计超前支护分别采用 $\phi 89mm$、$\phi 108mm$ 长管棚,长度一般为30~40m;隧道洞口设计为出洞且地质条件较好时,采用长管棚从洞内反向施工出洞。经现场核对,洞口地形、地貌、地质条件等差异较大,隧道进、出洞施工风险亦不尽相同,均采用长管棚支护易造成资源浪费,加大投资成本,且长管棚施工时间长,对围岩扰动大。结合现

场地形地貌、工程地质情况,对隧道进出洞方案及施工工法等进行了优化,开挖方法优先采用全断面法、台阶法,基本不采用 CD 法、CRD 法及双侧壁导坑法等复杂工法,并采用超前小导管支护进洞施工。只有特殊地质地形条件下可增加大管棚或地层预加固措施。

(2)优化后效果

以确保安全和方便施工为原则,强调隧道进洞"少扰动",在直立性较好的老黄土地段、围岩整体性相对较好的石质地段,隧道进洞优先采用小导管进洞,出洞施工一般采用小导管。经现场核对后,组织参建各方进行全面梳理排查及时进行优化。洞口段采用优化方案后,工程投资得到较大的节省,隧道进洞及施工组织时间亦有一定的减少,洞口施工安全也得到了保障。中条山隧道平导采用小导管安全进洞后,现场基本维持了原有地貌,如图6-4所示。

图6-4　中条山隧道平导洞口段小导管进洞

6.2 斜井三岔口软岩快速挑顶施工技术

目前国内长大隧道建设需求越来越多,其工期要求紧,故长大隧道采取"长隧短打"的方法,依靠设置斜井来增加工作面,减少工期压力。软弱围岩相较于硬岩在挑顶段受力更为复杂,软弱围岩自稳性差,开挖过程中要尽量控制开挖轮廓,减少对围岩的扰动,避免造成围岩失稳,特别是在辅助坑道进正洞三岔口处极其不稳定,对于挑顶的方法和工序安排要求更高。中条山隧道各斜井施工中对井底三岔口段的设计和施工方案进行了优化,避免斜井与正洞接口处大跨度进洞,并增设小断面副联,调整井底两侧横通道断面及交角,提高三岔口段车辆的运输效率。针对井底三岔口段采用小导坑挑顶施工技术,确保挑顶安全施工,达到预期效果。

硬质岩层斜井与正洞交叉口段施工采用常规支护施工,软弱围岩开挖到正洞边时,与正洞交叉口处连续架立 5 榀 I20b 套拱加固斜井强度,斜井套拱立完后,洞壁喷射厚为 50 ～

100mm 的混凝土封闭掌子面,待喷射混凝土凝固后,小导管采用 φ42mm 的热轧钢管制作,前端做成尖锥形,管壁每隔 10~20cm 交错钻眼,眼孔直径 6~8mm,梅花形布置,尾部焊接直径 6~8mm 钢筋箍。用凿岩机钻孔(孔径较设计导管管径大 20mm 以上);成孔后,将小导管向上 30°~45°打入围岩,然后采用注浆泵在规定的压力下压注水泥浆,灌浆段的吸浆量不大于 0.4L/min,持续灌注 10~15min,灌浆结束将管口封堵,以防浆液倒流管外。

导洞采用矩形开挖形式,拱顶顺正洞弧形开挖,考虑到围岩变形量可能较大,实际开挖尺寸比设计拱顶高程高出 25~35cm(临时拱架 20cm + 预留变形量 25cm),开挖进尺严格控制在 0.6m 以内,施工中导坑成上坡向前开挖,做到边开挖边支护,必要时增加临时仰拱。

6.2.1 挑顶施工方法

斜井施工至距正洞与斜井交点里程 5m 处,开始安装异形拱架,如图 6-5 所示。在斜井与正洞交叉口处紧贴设置 5 榀型钢拱架,从与斜井垂直调整至与正洞平行,保证相交地段三维受力状态围岩的稳定,并在拱架上焊接 I20 工字钢横梁,并在两端连接 I20 工字钢立柱,为正洞钢拱架提供落脚平台。

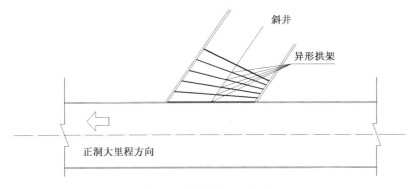

图 6-5 异形钢架安装示意图

挑顶施工顺序为:井底扇形区域开挖支护→小导坑施工→小导坑两侧超前支护→小导坑范围内正洞上台阶初期支护→拆除小导坑门架立柱→正洞上台阶开挖支护循环作业→正洞中台阶开槽→正洞落底→正常循环施工。

6.2.2 斜井与正洞相交处施工

斜井上台阶施工到正洞边墙位置时,并排安装 2 榀异形斜井拱架,并在斜井拱架顶端安装纵向 I20b 工字钢托梁,如图 6-6 所示。在斜井拱架背部按照正洞拱架间距焊接 I20 工字钢立柱,顶端齐平与正洞直墙段高程相等,上面设置 I20 工字钢托梁,并采用喷射混凝土回填密实;待正洞拱架安装时,为正洞直拱架落脚提供支撑;正洞直拱架落脚时应对应于托梁下方的立柱,焊接牢固,并在直拱架两侧打设径向锚杆。工字钢托梁示意图如图 6-7 所示。

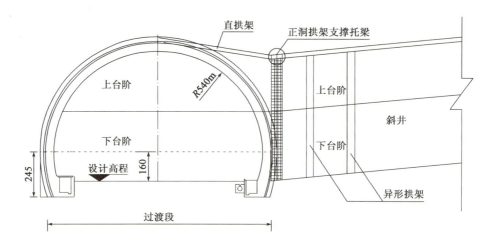

图 6-6 斜井进正洞立面图(尺寸单位:cm)

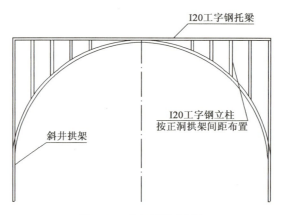

图 6-7 工字钢托梁示意图

6.2.3 过渡段施工

过渡段采用台阶法施工,斜井施工到正洞边缘后逐步从斜井上台阶过渡到正洞上台阶,采用矩形断面,高度 3.0m,宽度 4.0m。过渡段超前支护采用 $\phi42mm$ 小导管,环向间距 35cm,长 3.5m,纵向每两榀一环;初期支护采用 I20b 工字钢门形钢架,间距 0.8m;$\phi22mm$ 砂浆锚杆,长 3.5m,并在拱顶铺设 $\phi8mm$ 钢筋网片,网格间距 20cm×20cm,喷射 C25 混凝土 23cm 厚进行支护(拱部喷满,边墙喷成"排骨"形式),支护门架见图 6-8。安装门架时,门架拱部钢架内缘高程应高于直拱架的外缘高程至少 10~20cm。过渡段上台阶施工时,斜井下台阶同步进行施工。过渡段门架示意图如图 6-9 所示。

过渡段门架施工完毕后,安装正洞拱架,正洞拱架安装时,隧道中线一侧采用原设计拱架,靠斜井一侧上导拱架采用直拱架。

在斜井拱顶预留的横梁上焊接牢固,并采用喷射混凝土回填密实,其余支护参数按正洞进行施工。待门架范围拱架安装完毕后,割除门架直腿部分,分别向大小里程方向进行正洞开挖,当上导洞开挖支护跨过斜井断面5.0m后,开挖下导洞,施作初期支护。

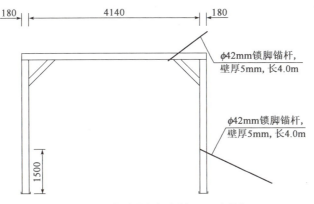

图6-8 小导坑初期支护门架大样图(尺寸单位:mm)

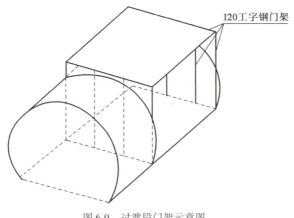

图6-9 过渡段门架示意图

6.2.4 监控量测

斜井分叉及挑顶范围内,监控量测点按间距3m布设,及时有效监测支护变形情况。要求每班必须及时进行监控量测作业,每班量测结果需现场报作业队长及现场值班领导,如出现异常情况需加密监控量测频率并进行针对性应急处理。

6.3 本章小结

(1)隧道进洞采用贴壁进洞技术,极大地降低了对坡面的破坏,减少了对山体的扰动,节约了工期,取得了较好的经济效益,贴壁进洞能更好地提供安全保障。经过现场核对、各方梳理排查、优化设计后,洞口段采用超前小导管支护进洞较大程度节省了工程投资,同时全隧道均实现了大型机械化配套施工,施工安全、质量、进度得到极大的保障。

(2)中条山隧道斜井井底三岔口段施工通过优化设计方案,减少斜井与正洞接口处的跨度,利于施工期间第三系地层的稳定,降低施工风险;增设副联不但降低三岔口处运输风险,而且提高井底车辆运输效率,利于组织施工,加快了正洞施工进度;通过对横通道断面的优化,提高了横通道处车辆通行能力,减短了横通道施工长度减少,加快了正洞施工进度。

(3)第三系富水地层斜井挑顶作业中,井底采用套拱并列加强初期支护并及时封闭成环等措施,有效确保了井底三岔口围岩支护稳定。

(4)正洞挑顶采用小导坑挑顶施工方法,单循环开挖支护施工速度快,减少了围岩暴露时间,同时减少了对软弱围岩的扰动,确保三岔口段挑顶安全顺利进入正洞施工,达到了预期效果。

第 7 章

软弱围岩下台阶与仰拱一次开挖快速成环施工技术

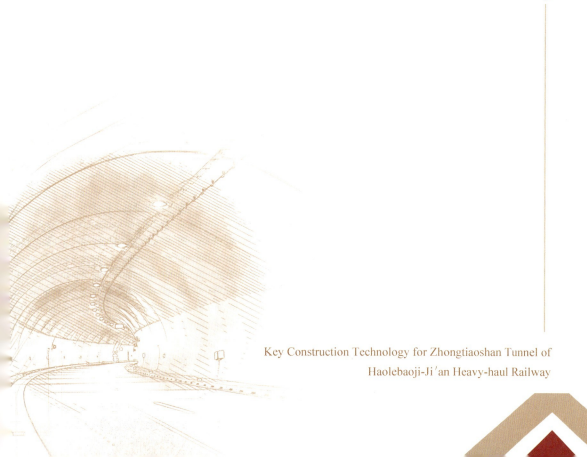

Key Construction Technology for Zhongtiaoshan Tunnel of
Haolebaoji-Ji'an Heavy-haul Railway

Key Construction Technology for Zhongtiaoshan Tunnel of
Haolebaoji-Ji'an Heavy-haul Railway

软弱围岩下台阶与仰拱一次开挖快速成环施工技术 | 第 7 章

目前,台阶法是国内外铁路、公路、水利等行业的隧道工程建设中常用的方法,并且随着我国隧道建设的快速发展,该工法被不断完善。然而,采用传统台阶法施工时,仰拱的开挖及其初期支护均作为独立工序存在,且一般不与掌子面开挖工序同步,即仰拱开挖滞后于下台阶开挖。此时,初期支护无法及时全断面封闭成环,仰拱开挖时围岩变形较大且易发生关门塌方事故等弊端。因此,在软弱围岩地段,开展两台阶带仰拱开挖快速封闭成环技术应用研究显得尤其重要。

在软弱围岩地段,采用两台阶带仰拱开挖快速封闭成环,具有以下明显的优势:①下台阶同步开挖并及时封闭成环,可以大大缩短初期支护封闭位置到掌子面的距离,促进初期支护结构快速封闭成环;②因仰拱无须单独爆破开挖,减少了爆破次数,相应减少了多次爆破对围岩的反复扰动,对隧道施工变形的控制大为有利;③仰拱与下台阶同步开挖,工序流程可大为简化,施工干扰减少,对循环时间及施工成本的控制也是有益的。

7.1 两台阶带仰拱开挖快速封闭成环施工技术要点

7.1.1 施工关键参数

1)两台阶开挖

一般每次开挖进尺为 1~2 榀钢架长度,开挖台阶长度为 5~6m,上台阶高度为 5.5~6.0m,下台阶带仰拱高度为 4.0~4.5m,微台阶开挖如图 7-1 所示。

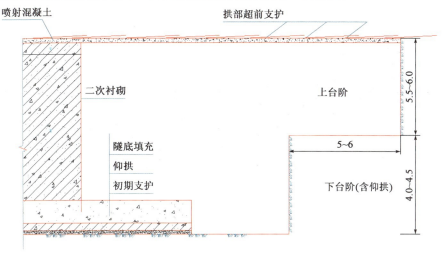

图 7-1 微台阶开挖断面示意图(尺寸单位:m)

2)快速封闭成环

初期支护钢架尽量紧跟掌子面,初期支护仰拱封闭成环紧跟下台阶,快速封闭成环,确保初期支护尽早整体受力,使扰动的围岩尽早趋于稳定,两台阶法施工初期支护仰拱全断面封闭成环距掌子面距离按1倍洞径控制,施工现场如图7-2所示。

3)强化初期支护结构

采用湿喷工艺,提高初期支护混凝土的早期强度,使用大型湿喷机械手作业(图7-3),湿喷机喷射量不小于$30m^3/h$。初期支护钢架采用工厂化集中加工的"八字结"格栅钢架(图7-4),以确保初期支护质量。

图7-2 全断面及时封闭成环

图7-3 湿喷机械手图

图7-4 "八字结"格栅钢架

4)及时回填洞渣形成工作面

仰拱初期支护封闭成环后,及时回填洞渣,形成连续作业面(图7-5),确保后续工序及时快速跟进。

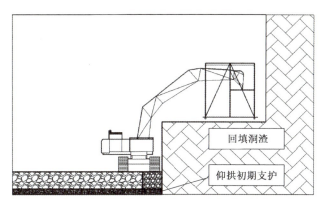

图 7-5　回填洞渣后工作面

7.1.2　施工工艺流程

两台阶带仰拱开挖快速封闭成环施工工艺流程见图 7-6。

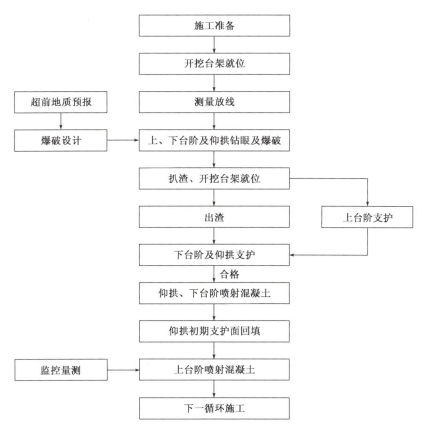

图 7-6　施工工艺流程图

两台阶带仰拱开挖快速封闭成环施工与传统两台阶法的主要区别在于：采用一次爆破、两次扒渣和一次喷射混凝土到位，下台阶带仰拱一次开挖支护，及时封闭成环。现将施工各工序之间平行作业空间规划如下。

(1) 上、下台阶及仰拱一次性爆破后，挖掘机对上台阶进行扒渣作业，上台阶扒渣完毕后，挖掘机将简易台架及拱架、网片、锚杆、连接筋等材料运送至上台阶，如图 7-7 所示。

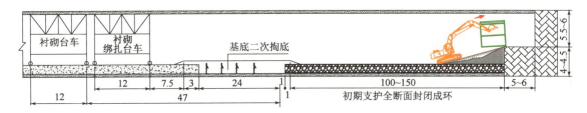

图 7-7　平行作业 1 空间规划示意图(尺寸单位：m)

(2) 上台阶立拱，施作锚杆(管)、网片与超前支护，装载机配合自卸汽车出渣，出渣时仰拱栈桥不得移动以保证出渣汽车与运送材料的挖机通行，如图 7-8 所示。

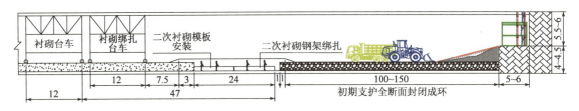

图 7-8　平行作业 2 空间规划示意图(尺寸单位：m)

(3) 出渣结束后开始进行下台阶立拱、施作锚杆(管)与网片，同时人工配合挖掘机进行仰拱扒渣及清渣，这部分洞渣预留用作仰拱底部回填，仰拱扒渣结束后开始仰拱部位立拱与网片，如图 7-9 所示。

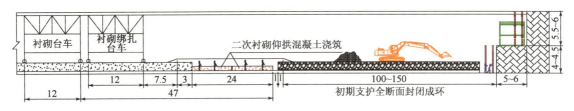

图 7-9　平行作业 3 空间规划示意图(尺寸单位：m)

(4) 下台阶立拱、锚杆(管)与网片及仰拱立拱、网片施作完成后，湿喷机械手与混凝土罐车进入，开始喷射初期支护混凝土。喷射初期支护混凝土时先喷射仰拱及下台阶，完成后进行仰拱底部洞渣回填，然后用挖机退出上台阶拱架，进行上台阶喷射混凝土。仰拱栈桥不得移动以保证湿喷机械手与混凝土罐车通行，如图 7-10 所示。

(5) 上、下台阶及仰拱初期支护混凝土施作完成后，湿喷机械手撤离，挖掘机清理上台阶回弹料，然后将简易台架运至上台阶，进行仰拱扒渣，上、下台阶及仰拱测量、钻孔，如图 7-11 所示。

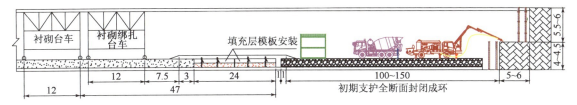

图 7-10 平行作业 4 空间规划示意图(尺寸单位:m)

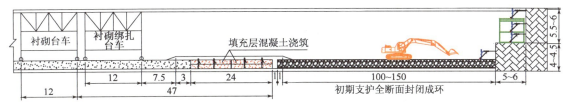

图 7-11 平行作业 5 空间规划示意图(尺寸单位:m)

(6)钻孔完成后,进行上、下台阶及仰拱装药、连线,挖掘机将从上台阶台架退出,一次性起爆,如图 7-12 所示。

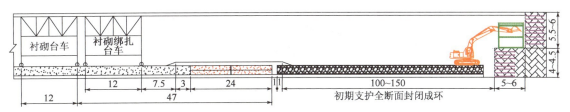

图 7-12 平行作业 6 空间规划示意图(尺寸单位:m)

7.2 台阶高度与台阶长度研究

上台阶需要使用开挖台架进行钻孔爆破施工,需要确保施工的便利性,但上台阶的高度对掌子面的稳定性有一定的影响;台阶长度的选择需综合考虑人员操作空间及机械的最大操作半径,同时要有利于初期支护及时全断面封闭成环。因此对台阶开挖高度与台阶预留长度的研究对确定具体施工参数尤其重要,应围绕隧道开挖时的受力特性、掌子面稳定性、施工工效及便利性几个方面展开研究。

7.2.1 台阶高度与台阶长度数值模型的建立

利用 FLAC3D 有限差分析软件对软弱围岩铁路单线隧道两台阶带仰拱一次开挖工法采用不同台阶长度与高度时的施工进行模拟,并通过数值模拟结果从受力特性、围岩稳定性等方面,确定两台阶带仰拱一次开挖法在不同台阶高度与长度下的适应性。

1)建模及参数选取

中条山隧道进口段围岩级别为Ⅴ级,隧道埋深在 15~60m 范围内。该模型以中条山隧道正洞断面为基准,以隧道初期支护中心为边界,模型左右边界距离隧道左右边界均为 2 倍的隧道跨径,模型的下边界距离隧道仰拱底为 2 倍的隧道跨径,隧道拱顶距上边界取 35m。模型的最终尺寸为:左右宽 56.4m,高 69.53m,纵向长度为 64m。计算时对该模型左右、前后及下边界采取位移约束,上边界为自由边界。数值模型如图 7-13 所示。

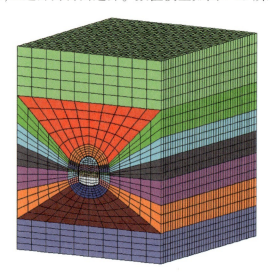

图 7-13 数值模型

中条山进口段为Ⅴ级围岩,岩石破碎,故在选取围岩参数时应该选择小值。依据《铁路隧道设计规范》(TB 10003—2016)并结合实际的监测数据,该模型选取的Ⅴ级围岩参数见表 7-1。

围 岩 参 数   表 7-1

参数	密度(kg/m³)	弹性模量(GPa)	泊松比	内摩擦角(°)	内摩擦力(MPa)
数值	1750	1.0	0.35	22	0.05

初期支护主要为超前小导管、锁脚锚管、格栅钢拱架、钢筋网片以及初喷射混凝土,依据《铁路隧道设计规范》(TB 10003—2016),各初期支护材料的主要参数见表 7-2。

初期支护材料参数   表 7-2

材料	型号	弹性模量(GPa)	泊松比	密度(kg/m³)	规格	部位
钢拱架	H180	200	0.3	7850	1m×1m	全环
混凝土	C25	23	0.2	2300	25cm	全环

2)施工工序

依据中条山单线隧道施工方案,进口段采用两台阶带仰拱一次开挖工法施工,施工工序见表 7-3。

两台阶带仰拱一次开挖法主要施工工序 表 7-3

施工阶段	施工步骤
开挖	下台阶带仰拱开挖
	上台阶开挖
立拱	上台阶立拱
	下台阶(含仰拱)立拱
喷射混凝土	下台阶(含仰拱)喷射混凝土
	上台阶喷射混凝土

该施工方案每个开挖循环主要分为开挖、立拱以及喷射混凝土三个阶段,施工顺序为:开挖阶段由下至上,立拱阶段由上至下,喷射混凝土阶段由下至上。

3)监测方案

在对两台阶带仰拱一次开挖工法的模拟开挖过程进行监测时,在拱顶布设沉降观测点,在台阶处布设水平收敛观测点,布置形式如图 7-14 所示。

4)计算工况

为研究单线隧道软岩地段两台阶带仰拱一次开挖工法在不同台阶长度与高度下的适应性,选取不同的台阶长度与高度,形成多种开挖工况类型,然后对每一工况类型进行两台阶带仰拱一次开挖工法的开挖模拟,利用数值模拟的分析结果得出不同台阶长度与高度下该工法的力学及变形特性。计算工况信息见表 7-4。

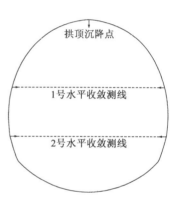

图 7-14 变形监测点布置示意图

计 算 工 况 信 息 表 7-4

工况类型		上台阶高度(m)	下台阶高度(m)	仰拱高度(m)	上台阶长度(m)	上台阶与隧道高度的比值
工况 1		6.1	3.5	0.9	4.8	58%
不同台阶高度	工况 2	4.2	5.4	0.9	4.8	40%
	工况 3	5.3	4.3	0.9	4.8	50%
	工况 4	7.3	2.3	0.9	4.8	70%
不同台阶长度	工况 5	6.1	3.5	0.9	3.2	58%
	工况 6	6.1	3.5	0.9	6.4	58%
	工况 7	6.1	3.5	0.9	9.6	58%
	工况 8	6.1	3.5	0.9	16	58%

注:工况 1 为台阶高度与长度选择的基准;工况 2~4 为保持工况 1 台阶长度不变基础上,改变上台阶高度与隧道高度的比值所得到的工况;工况 5~8 为保持工况 1 的台阶高度的不变情况下,逐级增大或减小上台阶长度所得到的工况。

7.2.2 基准工况力学响应分析

1）拱顶沉降

根据记录的计算结果得出随着掌子面的推进,对隧道拱顶沉降的影响规律如图7-15所示。

由图7-15可知,两台阶带仰拱一次开挖法进行施工时,隧道初期支护拱顶沉降在上台阶开挖后且下台阶经过监测断面前的沉降速率较大(距离掌子面4.8m),全断面经过监测面后,随着初期支护全断面封闭成环,沉降速率开始下降,当监测面至掌子面距离为60m时,沉降累计值为4mm。

2）水平收敛

水平收敛的监测方式与拱顶沉降类似,隧道初期支护结构1、2号收敛测线的监测结果如图7-16所示。

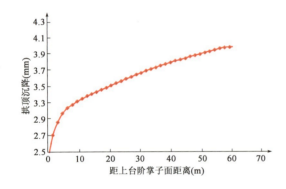
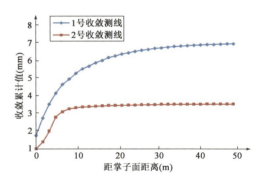

图7-15 掌子面推进对监测断面隧道初期支护拱顶沉降变化趋势

图7-16 掌子面推进对监测断面隧道初期支护水平收敛变化趋势

注:4.8m对应下台阶经过的监测面。

由图7-16可知,上台阶对应的收敛大于下台阶对应的收敛,且下台阶的收敛更快完成,两条收敛测线的最终收敛累计值分别为7mm、3.53mm。

根据中条山隧道进口段的监测结果,沉降累计值在10mm以内的监测点超过了60%,0~5mm以内的占27%,上台阶收敛值在0~10mm内的占63.6%,5~10mm内的占22.7%,下台阶收敛累计值在0~5mm内的占54.5%。工况1数值计算的沉降累计值及1、2号收敛测线的累计值分别为4mm、7mm、3.5mm,即数值模型计算的变形结果均分布在对应实测数据的主要分布范围之内,说明该工况计算结果具有较高的可靠性。

3）初期支护应力分析

中条山隧道进口段采用活动断层衬砌支护结构(HD型支护),喷射混凝土等级为C25,参照《铁路隧道设计规范》(TB 10003—2016),其抗压强度设计值为12.5MPa,抗拉强度设计值为1.3MPa。现以监测面为基准,纵向取一个单元长度,对掌子面推进过程中初期支护的最大及最小主应力进行监测分析,最大拉压应力随掌子面推进的变化情况如图 7-17、图 7-18 所示。

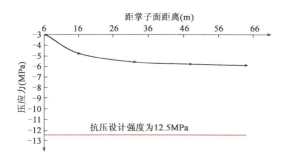

图 7-17 距掌子面不同距离下初期支护结构最大压应力

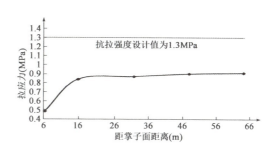

图 7-18 距掌子面不同距离下初期支护结构最大拉应力

由图 7-17 可知,随着掌子面的推进,最大压应力会持续增大,并最终趋于稳定。但是总的来说,最大压应力一直处于强度设计值以内,因此隧道支护结构是满足受力要求的。

由图 7-18 可知,最大拉应力随着掌子面的推进同样会持续增大,并最终趋于稳定,且拉应力稳定比压应力快。但是总的来说,最大拉压应力一直小于强度设计值,因此支护结构是安全的。

初期支护受力稳定后的最大及最小主应力分布情况如图 7-19 所示。

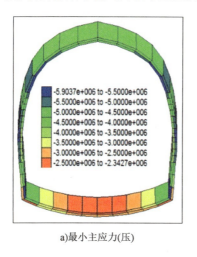

a)最小主应力(压)

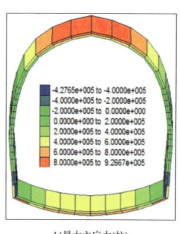

b)最大主应力(拉)

图 7-19 初期支护结构受力稳定后的主应力云图(单位:Pa)

由图 7-19 可知,当初期支护结构受力稳定后,上下台阶交界处压应力最大,拱肩及拱脚应力有集中,拱顶处外侧拉应力最大。稳定后的最大拉压应力分别为 0.93MPa 与 5.9MPa。

7.2.3 台阶高度力学响应分析

由表 7-4 可知,工况 2～4 依次对应的上台阶与隧道高度比值为 40%、50%、70%。现结合工况 1,对工况 1～4 这 4 个不同台阶高度工况下的模拟结果进行对比分析,分析结果如下。

1）拱顶沉降

运用与工况1相同的计算和监测方式对工况2~4进行数值模拟分析,得出包括工况1在内的4个工况下,隧道初期支护结构拱顶沉降随掌子面推进的变化趋势如图7-20所示。

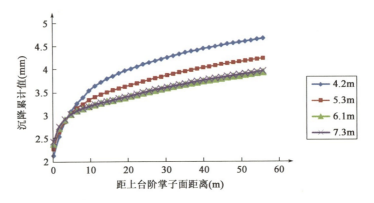

图7-20　不同台阶高度下隧道初期支护结构拱顶沉降变化趋势

由图7-20可知,隧道初期支护结构拱顶沉降,随着上台阶高度减小而呈现增大的趋势,这种趋势会随着上台阶高度的增加而逐渐减小。4个工况下的沉降累计值依次为4.67mm、4.25mm、3.94mm、3.97mm。由此,将上台阶高度控制在0.5~0.7倍隧道高范围内对控制隧道初期支护结构的拱顶沉降是有利的。

2）水平收敛

工况1~4下,隧道初期支护结构两条水平收敛测线的水平收敛随掌子面推进的变化规律分别如图7-21和图7-22所示。

由图7-22可知,上台阶收敛明显大于下台阶收敛,当上台阶高度较小时,上台阶水平收敛值相对更大,因此与拱顶沉降类似的,上台阶高度控制在0.5~0.7倍隧道高度范围内对水平收敛控制有利。工况1~4下的隧道初期支护结构拱顶沉降和水平收敛累计值见表7-5。

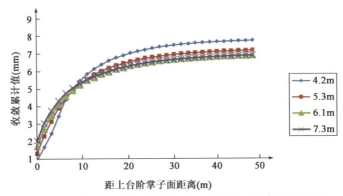

图7-21　不同台阶高度下1号测线初期支护结构水平收敛值变化趋势

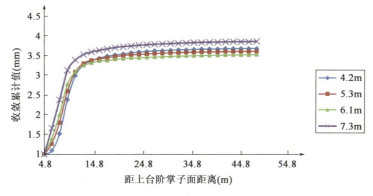

图 7-22 不同台阶高度下 2 号测线初期支护结构水平收敛值变化趋势

工况 1~4 的累计变形　　　　　　　　　　　　　　　表 7-5

工　况	1 号测线水平收敛累计值(mm)	2 号测线水平收敛累计值(mm)	拱顶沉降累计值(mm)
工况 1	7.83	3.70	4.67
工况 2	7.27	3.62	4.25
工况 3	6.97	3.53	3.94
工况 4	6.99	3.87	3.97

3）初期支护应力

类似于工况 1，以监测面为基准，纵向取 1 个单元进行初期支护的受力分析，受力情况通过隧道初期支护结构最大与最小主应力来反映。其中最大主应力对应拉应力，而最小主应力对应压应力，工况 1~4 对应的最大拉压应力情况见表 7-6。

工况 1~4 的最大拉压应力　　　　　　　　　　　　　表 7-6

工　况	最大拉应力(MPa)	最大压应力(MPa)
工况 1	0.91	5.90
工况 2	1.57	5.55
工况 3	1.23	5.60
工况 4	0.88	5.8

工况 1~4 下，隧道初期支护结构所受最大压应力与上台阶高度的关系曲线如图 7-23 所示。

由图 7-23 可知，铁路单线隧道软岩地段，采用两台阶带仰拱一次开挖法施工时，上台阶的高度对隧道初期支护结构所受最大压应力的影响不大。

工况 1~4 下，隧道初期支护结构所受最大拉应力与上台阶高度的关系曲线如图 7-24 所示。

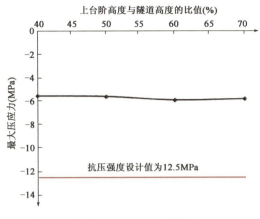

图 7-23 最大压应力与上台阶高度的关系曲线

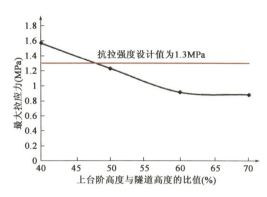

图 7-24 最大拉应力与上台阶高度的关系曲线

由图 7-24 可知,随着上台阶高度增加,隧道初期支护结构的最大拉应力逐渐减小,且当上台阶高度与隧道高度比值小于 45% 时,最大拉应力超过了隧道初期支护结构的抗拉强度设计值。故铁路单线隧道软岩地段,选用台阶法带仰拱一次开挖工法施工时,上台阶高度不应低于隧道高度的 45%。

7.2.4 台阶长度力学响应分析

以工况 1 为基准,在保持上台阶高度不变的情况下,增加或减小上台阶的长度,得到不同台阶长度下的工况。工况 5~8 依次对应的上台阶长度为 3.2m、6.4m、9.6m 和 16m。现对上述工况 1、工况 5~8 进行对比分析,结果如下:

1) 拱顶沉降

不同台阶长度工况下,掌子面推进过程中隧道初期支护结构拱顶沉降的变化趋势如图 7-25 所示。

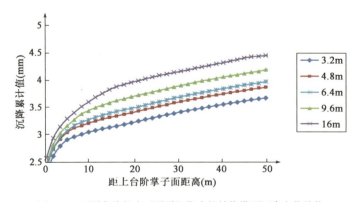

图 7-25 不同台阶长度下隧道初期支护结构拱顶沉降变化趋势

工况 1 以及工况 5~8 的拱顶沉降累计值依次为 3.73mm、3.94mm、4.03mm、4.24mm、4.46mm,随着上台阶长度的增加拱顶沉降逐渐增加,两者呈正相关。

2)水平收敛

不同台阶长度下 1 号、2 号测线的水平收敛值随掌子面推进的变化规律分别如图 7-26 和图 7-27 所示。

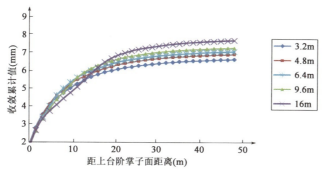

图 7-26　不同台阶长度 1 号测线水平收敛变化趋势

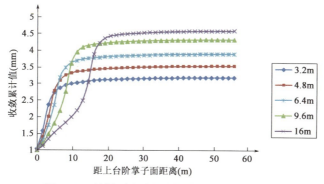

图 7-27　不同台阶长度 2 号测线水平收敛变化趋势

由图 7-26、图 7-27 所反映的规律来看,上、下台阶的水平收敛累计值均会随着台阶长度的增大而增大,即台阶长度越长,隧道初期支护结构的变形量会越大,且下台阶收敛值随台阶长度的变化趋势更加明显。

不同台阶长度下的隧道初期支护拱顶沉降及水平收敛累计值见表 7-7。

不同台阶长度下的隧道变形对比统计　　　　表 7-7

台阶长度(m)	拱顶沉降(mm)	1 号测线水平收敛(mm)	2 号测线水平收敛(mm)
3.2	3.74	6.66	3.19
4.8	3.94	6.94	3.54
6.4	4.04	7.09	3.90
9.6	4.24	7.29	4.32
16	4.46	7.71	4.59

3)初期支护应力

与工况 1 相似,以监测面为基准,纵向取 1 个单元进行隧道初期支护结构的最大及最小主应力分析。根据计算结果可知,不同台阶长度工况下,掌子面推进过程中初期支护的最大拉压应力见表 7-8。

各台阶长度下初期支护的拉压应力　　　　　　　表 7-8

台阶长度(m)	最大拉应力(MPa)	最大压应力(MPa)
3.2	1.11	6.26
4.8	0.91	5.9
6.4	1.2	5.68
9.6	1.6	5.4
16	1.63	5.3

取各台阶长度下隧道初期支护结构最大压应力进行散点图绘制,得到的台阶长度与最大压应力的关系曲线如图 7-28 所示。

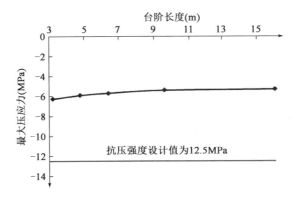

图 7-28　台阶长度与最大压应力的关系曲线

台阶长度与最大拉应力的关系曲线如图 7-29 所示。

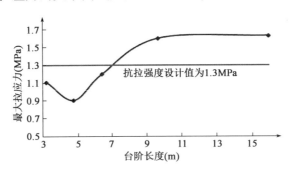

图 7-29　台阶长度与最大拉应力的关系曲线

由图 7-28、图 7-29 可知,隧道初期支护结构受到的最大压应力基本不会随台阶长度的改变而改变,但隧道初期支护结构所受最大拉应力会随上台阶长度的增加呈现出先减小后增大的趋势,且台阶长度大于 7.5m 时,隧道初期支护结构承受的最大拉应力已经大于 C25 混凝土的抗拉强度设计值,结构可能被拉坏;当台阶长度控制在 4.8~6.4m 之间时,结构所受拉应力较小,故铁路单线隧道软岩地段台阶法带仰拱施工时台阶长度不宜过长,也不宜过短,控制在 4.8~6.4m 之间比较合适。

7.2.5 考虑掌子面稳定性的台阶高度选择

由于上台阶开挖后,下台阶高度过高时,因台阶长度较短容易导致下台阶溜坍;下台阶高度过小时,容易造成掌子面形成较大的临空面,发生挤出变形,甚至坍塌。因此,取下台阶掌子面进行稳定性分析,并将其简化为一无支护的基坑进行研究。由此建立的数值模型如图 7-30 所示(以上台阶高度与隧道开挖高度比值为 40% 为例)。

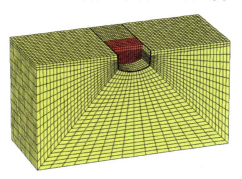

图 7-30　下台阶稳定性分析数值模型

计算得到的不同下台阶高度下,掌子面最大挤出变形与折减系数之间的关系如图 7-31 所示。

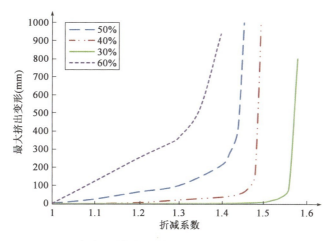

图 7-31　下台阶不同高度下的折减系数与挤出变形的关系曲线

根据掌子面最大挤出变形与折减系数的关系可知,在下台阶高度占隧道高度的 50% 时,掌子面的挤出变形量相对较小且掌子面相对稳定性较高。

7.2.6 考虑施工工效及便利性的台阶长度与高度选择

1)考虑施工工效的台阶长度与高度选择

二台阶带仰拱一次开挖施工分为爆破、立拱和喷射混凝土三个阶段。爆破阶段施工时,上下台阶要同时布设炮眼。考虑在确定上台阶高度时,尽可能实现上下台阶面积相当,这样可以实现上下台阶布设炮眼时能同步进行(同时开始、同时结束),可充分利用人力资源,组织施工时也更便利,最终能达到缩短布设炮眼阶段用时、提高工效的目的。

2) 考虑施工便利性的台阶高度与长度选择

两台阶带仰拱一次施工,主要适用于单线铁路Ⅳ、Ⅴ级围岩隧道。应充分考虑到机械及人工操作空间的预留以及便利性,并结合具体施工方法,选择两台阶带仰拱施工的台阶长度与高度。

(1)上台阶使用开挖台架。

为保证挖掘机能在下台阶将开挖台架吊装到上台阶,开挖台架采用2个小型台架(3m长左右)拼装使用,下台阶高度及上台阶长度应合理调整。下台阶不使用开挖台架,采用爬梯辅助作业,省去了烦琐的机械运输、吊装、定位、调整等作业,既操作简便,又减少机械、材料、人工的消耗,节约成本。其台阶高度不宜过高,应保证在无机械配合下人工作业的便捷性,建议在传统台阶法基础上适当减小下台阶高度。

(2)上台阶长度的选择应综合考虑人员操作空间及机械的最大操作半径。

上台阶爆破后,挖掘机位于下台阶,将上台阶的渣扒至下台阶,上台阶长度太大会使挖掘机的操作半径受到影响,增加其移动距离、就位次数,影响扒渣效率;另外,上台阶立拱时需要利用挖掘机将电焊机、拱架、网片、连接筋等材料与设备运送至上台阶,上台阶距离太短则会影响材料、设备的安放及人员的操作。

综合考虑简易台架安放、人员操作空间及机械的最大操作半径,上台阶长度控制在5~6m;上台阶使用开挖简易台架,下台阶不使用开挖台架,其台阶高度不宜过高,应保证在无机械配合下的人工作业的便捷性,因而上台阶高度控制在5.5~6.0m为宜。

7.3 初期支护仰拱早期受力及喷射混凝土早期强度研究

与传统台阶法不同,由于仰拱与下台阶是一次开挖、支护,因此必须保证仰拱在初期支护及时施作后、下一循环开挖前具备一定的强度,能满足施工和结构安全的需要。因此本节主要开展对隧道初期支护仰拱结构早期受力及喷射混凝土早期强度的研究。

7.3.1 初期支护仰拱早期受力现状

下台阶带仰拱一次开挖中,上一施工循环结束、开始下一施工循环前需要利用挖掘机将钻孔作业台架吊装至上台阶,这时需要利用爆破洞渣对已施作初期支护的仰拱部位进行回填,以方便挖掘机行驶。根据现场施工进度统计结果,仰拱混凝土喷射完毕至挖掘机吊装台架行驶至仰拱上方的时间间隔约 2h,期间具体施工工序如图 7-32 所示。

仰拱施作早期最不利受力状态发生于挖掘机吊装施工台架行驶至仰拱上方时。此时仰拱承受的外荷载包括三个部分:挖掘机重力荷载、回填洞渣重力荷载、围岩变形荷载。

(1)挖掘机重力荷载

依托工程开挖施工所采用的履带式挖掘机型号为 SY215C-9,包含两条履带。每条履带宽 0.6m,长 3.445m,挖掘机质量为 21800kg。考虑最不利情况下,挖掘机单边履带位于仰拱上方,此时仰拱受力最大。挖掘机参数见表 7-9。

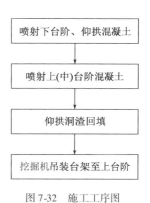

图 7-32 施工工序图

挖掘机参数表　　　　表 7-9

参数类型	参数名称	数值
整机尺寸 (mm)	总长度(运输时)	9680
	总宽度(运输/作业)	2980
	总高度(运输)	3440
	上部宽度	2710
	总高度(驾驶室顶部)	2990
	标准履带板宽度	600
	轨距(运输/作业)	2380
	最小离地间隙	440
	尾部回转半径	2890
	履带接地长度	3445
	履带长度	4250
	履带高度	965
作业范围 (mm)	最大挖掘高度	9570
	最大卸载高度	6700
	最大挖掘深度	6600
	最大垂直臂挖掘深度	5800
	最大挖掘距离	9950
	最小回转半径	3595
	最小回转半径时的最大高度	7665
性能参数	整机质量(kg)	21800
	标准铲斗容量(m³)	0.93
	额定功率(kW)	114
	行走速度(高/低)(km/h)	5.4/3.3
	回转速度(r/min)	11
	爬坡能力(最大坡度,单位为%或°)	70%/35°

续上表

参 数 类 型	参 数 名 称	数 值
性能参数	接地比压(kPa)	46.5
	发动机型号	6D34-TL
	铲斗挖掘力(kN)	138
	斗杆挖掘力(kN)	103

考虑最不利状态即挖掘机单边履带与隧道开挖方向垂直时的情况,此时的挖掘机荷载可按下式计算:

$$P = \frac{GK}{2bl} \tag{7-1}$$

式中:G——挖掘机自重(kN);

K——动力系数,根据《建筑结构荷载规范》(GB 50009—2012)第5.6.2条取1.3;

b——挖掘机单边履带宽度(m);

l——挖掘机履带接地长度(m)。

(2)回填洞渣重力荷载

仰拱回填中心厚度为0.9m,回填覆土重度取为20kN/m³。

(3)围岩变形荷载

与传统台阶法相比,下台阶带仰拱一次开挖工法中仰拱施作时间提前,而且一次开挖面积增大,仰拱施作后围岩处于快速变形阶段,因此围岩产生的变形压力不能忽略。

7.3.2 初期支护仰拱早期受力数值分析

1)数值模型的建立

依托工程建立的FLAC3D三维数值模型如图7-33所示。

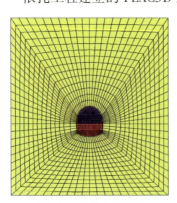

图7-33 数值分析模型

由于仰拱及下台阶混凝土施作不久,其弹性模量处于增长阶段,根据弹性模量增长理论公式:

$$E_{\text{shot},t} = E_{\text{shot},0}(1 - e^{-\alpha t})$$

式中:$E_{\text{shot},0}$——喷射混凝土养护成型后的弹性模量;

α——时间常数,取0.031;

t——时间。

由此计算得到2h混凝土的弹性模量为1.8GPa。

2)围岩压力作用下的仰拱受力分析

考虑分析仅针对仰拱施作早期(施作后2h)的受力情况,此时围岩变形尚未稳定。利用数值模拟软件分析围岩变形压力作用下的仰拱受力时,模型不应计算至平衡状态,而需要确定与实际相符的终止时刻。

现场对多个隧道断面的隧道初期支护结构拱顶沉降及水平收敛变形进行了监测,统计并分析这些变形监测结果,可以得到一个相对客观的围岩变形量评定标准。对DK615+350~

DK615+390区间内各监测段面最大收敛变形速率及累计收敛值(下台阶开挖)进行了统计,统计结果见表7-10。

收敛变形统计　　　　　　　　　　　　表7-10

断面里程	收敛速率(mm/d)	累计收敛值(mm)
DK615+350	3.5	4.5
DK615+355	2.2	8.5
DK615+360	3.3	8.4
DK615+365	2.1	6.6
DK615+370	3.6	10
DK615+375	3.1	6.3
DK615+380	3.6	9.8
DK615+390	3.8	12.5

由表7-10可知,下台阶开挖后的最大收敛变形速率为2.1~3.8mm/d,对应累计收敛值为4.5~12.5mm。由于现场监测条件变动或其他一些复杂因素,部分断面呈现出初期变形速率大而累计收敛值较小的状态,这导致统计得到的累计收敛变形值波动较大。但是,在对比各断面初期变形后发现,各断面初期变形模式是相似的。结合这一点,可以简化考虑在施作初期变形量随时间是呈线性增长的。因此可以确定仰拱施作2h后的收敛变形增量在0.175~0.32mm之间。

利用上述模型对仰拱一次开挖施工进行了模拟,开挖过程中对拱腰收敛变形进行监测。为使模型计算结果具备参考意义,通过参数反演方法对模型的弹性模量、内摩擦角及内摩擦力等计算参数进行了试算。该参数下模型计算所得最终收敛位移为8.97mm,这与实际收敛变形较为接近。根据计算结果,下台阶及仰拱初期支护施作后,拱腰收敛变形与计算步之间的变化关系如图7-34所示。

根据图7-34,计算步为150时收敛变形增量为0.29mm,与实际量测结果较为符合。同时根据计算结果来看,150步以后曲线增长速率开始下降,因此选取该计算步作为时间控制节点比较保守,且比较合理。计算150步时隧道初期支护结构最大主应力云图如图7-35所示。

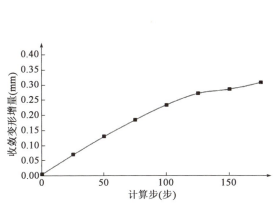

图7-34　收敛变形数值计算结果

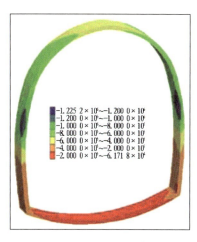

图7-35　隧道初期支护结构最大主应力云图(单位:Pa)

对仰拱上各单元的应力情况进行统计,包括最大主应力、水平方向应力以及竖直方向应力,并将各单元应力连线得到如图 7-36 所示的仰拱应力分布曲线。

3)挖掘机及覆土荷载作用下的仰拱受力分析

同样利用三维模型对挖掘机及覆土荷载作用进行计算分析,由于前面已经对围岩压力的作用部分进行了求解,因此在对该部分外荷载进行分析时应将围岩压力部分扣除。为实现这一点,计算时将围岩参数中的重度一项设置为 0.1(即忽略不计)。分析通过在仰拱上方添加覆土实现回填洞渣荷载的施加,挖掘机荷载则以面荷载形式施加至覆土上方。计算得到的挖掘机及覆土荷载作用下仰拱的最大主应力云图如图 7-37 所示。

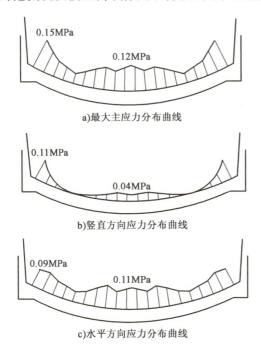

图 7-36 围岩压力下的仰拱应力分布曲线

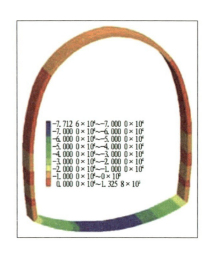

图 7-37 挖掘机及覆土荷载作用下的最大主应力云图(单位:Pa)

对仰拱上各单元的应力情况,包括最大主应力、水平方向应力以及竖直方向应力进行统计,并将各单元应力连线得到如图 7-38 所示的仰拱应力分布曲线,应力曲线位于仰拱下方表示为拉应力。

将各部分荷载作用下的水平及竖直方向受力情况进行叠加,并根据叠加后的水平及竖直方向应力求解仰拱最大压应力分布情况,最终得到的仰拱受力情况如图 7-39 所示。

由图 7-39 可知,仰拱早期在承受围岩变形压力、挖掘机及覆土自重荷载作用下所呈现出的应力分布形态为"W"形,中间最大压应力值为 0.14MPa,两侧拱脚处的压应力值为 0.09MPa。

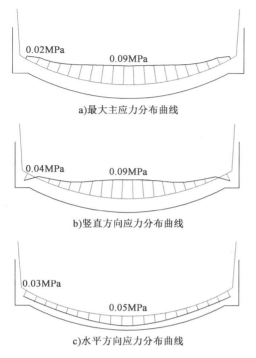

图 7-38 挖掘机及覆土荷载下的仰拱应力分布曲线

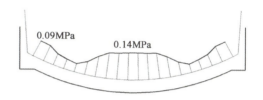

图 7-39 仰拱最终应力分布曲线

7.3.3 喷射混凝土早期强度研究

根据研究分析结果来看,仰拱早期所受应力为 0.14~0.15MPa,考虑安全系数为 1.5 的情况下,取初期支护混凝土强度为 0.2MPa 作为喷射混凝土 2h 后的抗压强度控制标准较为合适。

通过混凝土正交配合比设计,选择胶凝材料用量、水灰比、减水剂掺量、速凝剂掺量、砂率等为影响因子,合理优化配合比,使之在较经济的成本下,尽可能地提高混凝土的早期强度,满足使用要求,即要求 2h 强度达到 0.2MPa。

1)喷射混凝土配合比参数影响分析

通过正交试验研究了配合比设计参数对仰拱喷射混凝土早期强度影响,主要有胶凝材料用量、水灰比、减水剂掺量、速凝剂掺量、砂率、骨料含泥量等,试验得出:

(1)在混凝土胶凝材料用量、水灰比、减水剂、速凝剂掺量、砂率 5 种因素中,对混凝土早期强度的影响程度从大到小依次是:速凝剂掺量 > 水灰比 > 胶凝材料用量 > 减水剂掺量 > 砂率。

(2)使用液体速凝剂能明显提高混凝土的早期强度,但随着掺量的增加,混凝土早期强度的增加趋势逐渐减小。另外,由于速凝剂会导致混凝土后期强度降低,因此应尽量按照推荐掺量使用。

(3)水灰比是仰拱喷射混凝土早期强度的重要影响因素,随着水灰比的减小,混凝土早期强度明显增大。要配制高强度的混凝土,低水灰比是一个必要条件。

(4)混凝土胶凝材料用量可以直接影响喷射混凝土早期强度,也就是说要配制强度较好的混凝土,较高用量的胶凝材料是一个必要条件。

(5)使用高性能减水剂能使混凝土有较好的流动性,掺量的变动对混凝土的流动性有明显影响,但对早期强度的影响不是很大。

(6)砂率对混凝土的早期强度影响不是很大,在合理范围内,砂率主要是影响混凝土的工作性能,对仰拱喷射混凝土早期强度影响较小,在实际配制中,砂率的选取主要应基于混凝土的工作性能来考虑。

根据以上研究结论并通过配合比试验得出如下配合比:胶凝材料476kg/m³、水灰比0.42、减水剂掺量1.0%、速凝剂掺量4%、砂率58%。应用效果表明仰拱喷射混凝土早期强度可满足要求,并且经济性较好。

2)施工因素对喷射混凝土早期强度的影响

混凝土是通过多种原材料之间复杂的化学、物理作用而形成各种不同的性能的。要想制得优质的混凝土,必须科学掌握它的组成结构与性能之间的相互关系并加以利用。制取优质混凝土的三个基本条件:一是具有良好的原材料;二是选择适宜的配合比;三是要严格控制施工全过程的质量。为了制取优质的强度混凝土,必须对影响混凝土早期强度的施工因素进行研究(包括搅拌时间、混凝土拌合物静置时间、浇筑方式等),总结出早高强度混凝土拌和、运送、浇筑等施工工艺技术。

(1)混凝土搅拌

搅拌混凝土前,应严格测定粗、细骨料的含水率,准确测定因天气变化而引起粗、细骨料含水率的变化,以便及时调整施工配合比。一般情况下每班抽测2次,雨天应随时抽测。

搅拌混凝土应采用强制式搅拌机,计量器具应定期检定。搅拌机经大修、中修或迁移至新的地点后,应对计量器具重新进行检定。每一工班正式称量前,应对计量设备进行校核。

应严格按照经批准的施工配合比准确称量混凝土原材料,其最大允许偏差应符合下列规定(按重量计):胶凝材料±1%;外加剂±1%;粗、细骨料±2%;拌和用水±1%。

混凝土原材料计量后,宜先向搅拌机投入细骨料、水泥,搅拌均匀后,加水并将其搅拌成砂浆,再向搅拌机投入粗骨料,充分搅拌后,再投入减水剂,并搅拌均匀。

自全部材料装入搅拌机开始搅拌起,至开始卸料时止,延续搅拌混凝土的最短时间应不小于2min。

搅拌机拌和的第一盘混凝土粗骨料数量宜用到标准数量的2/3,在下一盘材料装入前,搅拌机内的拌和料应全部卸清。搅拌设备停用时间不宜超过30min,最长不应超过混凝土的初凝时间;否则,应将搅拌筒彻底清洗后才能重新拌和混凝土。

(2)混凝土运输

混凝土宜采用内壁平整光滑、不吸水、不渗漏的运输设备进行运输。当长距离运输混凝土时,宜采用搅拌车运输;近距离运输混凝土时,宜采用混凝土泵、混凝土料斗或输送带运输。在装运混凝土前,应认真检查运输设备内是否存留有积水,或内壁黏附的混凝土是否清除干净。每天工作后或浇筑中断30min及以上时间再进行搅拌混凝土时,必须再次清洗搅拌筒。

混凝土运输设备的运输能力应适应混凝土凝结速度和喷射速度的需要,保证浇筑过程连续进行。运输过程中,应确保混凝土不发生离析、漏浆、严重泌水及坍落度损失过多等现象,运至施工地点的混凝土应仍保持均匀和规定的坍落度。

(3)混凝土喷射施工

①加强对施工机械的控制。首先要求湿喷机(湿喷机械手)具有良好的机械稳定性,不能出现泄漏状况,输料要避免出现不连续、散乱的情况;其次,空气压缩机要达到湿喷机对风压与风量的要求,并且在压风鼓入湿喷机前要进行油水分离作业,严禁在未进行油水分离作业的情况下将风压入湿喷机;最后,应当采取强制式搅拌机,供水器材要保证喷头部位的水压保持在0.18MPa左右,输料应当具有良好的耐磨性质。

②做好施工前的准备工作。作业前检查受喷面断面大小是否足够清洁,如不满足则应去除受喷面上细小岩屑,然后使用高压风或水冲洗干净,保证足够的清洁度。另外,及时抽排仰拱部位的积水。

③喷射操作程序为:机械手就位→连接电缆线→启动机械手→向料斗添加混凝土。

④喷射混凝土作业应采用分段、分片、分层依次进行,喷射顺序应自下而上,分段长度不宜大于6m。喷射时先将低洼处大致喷平,再自下而上顺序分层、往复喷射。

喷射混凝土分段施工时,上次喷射混凝土应预留斜面,斜面宽度为200~300mm,斜面上需用压力水冲洗润湿后再行喷射混凝土。分片喷射要自下而上进行,先喷钢架与壁面间混凝土,再喷两钢架之间混凝土。边墙喷射混凝土应从墙脚开始向上喷射,使回弹不致裹入最后喷层。分层喷射时,后一层喷射应在前一层混凝土终凝后进行,若终凝1h后再进行喷射时,应先用水清洗喷层表面。一次喷射混凝土的厚度以喷射混凝土不滑移不坠落为宜,既不能因厚度太大而影响喷射混凝土的黏结力和凝聚力,也不能因厚度太小而增加回弹量。边墙一次喷射混凝土厚度控制在7~10cm,拱部控制在5~6cm,并保持喷层厚度均匀。顶部喷射混凝土时,为避免发生坠落现象,两次间隔时间宜为2~4h。

⑤机械手喷射速度应适当,以利于混凝土的压实。喷射速度增大,回弹增加;喷射速度过小,压实力小,影响喷混凝土强度。因此在开机后要注意观察回弹量,并根据回弹量情况调整喷射速度。一般钢筋网片部位喷射速度为15~20m^3/h,钢架部位喷射速度为10~15m^3/h。

⑥喷射时,使喷嘴与受喷面间保持适当距离,喷射角度尽可能接近90°,以获得最好的压实效果和最小回弹量。喷嘴与受喷面间距宜为1.5~2.0m;喷嘴应连续、缓慢做横向和环行移动,一圈压半圈;喷射手所画的环形圈,横向为40~60cm,高为15~20cm。若受喷面被钢架、钢筋网覆盖时,可将喷嘴稍加偏斜,但不宜小于70°;如果喷嘴与受喷面的角度太小,会形成混凝土物料在受喷面上的滚动,产生出凹凸不平的波形喷面,增加回弹量,影响喷射混凝土的质量。

⑦加强对操作人员的技术培训,规范操作流程。操作人员在操作前要洗手,洗手后再给料;操作完成时先终止给料,再停水,根据喷出物料的状况进行适当的风压调节操作。风压

一般控制在0.12kPa左右,要保证喷水处的水压高于风压,若发现有水压低于风压的状况,要及时进行调节,在喷射过程中要重视水灰的比例,保持在合理的范围内,操作中不能出现干斑、滑移流淌现象。

喷射施工过程中,辅助操作人员与喷射手应各司其职、操作规范、技术娴熟、配合默契,在出现突发情况时能够及时、妥当处理。开机工作前,各项检查工作到位,包含对材料、风压、电压等的检查。为防止意外,在料斗开启时不允许打开振动机。另外,做好机器的日常保养工作。

操作人员尤其是喷射手和喷射工班长要做好喷射施工中的质量检查工作。试验人员做好对喷射混凝土牢固程度的检查和抗压测试工作,如有问题出现,要及时调整配合比。

负责质量检查的工作人员在检查工作中要严格按照相关技术标准检验,保证已喷射部分的质量合格。若有黏结不够紧固或者脱壳、厚度、强度达不到要求等状况出现,应当立即返工,重新喷射施工。

3)成品保护措施

根据现场试验优化先后喷射工序(先喷射仰拱、下台阶,再喷射上中台阶),从而增加仰拱混凝土养护时间。

初期支护仰拱施作完成回填洞渣时,可以考虑在其上加钢板,保护初期支护混凝土。施作二次衬砌仰拱时,仰拱回填洞渣清理干净后,仰拱栈桥前行至指定位置就位,就位是为了防止前支墩因受力面积较小而破坏初期支护仰拱造成安全隐患,在支墩下方设置25cm枕木+2cm厚钢板作为支墩底座,扩大受力面积,避免初期支护局部受力集中,确保仰拱栈桥稳固可靠,保护初期支护仰拱免受后续施工破坏。

严格控制机械扒渣的深度,以微露仰拱初期支护表面为宜,其后必须人工配合清底。另外,优化下台阶及仰拱爆破设计,减少爆破震动对初期支护仰拱结构强度的影响。

7.4 两台阶带仰拱一次爆破工艺研究

根据围岩地层地质条件以及施工组织要求,研究单线铁路隧道断面情况下台阶法带仰拱一次开挖的各台阶爆破顺序、爆破参数,并根据相应的工效来确定最终的爆破、出渣及支护工序。

7.4.1 爆破设计参数

下台阶、仰拱与上台阶同步钻孔、装药、连线,同步装药起爆,上台阶炮眼及掏槽眼布置如图7-40所示,下台阶带仰拱炮眼布置如图7-41所示。

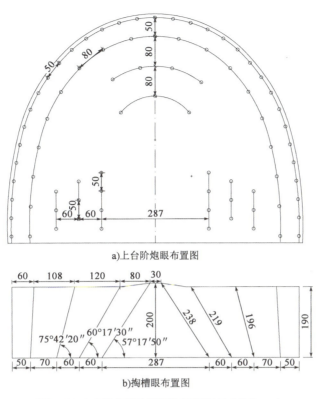

图 7-40 上台阶炮眼及掏槽眼布置图(尺寸单位:cm)

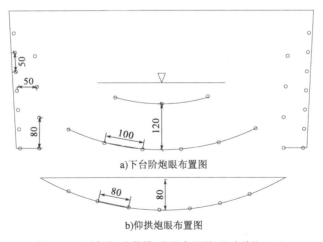

图 7-41 下台阶(含仰拱)炮眼布置图(尺寸单位:cm)

7.4.2 爆破工艺流程及要求

1)爆破工艺流程

依托工程施工经验,采用水压光面控制爆破进行开挖,其工艺流程见图 7-42。

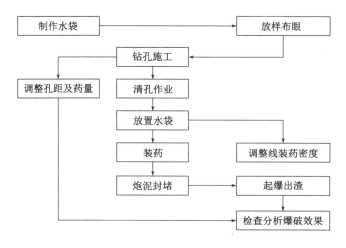

图 7-42 水压爆破工艺流程图

2）爆破工艺要求

（1）制作水袋

利用水袋制作机制作水袋，根据水袋制作机型号选定水袋封口时间，如出现水袋破裂漏液现象，应做报废处理。

（2）放样布眼

周边眼要沿隧道开挖轮廓线布置，保证开挖断面符合要求。辅助眼交错均匀布置在周边眼与掏槽眼之间，力求爆破出的石块块度适合装渣的需要。钻眼前，用红铅油准确地绘出开挖断面的中线和轮廓线，标出炮眼位置，其误差不得超过5cm；按炮眼布置正确钻孔，掏槽眼和周边眼的钻孔精度更高，误差应控制在3~5cm。

（3）钻眼

司钻工要熟悉炮眼布置，能熟练地操作凿岩机械，特别是钻周边眼，一定要有较丰富经验的老司钻工，以确保周边眼准确的外插角，尽可能使两茬炮交界处台阶小于15cm。同时，要根据眼口的位置、岩石的凹凸程度调整炮眼深度，以保证炮眼底在同一平面上。周边眼与辅助眼的眼底在同一垂直面上，掏槽眼要加深10cm。炮眼的深度和角度符合设计要求。掏槽眼眼口间距误差和眼底间距误差不得大于5cm；辅助眼眼口排距、行距误差均不得大于10cm；周边眼眼口位置误差不得大于5cm，眼底不得超出开挖断面轮廓线15cm。尽量减小周边眼外插角的角度，孔深小于3m时外插角的允许斜率宜为孔深的±5%；孔深大于3m时外插角斜率宜为孔深的±3%；外插角的方向要与该点轮廓线的法线方向一致。应根据不同的炮眼深度，适当调整斜率。

（4）清孔

装药前，用钢筋弯制的炮钩和小直径高压风管吹入高压风将炮眼内石屑刮出并吹净。

（5）放置水袋

将水袋装入炮眼底部，水袋直径与炸药直径相同，安装水袋采用木质炮棍轻推送入炮孔,炮棍端头制成圆端形,避免尖锐端头刺破水袋,切勿用力过猛。

(6)装药

掏槽眼和底板眼连续装药。周边眼采用间隔不耦合装药结构,炮泥封口。装药需分片分组自上而下进行,周边眼装药量与常规钻爆法一样,其他眼装药量根据实际情况进行调整,适当减少。掏槽眼和底板眼采用反向起爆。装药结构图如图7-43所示。

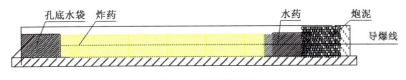

图7-43 装药结构图

(7)炮泥封堵

用水袋封堵炮眼然后再用炮泥封堵炮眼。炮泥制作采用75%黄土+15%中砂制成,炮泥的含水率宜为15%~18%,炮泥长度20~30cm。

(8)连接起爆网络

起爆网络采用复式网络,确保起爆的可靠性和准确性。连接起爆网络时需注意:导爆管不能打结和拉细,各炮眼雷管连接次数要相同;引爆雷管要用黑胶布包扎在离开一簇导爆管自由端10cm以上处,导爆管连接次数要相同。网络连接好后,要有专人负责检查核实,经检查符合要求时方可进行引爆。

(9)起爆出渣

网络联好后,在准备起爆前,人员撤离危险区,需要设保护设施的一定要设置,然后由安全员核实,方可进行起爆。起爆采用非电毫秒雷管。起爆后,由原装药人检查炮眼爆破情况,全部爆破后进行出渣。如发现有瞎炮,及时处理。

(10)瞎炮的处理

发现瞎炮,首先查明原因。如果是孔外的导爆管损坏引起的瞎炮,则切去损坏部分重新连接导爆管即可,但此时的接头要尽量靠近炮眼。如因孔内导爆管损坏或其本身存在问题造成瞎炮,则要按下列条款进行处理。

①由原装药人当场处理;处理瞎炮时,不得撤除警戒;遇特殊情况,经施工负责人准许后,可在下次放炮或休息时处理;瞎炮位置要设明显标志,其周围5m内禁止人员通行。

②炮眼中的导火索、导爆索等检查完好后可将引线重新接通,再行起爆。

③要在取出堵塞物后重新装起爆药包。

④不得在残眼中继续打眼。

⑤可在距瞎炮不小于0.6m处打一平行炮眼进行诱爆。

⑥硝铵类炸药可用水冲淡。

(11)爆破质量检查

爆破后的围岩面要圆顺平整、无欠挖,超挖量不大于10cm。周边炮眼痕迹在开挖轮廓面上均匀分布,炮眼残留率硬岩达80%以上、中硬岩达60%以上。爆破后,围岩面上无粉碎岩石和明显的裂缝,也不要有浮石(岩性不好时要无大浮石)。炮眼利用率80%~90%。

(12)分析效果,调整炮眼间距和药量

每次爆破后都要与爆破设计进行对照比较,及时修正爆破参数,提高爆破效果,改善技术经济指标。爆破效果应符合下列要求:

①超欠挖符合规定要求。

②开挖轮廓圆顺,开挖面平整。

③爆破进尺达到设计要求,爆出的石块块度满足装渣要求。

④炮眼痕迹保存率[(残留有痕迹的炮眼数/周边眼数)×100%],硬岩不小于80%,中硬岩不小于60%,并在开挖轮廓面上均匀分布。

⑤两次爆破的衔接台阶尺寸不大于15cm。

如爆破后石渣过小,说明辅助眼布置偏密或用药量偏大;如果石渣过大不便运输,说明炮眼布置偏疏或用药量偏小。

7.5 资源投入及施工工效

依托工程现场施工经验,综合考虑快速施工的进度要求、空间布置及围岩条件,从开挖支护作业线到混凝土衬砌作业线大部分按机械化配置进行,开挖作业线采用风钻、挖掘机、装载机、空气压缩机等,喷射混凝土作业采用湿喷机械手。设备配置按初期支护≥开挖的原则配置,确保初期支护的快速封闭。

开挖作业线采用全站仪测量、风钻钻孔、人工装药作业,尽量减少对隧道围岩的扰动,减少配套设备的投入,节约资源。

锚喷支护作业线:由于施工进度快,喷射混凝土作业必须紧跟,才能做到及时封闭开挖作业面;为加快施工速度,锚喷支护作业线根据现场实际采用湿喷机械手进行,机械手喷射能力达到20m³/h以上。

装渣运渣作业线:采用履带式挖掘机进行装渣,自卸汽车运渣。

7.5.1 施工设备机具及人员配套

针对开挖隧道具体特点,施工现场设备配置按符合机械化配套方案要求,并执行机械设备管、用、养、修制度,科学管理,以求达到快速施工的目的。结合依托工程现场试验情况,台阶法带仰拱一次开挖隧道推荐配置KC30混凝土湿喷机械手、小松装载机、现代R225LC-7挖掘机、自卸汽车等先进设备,设备配置详见表7-11。

设 备 配 置 表   表 7-11

作 业 线	设备名称	规格	数量	备 注
开挖作业线	风动凿岩机	YT-28	14 台	依据爆破参数设计而定
	全站仪	TS02	1 台	—
	电焊机	—	3 台	—
	空气压缩机	20m^3	3 台	按风动凿岩机数量计算配置
支护作业线	KC30 湿喷机械手	36m^3/h	1 台	—
	混凝土输送车	10m^3	5 台	与二次衬砌共用 具体数量依设计支护参数、 混凝土用量而定
	混凝土拌和站	90m^3/h	2 台	与二次衬砌共用

注：表7-11～表7-13所列设备型号及数量，均依托工程现场试验，按照技术先进、施工高效的原则而定，具体型号及数量配置要因地制宜，结合设计、施工相关要求确定，并根据现场施工组织情况及时调整。

两台阶带仰拱开挖单线铁路隧道一次开挖单个工作面主要设备及人员配置详见表7-12。

单个工作面主要设备及人员配置表   表 7-12

工作内容	设备配置	人员配置
开挖	火工品运输车1辆,风钻14台,空气压缩机4台	司机2人/班,打眼、装药18人/班
装运	挖掘机1台,装载机1台,大型自卸汽车4台	挖掘机司机1人/班,装载机司机1人/班, 自卸汽车司机1人/(车·班)
支护	混凝土湿喷机械手1台,混凝土拌和站1座	机械手喷4人/班,立拱架14人/班,注浆工 4人/班,混凝土拌和站司机6人/(班·座)

两台阶带仰拱开挖单线铁路隧道一次开挖配置及施工能力、循环时间见表7-13。

一次开挖配置及施工能力、循环时间表   表 7-13

工 作 内 容	主要设备配置	施 工 能 力	循环作业时间(h)
开挖作业线	火工品运输车1辆,风钻14台,空气压缩机4台	每分钟钻进32～40cm	3～5
装运	ZL40 侧卸式装载机1台,神刚140挖掘机1台,大型自卸汽车4台	装运土石方 60～70m^3/h	约3
支护	KC30 湿喷机械手1台,混凝土运输车2辆	喷浆方量 36 m^3/h(机械手)	5～8

下台阶带仰拱一次开挖各工序施工人员配置见表7-14。

一次开挖单工作面人员配置表　　　　　　　　　　　　表 7-14

工作内容	人员配置
开挖	司机 2 人/班,打眼、装药 18 人/班
装运	挖掘机司机 1 人/班,装载机司机 1 人/班,自卸汽车司机 1 人/(车·班)
支护	机械手喷 4 人/班,立拱架 14 人/班,注浆工 4 人/班,混凝土拌和站司机 6 人/(班·座)
防水衬砌	防水板铺设 6 人/班,衬砌台车 5 人/班,衬砌模板木工 6 人/班,输送泵和输送车司机 5 人/班,混凝土振捣配合人员 6 人/班,仰拱模架司机 8 人/班,仰拱模板木工 6 人/班,输送车司机 3 人/班,混凝土振捣配合人员 6 人/班,混凝土拌和站司机 6 人/班/座
辅助工作	通风 4 人/班,高压水、排水 4 人/班,施工用电 3 人/班,文明施工及工地搬运 8 人/班

注:本表所列人员配置情况按照技术先进、施工高效的原则而定,结合设计、施工相关要求确定,并根据现场施工组织情况及时调整。

7.5.2 施工工效

下台阶带仰拱一次开挖各工序的施工工效详见表 7-15。

主要施工工序作业时间表(单循环)　　　　　　　　　　表 7-15

序号	施工工序	工序时间(min)	备　注
1	施工准备	30	含开挖作业台架就位
2	测量放线	15	平行作业,不占循环时间
3	上、下台阶及仰拱钻眼爆破	170	含布孔、钻孔、清孔、验孔合计 130min,装药爆破 40min
4	扒渣、开挖台架就位	50	含装药、装水袋、炮泥
5	出渣	180	与上台阶支护平行作业不占循环时间
6	上台阶支护	180	上台阶钢架、锚杆、钢筋网、超前小导管安装
7	下台阶及仰拱支护	110	下台阶及仰拱钢架、锚杆、钢筋网安装,不包含与上台阶平行作业的 60 min
8	仰拱、下台阶喷射混凝土	30	自下面上,先仰拱后下台阶
9	仰拱初期支护面回填	30	回填洞渣
10	上台阶喷射混凝土	120	湿喷机械手前行后上台阶喷射混凝土
	单循环时间	720	12h

注:上述循环时间采用保守统计数据(统计数据中已含误工时间),每天进度为:24/12×1.6 = 3.2m,则月进尺为:3.2×30×(1 − 10%) = 86.4m,考虑不可控因素按 10% 计(因统计数据中已含误工时间,此处仅考虑特殊情况)。

7.6 本章小结

(1) 两台阶带仰拱一次开挖施工台阶长度与高度的设置原则:上台阶长度宜控制在 5~6m 范围,能使结构处于较好的受力状态,且便于人员与机械的操作。同时将上台阶高度与隧道开挖总高度的比值控制在 50%~65% 之间,实际高度在 5~6.5m 之间,能够满足结构受力的安全性要求,隧道变形控制效果较好,且机械操作方便。

(2) 通过初期支护仰拱结构承载力计算,得出初期支护仰拱喷射混凝土 2h 强度不应小于 0.2MPa,方能满足下台阶带仰拱一次开挖支护的施工要求。

(3) 通过对比试验研究了仰拱喷射混凝土的施工工艺和强度保护措施,主要包括:确保原材料供应及混凝土质量,加强施工工序工艺控制,保证一定的混凝土搅拌时间,减少混凝土运输放置时间,加强混凝土喷射工艺控制,合理组织施工,减少施工干扰等。

(4) 两台阶带仰拱一次开挖施工时,上、下台阶带仰拱同步钻孔、装药,同步起爆,挖掘机位于下台阶处扒上台阶洞渣,形成作业空间后将简易台架运送至上台阶执行后续的立拱工序,同时进行下台阶及仰拱扒渣、出渣,然后下台阶各部依次立拱支护。

(5) 结合现场施工经验,根据隧道现场实际情况,综合考虑快速施工的进度要求、空间及围岩条件,开挖支护作业线大部分按机械化配置进行,开挖作业线配置风钻、挖掘机、装载机、空气压缩机等设备,喷射混凝土作业采用湿喷机械手等先进设备,设备按初期支护能力不小于开挖的原则配置。

第 8 章

穿越第三系高承压富水地层基底处理技术

Key Construction Technology for Zhongtiaoshan Tunnel of Haolebaoji-Ji'an Heavy-haul Railway

Key Construction Technology for Zhongtiaoshan Tunnel of
Haolebaoji-Ji'an Heavy-haul Railway

中条山隧道 DK628+690～DK631+040 段通过第三系富水弱胶结砾岩、泥岩和砂质泥岩地层,该段隧道涌水量大,岩体强度低,遇水易软化,隧道基底承载力小于 200kPa。因此,有必要采取可靠有效的措施对隧道基底进行加固处理,防止隧道结构开裂下沉,对运营阶段产生不利影响。

目前,国内常采用的软岩基底施工方案为先清理泥化层,再进行喷射混凝土回填、仰拱施工等步骤,最后用注浆加固等方式进行处理。但清理泥化层喷射混凝土回填并不能有效解决隧道基底承载力不足的问题,且喷射混凝土底部长期有水流淌易造成严重的质量隐患,后期运营过程易出现翻浆冒泥现象;采用钢管桩或混凝土短桩等加固方式,无法满足平行作业,施工工效低、造价高。依托本工程现状,通过研究,提出了泥化软岩基底碎石换填注浆加固施工方案。同时,注浆加固工序采用 24m 全自动液压自行式仰拱栈桥施工,避免了与开挖支护交叉作业,提高了施工工效,解决了基底承载力不足的问题,有效地保证了隧底施工质量。

8.1 基底碎石换填注浆加固的优点

该段围岩为富水弱胶结砾岩、泥岩和砂质泥岩地层,且涌水量大,岩体强度低,基底遇水易软化。采用基底碎石换填注浆加固具有以下优点:

(1)降低泥化程度,提高隧道基底承载力。

隧道在富水地层施工过程中,大量的地下水容易汇集到仰拱处,且难以彻底排出,进而造成基底围岩产生泥化现象,使得仰拱初期支护和围岩之间存在软弱泥砂夹层,基底承载力不能满足设计要求。基底采用碎石换填后,碎石层能形成水流通道,可降低水对仰拱附近围岩的泥化程度;注浆加固可封闭水留空隙、提高底部围岩强度,在隧道底部附近形成一个整体加固圈,有效地解决了基底承载力不足的问题。

(2)提高仰拱初期支护混凝土施工质量。

由于富水地层仰拱开挖中,大量的地下水不断向仰拱汇集,无法彻底抽排,喷射混凝土在积水中施工,质量难以保证。人工清底后及时回填级配碎石,碎石层自然形成渗水通道,最大程度地改善了喷射混凝土的作业环境。

(3)加快开挖支护施工进度。

基底碎石换填注浆加固工序采用全自动液压自行式长仰拱栈桥,作业空间大,可同时进行注浆加固工序,避免了与开挖支护交叉作业,加快了开挖支护施工进度。

8.2 基底碎石换填注浆加固施工技术

8.2.1 施工工艺流程

富水地层软弱地层基底碎石换填注浆加固施工工艺流程如图 8-1 所示。

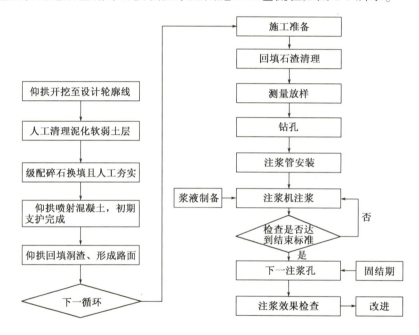

图 8-1　基底碎石换填注浆加固施工工艺流程图

(1) 隧道仰拱开挖至设计轮廓线后,人工清理基底软弱扰动层,沿基底弧形圈铺设厚度不小于 30cm 的级配碎石人工夯实。

(2) 喷射仰拱处初期支护混凝土,回填洞渣形成通道,使车辆正常行驶。

(3) 采用全自动液压自行式长仰拱栈桥对回填洞渣进行清理,避免与前方开挖支护施工交叉影响,达到平行作业条件。

(4) 采用移动式钻机在初期支护混凝土面钻孔、安装注浆管、注浆,使浆液均匀地渗入回填碎石及岩层空隙中,驱走空隙中的水分和空气,浆液凝固后将岩层和碎石层胶结成整体,改善持力层受力状态和荷载传递性能,从而使地基得到加固,提高基底承载力。基底换填注浆加固如图 8-2 所示。

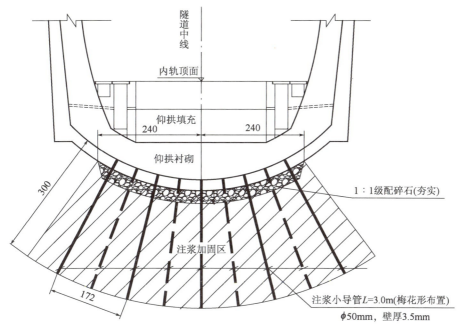

图 8-2 碎石换填注浆加固示意图(尺寸单位:cm)

8.2.2 关键参数设计

为保证基底加固效果,开展了基底碎石换填加固的碎石级配及浆液配合比设计研究,确定碎石级配、选择注浆材料、选择注浆浆液配合比。

1) 碎石级配的确定

为得到碎石最优级配比,进行了三种试验方案比选,最终确定采用方案二中碎石级配,即 5~10mm(20%)、10~20mm(45%)、16~31.5mm(35%),三种方案的优缺点分析见表 8-1。

级配碎石配合比分析   表 8-1

方案	碎石级配		评估分析	结论
	粒径范围(mm)	比例(%)		
方案一	5~10	20	优点:碎石紧密密度较小,成本相对较低;紧密空隙率较小。 缺点:不满足 5~31.5mm 连续级配	不采用
	10~20	35		
	16~31.5	45		
方案二	5~10	20	优点:紧密空隙率较小,满足 5~31.5mm 连续级配,不易离析。 缺点:碎石紧密密度较大,成本较高	采用
	10~20	45		
	16~31.5	35		
方案三	10~20	45	优点:碎石紧密密度较小,成本低;满足 5~31.5mm 连续级配要求。 缺点:紧密空隙率大,注浆量大,成本较高	不采用
	16~31.5	55		

2）注浆材料的选择

通过对双快双液浆和单液浆的材料来源、成本、凝结时间、堵水效果等方面开展试验研究，最终确定采用双快硫铝酸盐水泥单液浆进行注浆加固。注浆材料分析见表8-2。

注浆材料分析表　　　　　表8-2

方案	注浆材料	评估分析	结论
方案一	水泥+水玻璃双液浆	优点：材料来源广，价格便宜，凝胶时间可控，浆液配制容易，可注性较好。 缺点：胶结体后期强度低，耐久性差，受水长期浸泡容易分解，不适合长期堵水和加固围岩	不采用
方案二	双快硫铝酸盐水泥单液浆	优点：具有良好的抗分散性和早强、高强性能，具有微膨胀性，胶结体能有效封堵出水通路，堵水效果较好。 缺点：成本较高	采用

3）注浆浆液配合比的选择

分别选取水灰比（$W:C$）为 0.6:1、0.8:1、1:1 的硫铝酸盐水泥单液浆，对凝胶时间和抗压强度进行室内试验，试验结果统计见表8-3。试验结果表明，0.8:1 的硫铝酸盐水泥单液浆胶凝时间和抗压强度适合基底换填加固注浆。

不同水灰比浆液试验结果统计　　　　　表8-3

浆液水灰比 ($W:C$)	凝胶时间 (min)	不同龄期抗压强度（MPa）				
		8h	12h	3d	7d	28d
0.6:1	26	9.0	20.6	22.8	28.1	29.0
0.8:1	75	6.4	17.8	19.2	21.4	22.8
1:1	100	5.4	14.2	15.7	18.8	19.5

4）注浆顺序的确定

通过两组试验方案的比选（表8-4），确定采用三序孔注浆，即对注浆区域三个周边进行注浆，使得注浆区域内的水从未注浆的位置排出，注浆方向采用从外向内进行。

注浆顺序分析表　　　　　表8-4

方案	注浆顺序	注浆示意图	评估分析	结论
方案一	跳孔注浆（四序孔注浆）：先将单排单号孔作为一序孔进行注浆，然后对双排双号孔作为二序孔进行注浆，之后对单排双号孔作为三序孔进行注浆，最后对双排单号孔作为四序孔进行注浆	（示意图，数字为注浆顺序）	优点： （1）可以有效地逐步实现约束注浆，使浆液逐渐达到挤压密实； （2）通过逐序提高注浆压力，有利于浆液的扩散和提高浆液结石体的密实性。 缺点： （1）钻孔与注浆总体时间较长； （2）注浆排水效果一般	不采用

续上表

方案	注浆顺序	注浆示意图	评估分析	结论
方案二	三序孔注浆:先对三个方向的孔边进行注浆,从而形成对中间部位水流方向的约束,中间形成水流排出通道	注:数字为注浆顺序。	优点: (1)可以实现地层注浆的逐渐挤密作用; (2)注浆排水效果明显; (3)钻孔和注浆总体时间较短。 缺点:孔位布置较为紧密,串浆率较高	采用

8.2.3 施工控制要点

(1)隧道仰拱开挖至设计轮廓线后,在初期支护范围外贴近掌子面位置挖积水坑,并安设潜水泵,潜水泵安放位置低于碎石换填的最底面,减少弱化仰拱底部泥化程度。人工清理基底软弱泥岩扰动层,沿基底弧形圈铺设厚度不小于30cm厚的级配碎石人工夯实,严格控制级配碎石顶部高度,以免侵入仰拱初期支护范围。待仰拱初期支护喷射混凝土后回填洞渣以形成路面,形成过车通道。

(2)后期仰拱施工与前方掌子面错开一定距离,采用全自动液压自行式仰拱长栈桥,挖掘机清除仰拱回填路面的洞渣,栈桥就位后初期支护面上的少量底渣采用人工清理。

(3)测量组根据设计图孔位布置对注浆孔位进行放样,注浆孔呈梅花形布置,环向×纵向间距为1.5m×1.5m,注浆孔采用潜孔钻开孔,孔径52mm,孔深3.0m,钻孔完毕后及时进行清孔,验收合格后进行注浆管安装。

(4)安装注浆管,采用$\phi50mm$、壁厚3.5mm的热轧无缝钢管,钢管长3m,尾端30cm采用麻筋缠绕,锚固剂锚固。

(5)注浆加固。

①注浆前进行压水试验,检查机械设备是否正常,管路连接是否正确,确保注浆压力表完好,注浆前注浆管埋设牢固,在孔口焊接变径接头,并安装止浆阀门。

②水泥浆液水灰比为0.8:1(重量比),采用制浆机制浆,用标准桶向制浆机内加水完成后,再添加经称量后的水泥,拌和均匀,随拌随用。

③利用注浆泵进行注浆,注浆压力0.5~1MPa,注浆时纵向每5m一循环,从隧道两侧向中线注浆,下方注浆孔注浆时,发现上方注浆孔有浆液流出或压力达到1MPa时即停止注浆,封闭注浆管。

④注浆顺序:从掌子面往仰拱方向,先封闭端部过水通道,防止注浆过程中水流带走过多浆液,影响注浆效果,从两侧往中间注浆,从而形成对中间部位水流方向的约束,中间形成水流排出通道。为确保基底加固质量,每段基底注浆加固完成后对隧道中线两侧各1.5m范围内进行补注浆,起到整体补强、补充薄弱点的作用。每24m补注30个孔,孔深1.5m,横向

间距 1.5m、纵向间距 2.0m,呈梅花形布置,如图 8-3 所示。

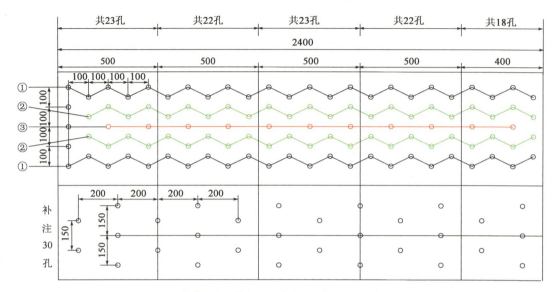

图 8-3　仰拱基底注浆加固孔位布置示意图(尺寸单位:cm)
注:①~③-注浆顺序。

⑤注浆结束标准。

a. 定量标准:当注浆量达到单孔设计注浆量的 1.5~2 倍,压力仍然不上升,可采取双液注浆等措施缩短凝胶时间,使压力达到设计终压,结束该孔注浆。

b. 定压标准:各孔段均达到设计终压,并稳定压力 10min,且进浆速度为开始进浆速度的 1/4 或注浆量达到设计注浆量的 80%,即可结束该孔注浆。

8.2.4　加固效果评价

(1)单轴抗压强度

注浆后通过取芯检验处理效果,在注浆孔间布置 2%~3% 质量自检孔,钻孔取芯具体标准按照《工程地质钻探标准》(CECS 240—2008)执行,检查孔岩芯水泥结石体浆液填充是否饱满。试验结果表明:水泥结石体 7d 单轴抗压强度大于 5MPa,喷射混凝土与围岩之间碎石层与浆液固结效果良好。水泥结石体芯样如图 8-4 所示。

(2)基底承载力

对注浆后地层进行了承载力检测,实测承载力见表 8-5。

基底承载力实测数据　　　　　　　　　表 8-5

测点编号	地层名称	实测承载力(kPa)	设计承载力(kPa)	结　　论
1	泥岩	380	≥200	满足要求
2	泥岩	380	≥200	满足要求
3	泥岩	440	≥200	满足要求

图 8-4 水泥结石体芯样

8.3 本章小结

本章主要结论如下：

（1）形成了软岩泥化段隧道基底碎石换填注浆加固施工技术。仰拱初期支护施工前，采用碎石对仰拱基底进行换填，在二次衬砌仰拱施工前再进行基底注浆加固，采用水泥单液浆填充碎石间的孔隙，形成整体的加固圈，达到提高基底承载力的目的。

（2）形成了富水地层仰拱施工体外排水施工技术。在初期支护仰拱与二次衬砌仰拱之间增设独立排水系统疏导地下水，抑制了仰拱底部水的聚集，解决了二次衬砌仰拱底部的水无法排除问题，有效减少了后期翻浆冒泥，确保运营质量安全。

（3）仰拱开挖至设计轮廓线后，沿基底弧形圈回填厚度不小于 30cm 碎石并夯实。二次衬砌仰拱施工前，施作钢花管注浆加固。通过换填加固后承载力超过 300kPa，满足承载力不小于 200kPa 的要求。

（4）基于工程实践，系统介绍了注浆工艺流程、注浆材料及配合比选择、二次注浆参数设定等技术。浆液采用双快硫铝酸盐水泥浆，水灰比为 0.8∶1，注浆压力为 0.5~1MPa。注浆过程中从三个方向约束注浆，将水流约束至线路中心部位，最后注浆将水驱离至注浆末段。

第 9 章

断层破碎带施工技术

Key Construction Technology for Zhongtiaoshan Tunnel of
Haolebaoji-Ji'an Heavy-haul Railway

Key Construction Technology for Zhongtiaoshan Tunnel of
Haolebaoji-Ji'an Heavy-haul Railway

随着铁路建设的不断发展,长大隧道不可避免地要穿越高地应力区域且地质条件复杂,高地应力区域隧道施工最大的难题就是软弱围岩地段出现大变形,造成初期支护结构破坏,严重影响施工安全和进度,加大施工成本。浩吉铁路中条山隧道主干 F7 断层及影响带长 220m,隧道埋深 600~700m,在施工过程中受高地应力影响,初期支护多处出现变形开裂。

为保证现场施工安全,现场对初期支护变形段采取增设锁脚锚管、水平砂浆锚杆及立套拱等加固措施。在继续施工过程中选取不同段落按"刚性支护一次到位""柔性支护释放应力后进行初期支护"两种模式进行试验,通过试验确定 F7 断层带初期支护施工参数,有效控制围岩变形,解决初期支护变形开裂问题。本章主要介绍中条山隧道 F7 断层工程概况,并针对变形情况结合地质条件、支护结构的合理性、工艺控制等因素进行分析,通过现场施工实际及理论分析提出有效、合理的支护措施。

9.1 断层设计概况

9.1.1 断层地质条件

本区地质构造地处新华夏构造体系中部运城多字型构造带中,经历了多次地壳运动,褶皱、断裂及其他构造形迹均很发育。F7 断层(DK620+525~DK620+745)位于中条山西南段隆起带中,为中条山主干断层,发育在中条山北侧变质岩与南侧沉积岩接触带,表现为张扭性断层,宽度为 220m,断面倾向 SE,倾角 55°~65°,与线路平面夹角 75°,本段埋深 600~700m。

F7 断层地貌上表现为呈线状的鞍部负地形,在地表见约 200m 宽的灰白色黏土带露头,DZ-6 深孔钻孔揭露多层断层泥和断层角砾,角砾泥质弱胶结,岩芯多呈块状、碎块状,少量短柱状,局部粉末状、泥状,母岩成分以石英岩、石英砂岩、砾岩、大理岩为主,局部可见断层擦痕及糜棱岩化的大理岩。钻孔断层段缩孔较严重,一般无水,局部有少量渗水,属Ⅴ级围岩软岩。

在设计勘察阶段委托中国地震局地壳应力研究所在 DZ-6 钻孔内采用水压致裂法进行地应力大小及方向测量。共完成了 7 个段落的地应力测量和 2 个测段的印模定向测量,测得洞身部位 620m 位置最大水平主应力随深度变化呈线性变化,最大水平主应力最大,垂直主应力略次之,最小水平主应力最小,最大水平主应力为 14.51MPa。

9.1.2 复合式衬砌设计参数

中条山隧道 F7 断层,衬砌采用Ⅴb 型断面。支护参数为:全环喷射混凝土(23cm 厚);

H150型钢全环格栅钢架,间距0.75m/榀;打设12根锁脚锚管,每根长4m,预留变形量10cm;二次衬砌采用C35钢筋混凝土,厚度45cm。支护结构设计如图9-1所示。

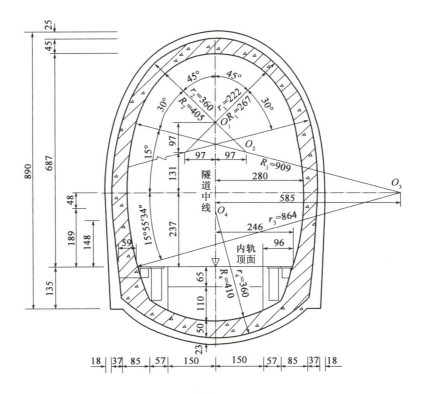

图9-1 F7断层支护结构设计图(尺寸单位:cm)

9.2 现场地应力测试及分析

9.2.1 地应力测试

为充分掌握F7断层地应力情况,施工期间委托中国科学院武汉岩土力学研究所采用水压致裂法进行地应力测试。测试钻孔位于中条山隧道1号斜井右线出口DK620+700处,测试钻孔深度50m,在孔深范围内,成功获得了7段实测岩体水压致裂地应力试验曲线及3段最大水平主应力方向,测试结果见表9-1。

DK620+700处钻孔水压致裂测试结果　　　　表9-1

序号	深度 (m)	破裂压力 P'_b (MPa)	重张压力 P'_r (MPa)	关闭压力 P'_s (MPa)	水头压力 P_H (MPa)	孔隙压力 P_0 (MPa)	最大水平主应力 σ_H (MPa)	最小水平主应力 σ_h (MPa)	岩体抗拉强度 σ_T (MPa)	最大水平主应力方向
1	16.25	14.23	10.41	9.63	0.16	0.16	18.64	9.79	3.82	—
2	25.69	12.71	10.52	9.67	0.26	0.26	18.75	9.93	2.19	
3	30.37	19.47	14.43	10.99	0.30	0.30	18.84	11.29	5.04	NE19°
4	35.03	21.69	16.47	12.32	0.35	0.35	20.84	12.67	5.22	
5	39.70	19.00	12.71	11.31	0.40	0.40	21.62	11.71	6.29	NE20°
6	43.40	20.17	15.53	12.40	0.43	0.43	22.10	12.83	4.64	—
7	47.00	27.05	21.05	14.08	0.47	0.47	21.96	14.65	6.00	NE18°

9.2.2 测试结果综合分析

本次现场试验各试验段的压力—时间关系曲线均符合理论曲线，压裂过程中的规律性好，无异常现象。印模器上印迹清晰，因此，本次试验数据具有较好的可靠性。在测试深度范围内，中条山隧道1号斜井右线出口DK620+700处最大水平主应力平均值为20.39MPa，最小水平主应力平均值为11.84MPa。最大水平主应力印模方向在NE18°～NE20°之间，最大水平主地应力的优势方向为NE19°左右。

根据《铁路隧道设计规范》（TB 10003—2016）规定，该规范岩爆判别适用于完整～较完整的中硬、坚硬岩体，且无地下水活动的地段，因此中条山隧道岩爆判别时，采用单轴饱和抗压强度作为计算参数。石英岩单轴饱和抗压强度平均值为64MPa，灰岩单轴饱和抗压强度平均值为32.26MPa，大理岩单轴饱和抗压强度平均值为76.5MPa，片麻岩单轴饱和抗压强度平均值为76.85MPa。中条山隧道轴线与最大水平主应力夹角为76°。

根据实测地应力结果，计算出中条山隧道1号斜井右线出口DK620+700处隧道横截面初始应力最大值$\sigma_{max}=19.89$MPa。采用《铁路隧道设计规范》（TB 10003—2016）计算出不同岩性应力等级大小，计算结果见表9-2。

不同岩性应力等级大小　　　　表9-2

序号	项　　目	石英岩	大理岩	片麻岩	砂岩	灰岩
1	饱和抗压强度（MPa）	64	76.5	76.85	71.9	32.26
2	应力等级	3.22	3.85	3.86	3.61	1.62

根据中条山隧道地应力等级计算结果分析，中条山隧道为极高地应力隧道，对于完整岩体可能发生中等岩爆，对于软岩可能发生大变形。

9.2.3 测试结论

通过对浩吉铁路中条山隧道1号斜井右线出口DK620+700处钻孔的水压致裂地应力测试结果的分析研究,可以得到如下结论:

(1)本次实测深度范围内,中条山隧道1号斜井右线出口DK620+700处钻孔的最大水平主应力值平均值为20.39MPa、最小水平主应力值平均值为11.84MPa。

(2)实测深度范围内,中条山隧道最大水平主应力优势方向为NE19°。

(3)中条山隧道测试结果表明该隧道区为极高地应力区。

(4)中条山隧道可能发生中等岩爆,软岩有大变形发生。

(5)中条山隧道在施工期应加强地质超前预报工作及围岩变形监测工作,确保施工安全。

9.3 施工变形分析

9.3.1 变形情况

中条山隧道施工至F7断层时,已完成施工的左线DK620+525~DK620+658、右线DK620+535~DK620+649共247m长段落,初期支护结构发生了不同程度的破坏。监控量测数据显示,水平收敛日速率最大达到38mm,收敛累计超过25cm(单线隧道),远大于监控量测规范中要求5cm控制基准值,同时出现初期支护混凝土开裂、剥落和初期支护钢架主筋扭曲变形(图9-2和图9-3)。通过对开裂位置进行检查,得知支护参数及施作质量满足要求。

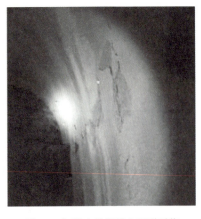

图9-2 初期支护混凝土开裂剥落

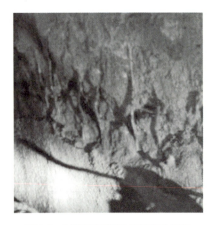

图9-3 初期支护拱架主筋扭曲变形

9.3.2 变形分类

通过对监测数据进行分析,结合现场初期支护变形开裂情况,现场收敛变形主要分为以下几种类型。

(1)前期渐变、后期突变型

掌子面开挖后几天内收敛变形持续增大,经初期支护封闭成环,变形速率变为平缓,15~20d后又发生突变,且突变值较大,同时出现初期支护变形开裂。说明之前采取的支护结构强度不足,需要及时采取二次加强支护控制变形。

(2)前期突变型

掌子面开挖后立刻出现围岩突变现象,在初期支护未封闭成环前变形达到108mm,同时初期支护结构发生破坏。

(3)持续增长型

掌子面开挖后变形持续平缓增长,变形速率时有增大,直至最终收敛不出现突变情况,但变形终值超过允许值,属于大变形。

9.3.3 变形原因分析

高地应力软岩隧道的变形破坏主要表现形式为大变形,其变形破坏机理与其原岩的高地应力状态(原岩应力)以及围岩体的低围压状态(围岩应力)和高应力差相联系,其支护结构的力学特性和变形破坏机理也与这种应力状态有关。软岩的大变形问题实际上是一个塑性大变形问题,塑性大变形区别于弹性大变形的显著标志是前者与过程紧密相关。针对变形特点,结合地质条件及工艺控制等因素,分析本工程变形产生的主要原因,如下所述。

(1)地质条件差。本段处于F7断层核心部分,隧道开挖揭示断层带内围岩主要为太古界洞沟组涑水杂岩,岩性以斜长片麻岩为主;其次为角闪岩、辉绿岩,节理裂隙极发育,岩脉产状不稳定,分布无规律。受构造运动影响,岩体破碎,胶结性差,强度低,属软岩,自稳能力差。

(2)隧道埋深大,地应力高。应力测试结果显示该段应力等级为1.62~3.86,属极高地应力区。岩体内的剪应力超限引起剪切蠕动,变形持续发生,支护结构不足以抵抗产生的形变压力。

(3)由于单线铁路隧道普通断面"瘦高"的特点,抵抗水平挤压能力差。

(4)原有采取的施工方法、支护结构形式以及支护时间等,不能有效控制其适合围岩的动态演化趋势。

9.4 变形控制施工技术

针对中条山隧道高地应力F7断层破碎带出现的变形情况,结合国内其他软岩大变形隧道施工经验,针对已施工出现变形段落和未施工段落采取不同的施工措施。

9.4.1 已施工变形段落加固措施

根据现场量测数据和初期支护变形开裂情况对一般变形地段采取增设锁脚注浆锚管及水平砂浆锚杆进行加固控制变形;初期支护变形开裂严重地段,增设套拱控制初期支护结构继续变形,确保现场施工安全,待变形稳定后,对围岩进行注浆加固,拆除侵占净空套拱结构,对已破坏的初期支护结构进行换拱。

9.4.2 超前地质预报

在 F7 断层带继续施工中高度重视超前地质预报工作,通过采用 TSP203 超前地质预报系统和超前水平钻孔相结合,互相印证、取长补短、综合解释可以取得较好的超前地质预报效果,同时在开挖过程中利用掌子面地质素描和周边围岩情况进行综合判断,分析前方地质围岩情况,及时优化设计,保证正确安全地进行施工。

9.4.3 试验段施工技术方案比较

根据超前地质预报结果,前方可预报范围地质条件与变形开裂段相同,且没有转好的迹象。为确保后续结构受力合理,确定最优支护参数,通过组织相关专家现场踏勘,最终确定在左右线掌子面前方选取不同段落按"刚性支护一次到位"和"柔性支护释放应力后进行初期支护"两种模式进行试验,通过试验确定最终支护参数。

1)刚性支护一次到位

"刚性支护一次到位"是指初期支护采用 H230 型钢格栅 + 网喷混凝土支护,间距由 75cm 调整为 60cm,预留变形量 15cm,在开挖后及时采取高强度支护来控制变形,待变形稳定后再施作二次模筑混凝土衬砌。

2)柔性支护释放应力后进行初期支护

"柔性支护释放应力后进行初期支护"是指第一层初期支护采用 H150 型钢格栅 + 网喷混凝土支护,预留一层 H150 型钢格栅 + 网喷混凝土支护空间,支护完成后允许出现一定程度的变形,释放大部分地应力,在第一层初期支护结构未遭到完全破坏前,再施作一层 H150 型钢格栅 + 网喷混凝土支护,待变形稳定后再施作二次模筑混凝土衬砌。

3)两种施工方案试验监测结果

在隧道穿越 F7 断层施工时记录监控量测数据,绘制收敛变形曲线和沉降变形曲线,如图 9-4 和图 9-5 所示;并根据数据曲线分析围岩变形稳定情况。

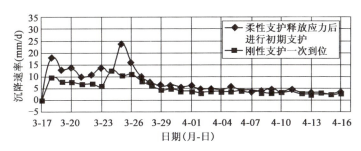

图 9-4　两种模式下隧道沉降变形曲线（2017 年）

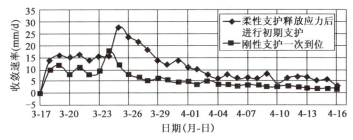

图 9-5　两种模式下隧道收敛变形曲线（2017 年）

（1）柔性支护释放应力后进行二次支护

从图 9-4 和图 9-5 中可以看出：在开挖下台阶后沉降突然增大，最大沉降速率达 24mm/d，平均控制在 10mm/d，收敛速率在开挖下台阶和仰拱时最大达到 28mm/d，在采取二次初期支护加固措施后，变形速率开始减慢，由于前期初期支护预留变形量不足，格栅钢架 + 网喷混凝土二次加固后导致初期支护侵限，不得不在后续施工中拆换钢架，费时费力，控制围岩变形效果及经济性较差，在软岩高地应力段要慎重采用。

（2）刚性支护一次到位

从图 9-4 和图 9-5 中可以看出：与"柔性支护释放应力后进行二次支护"模式相比，沉降与收敛变形均有所减小，但最大沉降速率达 12.8mm/d，最大收敛速率达 18mm/d，且后期变化值仍然较大，在采取长锚杆补强加固措施后，变形速率开始减慢，最终仍有部分初期支护侵限，说明试验段采用的支护参数仍需要加强。

9.4.4　施工参数及工艺确定

参考试验段变形分析及理论模拟计算结果，借鉴木寨岭隧道大变形施工经验，经多次专家讨论及现场试验段实践证明确定，控制大变形施工应坚持"早封闭、强支护"原则。

（1）提高支护强度。初期支护拱架采用 H230 型钢格栅钢架，同时钢架主筋由原来的 $\phi22$mm 调整为 $\phi25$mm，"八字结"及箍筋间距加密，拱架间距缩小为 50cm。

（2）预留变形量加大。为防止出现持续变形侵占二次衬砌净空，施工过程中将预留变形量加大到 30cm。

（3）优化边墙曲率。原设计断面边墙为直边墙，针对结构受力方面不太有利于控制水平收敛,经过多次专家讨论和设计院模拟断面受力分析,边墙结构形式由直墙调整为较利于控制水平收敛变形的曲墙结构,优化结构图如图9-6所示。曲率优化前后结构受力对比如图9-7和图9-8所示,通过计算得出改变边墙曲率后,结构轴力变化不大,而弯矩最大值减小了33%,可见隧道改变边墙曲率后能有效提高结构的承载能力。

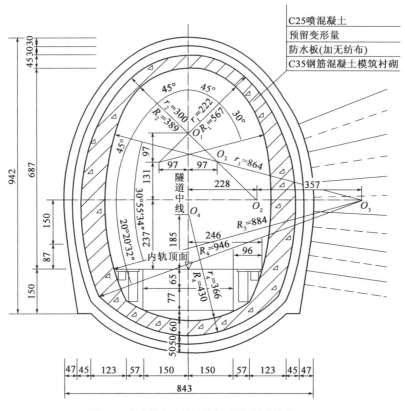

图9-6 曲率优化后的结构断面图(尺寸单位:cm)

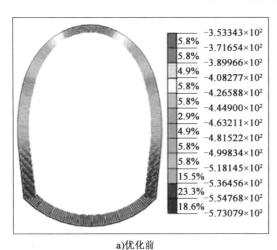
a)优化前

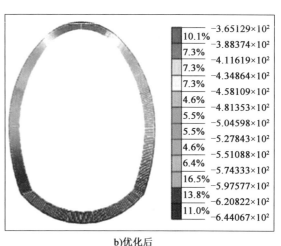
b)优化后

图9-7 曲率优化前后结构轴力对比(单位:kN)

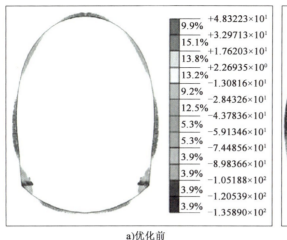 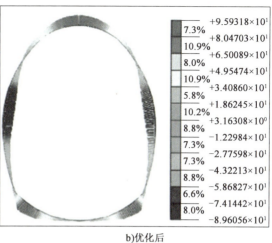

a)优化前　　　　　　　　　　　　　　b)优化后

图9-8　曲率优化前后结构弯矩对比(单位:kN·m)

(4)提高支护体系整体受力性能。支护体系包含初期支护钢架及网喷混凝土等支护结构本身,还包括通过系统锚杆、径向注浆等方式加固支护结构与周边围岩的连接,从而使支护结构和围岩形成整体支护体系来抵抗开挖后地应力作用。具体采取的措施为:增大水平砂浆锚杆长度为4.5m,拱架连接部位增设注浆锚管($L=4.5$m),注双快水泥浆并增加拱架连接筋等。

(5)初期支护及时封闭成环控制围岩变形。采用下台阶与仰拱同步开挖支护工法施工,仰拱初期支护紧跟下台阶,及时封闭成环;同时严格控制上台阶长度4~6m,以利于开挖后72h内初期支护成环,形成整体结构受力。

(6)加强施工过程质量控制。严格执行班组长质量责任制及"三检制",关键工序安排质量技术人员全程旁站,过程中严格控制初期支护施工质量,保证现场施工安全。

9.4.5　监控量测

隧道穿越断层地段施工时监控量测工作至关重要,尤其是在高地应力的情况下,系统完善的监控量测体系,既可保证现场施工安全,同时对于施工方法及支护参数的优化具有非常重要的意义。

中条山隧道在施工过程中将监控量测纳入工序管理,安排专业人员及时进行监测,同时将数据上传监测信息平台,让建设、监理及施工各方及时掌握现场变形情况,从而进行开挖工法及支护参数优化调整或对已施工变形较大地段进行加固补强措施,保证变形得到有效控制,避免或减少拆换拱架对施工的不利影响。

9.5 施工效果验证

中条山隧道 F7 断层带在施工过程中结合超前地质预报、开挖后围岩情况及监控量测数据对试验段的支护参数进行进一步的动态优化设计,后续施工过程中围岩变形得到有效控制,顺利通过 F7 断层带。支护结构加强及断面曲率优化地段监控量测数据如图 9-9 和图 9-10 所示,可知:拱顶沉降速率最大值为 3.2mm/d,累计沉降最大值为 48.6mm;净空收敛速率最大值为 3.6mm/d,累计收敛最大值为 53.1mm,无较大变形,未出现初期支护混凝土开裂剥落现象,初期支护钢架结构完整,喷射混凝土表面平顺。

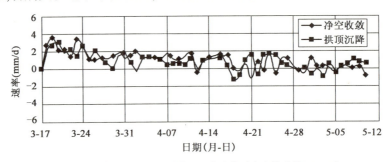

图 9-9 初期支护净空收敛和拱顶沉降速率时态变化曲线(2017 年)

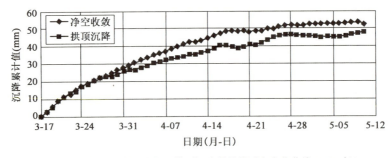

图 9-10 初期支护净空收敛和拱顶沉降累计值时态变化曲线(2017 年)

9.6 本章小结

(1)中条山隧道 F7 断层软岩高地应力大变形是该工程施工中极少遇到的重大施工难题,目前 F7 断层带隧道已施工完成,根据现场左右线试验段施工过程不断进行总结,形成了针对F7断层高地应力破碎围岩基本施工支护参数。初期支护采用优化曲率强度较高的H230型钢格栅钢架，预留一定变形量，同时增加砂浆锚杆、锁脚锚管等加固措施。但由于不同地质条件下的变形原因不一样，因此在本隧道今后施工中，继续加强超前地质预报和监控量测工作，动态反馈与控制软岩大变形，不断完善总结，进一步深化并丰富软岩隧道大变形研究，为该类隧道工程设计施工提供借鉴。

(2) 高强度初期支护一次刚性支护到位能够有效控制围岩变形，但是不能抑制变形，必须辅以采用仰拱与下台阶同步开挖支护工法、优化边墙曲率及增加水平砂浆长锚杆等措施来共同控制大变形，同时预留变形量较普通地段要增大20～30cm。

(3) 高地应力软岩大变形地段过早地施作二次衬砌，会加大支护系统的刚度，诱发变形压力荷载，恶化支护系统的受力条件，导致二次衬砌开裂、破损。因此，在初期支护结构能保证施工安全的条件下，二次衬砌施工应在地应力释放基本完成、变形趋于稳定后进行，并应适当加大二次衬砌的强度和厚度，采用钢筋混凝土施工。

(4) 大变形地段保证拱脚稳定对于维护初期支护体系的稳定意义较大，采用锁脚锚管并注浆比较有效。同时仰拱二次衬砌的施作相当于在隧道底部设置了对口撑，可以有效地控制水平方向的收敛。

(5) 中条山隧道F7断层带在施工过程中结合现场超前地质预报、开挖后揭示围岩情况及监控量测数据对支护参数进行动态设计(提高支护系统的刚度与整体受力性能，初期支护快速封闭成环，合理预留变形量，适时施作二次衬砌)，F7断层带施工，围岩变形得到有效控制，尤其是支护结构加强及断面曲率优化地段未出现任何初期支护混凝土开裂剥落现象，初期支护钢架结构完整，喷射混凝土表面平顺。

第 10 章

二次衬砌仰拱大区段施工技术

Key Construction Technology for Zhongtiaoshan Tunnel of
Haolebaoji-Ji'an Heavy-haul Railway

Key Construction Technology for Zhongtiaoshan Tunnel of
Haolebaoji-Ji'an Heavy-haul Railway

在国内铁路隧道工程建设中,传统的铁路隧道施工,大多采用施工单位自制的简易式栈桥进行施工,一次施工长度6m左右,施工缝较多,无法做到"三缝合一"。由于自制的简易式栈桥结构单一、移动困难、作业空间狭小,施工过程中存在着很大的安全隐患,二次衬砌仰拱混凝土施工质量也难以保证。尤其是单线隧道断面狭窄,二次衬砌仰拱施工与掌子面开挖施工更易产生相互干扰,对掌子面开挖施工工序衔接造成严重影响。

中条山隧道二次衬砌仰拱采用全液压履带式栈桥进行全幅大区段一次性施工(单次施工12~24m,即拱墙1~2组衬砌长度,确保仰拱与拱墙施工缝位于同一断面)。其优点是:一次施工二次衬砌仰拱的长度较长,可有效地减少隧道仰拱施工缝隙的对接次数,能够达到提高仰拱整体性的作用,极大地提高了隧道仰拱施工质量;在满足各种运输车辆正常通行的前提下可进行仰拱同步作业,满足不同工况需要,可实现快速移动就位;栈桥施工空间高,可有效改善施工环境,并可有效节省人工及辅助机械设备的投入,大幅度提高施工工效。

10.1 全液压履带式长栈桥设备设计

全液压履带式长栈桥专为铁路单线隧道仰拱施工时,保障运输车辆安全通行且基底同时作业而设计。其具有以下优点:履带式行走机构对工况适应性好,能满足不同工况需要;可快速移动就位,有效节省人工,大幅提高施工效率;采用全液压操作,操作灵活简单,性能稳定可靠,维护方便;整体结构设计合理,安全可靠,承载能力大;采用模块化设计,可快速装拆,方便运输。

10.1.1 长栈桥主要结构

全液压履带式长栈桥设备主要由引桥、仰供端固定支撑、从动行走系统、主桥、履带行走系统、开挖端固定支撑、液压系统七部分组成,如图10-1所示。

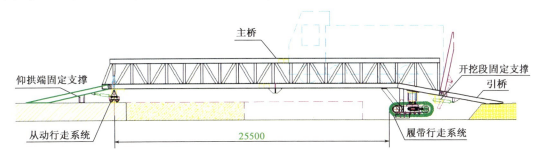

图10-1 仰拱栈桥设计结构图(尺寸单位:mm)

(1) 引桥

引桥由开挖端(前端)引桥与仰供衬砌端(后端)引桥组成,为方便运输车装渣,开挖端引桥可向上折叠,引桥通过液压油缸实现举升、下降。其中开挖端引桥为确保在凹凸地面上有效接触,可根据现场实际设计为左右两部分,可单独举升、下降结构。

(2) 仰供端固定支撑

仰供端固定支撑是栈桥工作状态时的承力结构,为减小接地比压、保护混凝土填充面,固定支撑与混凝土的接触面采用整钢板结构。

(3) 从动行走系统

从动行走系统为可伸缩结构,只有在行走状态时滚轮才接触仰供填充面,如图10-2所示。滚轮采用 $\phi 245\mathrm{mm} \times 16\mathrm{mm}$ 的无缝钢管制作,可有效减小行走接地比压,保护混凝土填充面。

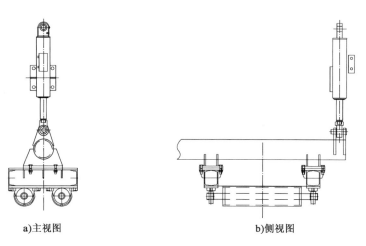

图10-2 仰拱栈桥从动轮结构图

(4) 主桥

主桥为栈桥工作时承力的主要结构,需确保施工车辆安全可靠地通行。其主体由纵梁、横梁及桥面螺纹钢拼焊而成,两侧设置侧桁架,可改善栈桥通车状态下结构的强度和刚度,提升安全防护性能。

(5) 履带行走系统

履带底盘结构为国内成熟产品;为增强系统可靠性,驱动马达采用进口设备;"四轮一带"采用标准型号,便于维修。

(6) 开挖端固定支撑

开挖端固定支撑是栈桥工作状态时的承力结构,由于工作面地面为弧形,所以支撑设计成船形结构,以减小接地比压,防止下陷,固定支撑与地面的接触面采用整钢板结构。

(7) 液压系统

液压系统主要包括液压泵站、引桥举升油缸、主/从动行走举升油缸及履带行走的驱动马达;泵站、油缸皆采用成熟产品,系统可靠性良好。

全液压履带式长栈桥设备的主要技术参数见表10-1。

栈桥主要设计参数 表 10-1

序号	项　目	技　术　参　数	备　注
1	通车限重(kN)	550	不含设备自重
2	通车限宽(m)	3.2	
3	有效跨距(m)	25	
4	安全步距	Ⅳ~Ⅴ级围岩,仰拱距掌子面35m、二次衬砌距掌子面70m	
5	工作方式	液压驱动	
6	行走方式	履带式	
7	外观尺寸(m)	36.5(长)×3.8(宽)×3(高)	
8	自身质量(t)	50	
9	最大行走速度(m/min)	2.5	
10	引桥坡度	≤12°	
11	履带爬坡能力	≤5°	
12	驱动扭矩(N·m)	29000	
13	总功率(kW)	7.5	
14	行走状态接地比压(MPa)	≤1	
15	通车状态接地比压(MPa)	≤1	

10.1.2 长栈桥主要部件选型计算

1) 主桥强度计算

当车辆行驶到主桥中段时是整个结构受力最不利的状态,因此,根据该工况进行建模,如图10-3所示。

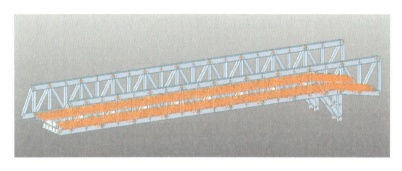

图 10-3 主桥结构模型图 1

活荷载按照 12m³ 混凝土运输车满载总重 550kN 和轮胎与桥面铺设钢筋之间为线接触计算。如图10-4和图10-5所示,主桥最大挠度为17mm,最大拉应力为339MPa,位于桥面底部。主桥结构满足设计要求。

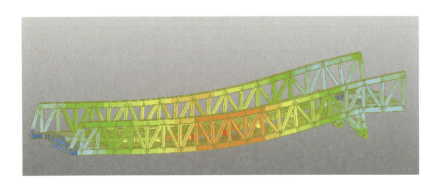

图 10-4　主桥结构模型图 2

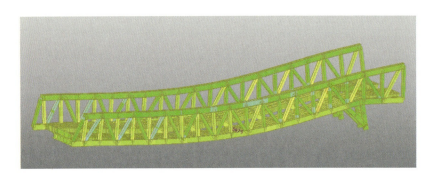

图 10-5　主桥结构模型活荷载计算图

2）驱动力计算

栈桥驱动采用两个液压履带式行走,根据履带厂家提供的参数,最大输出扭矩为 14500N·m,驱动轮直径为 500mm,则驱动力 $F = 14500 \times 2/0.25 = 116$kN。

行走过程中主要是克服滚动摩擦力,摩擦力主要来自前、后行走系统的滚动摩擦力。通过查阅相关资料得出,钢对混凝土的滚动摩擦系数约为 0.04,而钢对土壤的滚动摩擦系数无较权威的数据,暂定摩擦系数为 0.1,则需克服的摩擦力为 $f = 12500 \times 10 \times 0.04 + 12500 \times 10 \times 0.1 = 17.5$kN。

由于液压履带行走在完成接拱、喷锚的初期支护面上,考虑到混凝土喷射不到位的情况下可能会产生台阶,因此需考虑行走的"越野"能力,按照最大台阶 50mm 计算,驱动力 F 需克服前文提到的摩擦力 f 及重力 G,受力简图如图 10-6 所示。

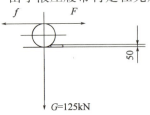

图 10-6　驱动力受力简图
（尺寸单位:mm）

根据力矩平衡,驱动力矩 $M_1 = (F - f) \times L_1$ 大于重力产生的力矩 $M_2 = G \times L_2$ 才能满足驱动要求。通过计算得到 $M_1 = 44325$N·m,$M_2 = 17000$N·m,因此驱动力满足要求,安全系数为 $M_1/M_2 = 2.6$。

10.2 二次衬砌仰拱及填充层模板设计和栈桥安全防护设计

为提高二次衬砌仰拱及填充层的施工工效和施工质量,中条山隧道在仰拱大区段施工过程中,结合仰拱栈桥特点和不同围岩级别,优化设计了边模弧形模板和自行式悬挂模板。

10.2.1 Ⅳ、Ⅴ级围岩仰拱弧形模板

根据单线隧道仰拱结构设计,二次衬砌仰拱和填充层边模采用分离式模板。二次衬砌仰拱边模采用定制弧形钢模板,单块模板尺寸为长100cm、上弧板长59cm、下弧板长60cm、厚7cm,单块质量84kg。填充边模采用定制钢模板,其单块模板长200cm、高75cm、厚7cm,单块质量108kg。模板设计如图10-7、图10-8所示。

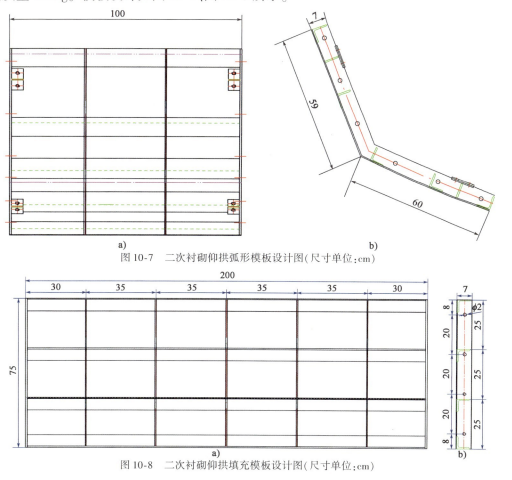

图10-7 二次衬砌仰拱弧形模板设计图(尺寸单位:cm)

图10-8 二次衬砌仰拱填充模板设计图(尺寸单位:cm)

根据现场施工经验,二次衬砌仰拱采用弧形定制钢模板施工,Ⅳ、Ⅴ级围岩二次衬砌仰拱有钢筋段施工时模板定位方便稳固,较木模能够大幅度提升二次衬砌仰拱混凝土外观质量,同时也能节约人力。现场施工情况如图10-9所示。

a)立模

b)混凝土浇筑

图10-9　二次衬砌仰拱采用弧形模板施工

填充层模板在二次衬砌仰拱混凝土达到终凝后安装,安装时采用植筋定位固定,确保线性顺直。现场填充层模板安装如图10-10所示。

图10-10　填充层模板安装

10.2.2　Ⅲ级围岩仰拱自行式悬挂模板

Ⅲ级围岩二次衬砌仰拱设计无钢筋,如果采用弧形钢模板,需采用大量的定位钢筋进行模板固定和定位,费时费力,现场施工工效较低。同时,单块仰拱二次衬砌弧形模板和填充模板重量较重,倒运全部采用人工倒运,投入的人力较大。为解决以上问题,提出一种单线隧道大区段仰拱自行式悬挂模板。

1)模板设计方案

模板设计方案如图10-11所示。

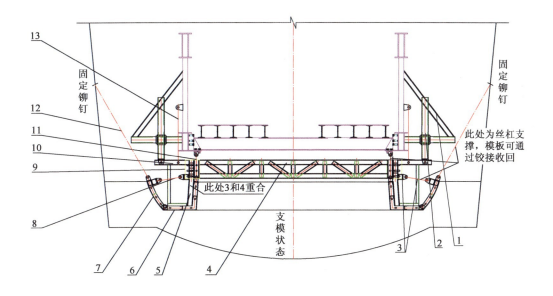

图 10-11 仰拱自行式悬挂模板设计方案示意图

1-侧吊支架;2-限位立柱;3-模板靠带;4-对撑桁架;5-加劲支架;6-竖向模板;7-环向模板;8-第二支撑丝杠;9-活动夹板;10-支架;11-第一支撑丝杠;12-第三支撑丝杠;13-5t 手拉葫芦

整体式模板通过 5t 手拉葫芦(13)吊挂在自行式栈桥下方,模板随栈桥移动同步前行。模板分左右两侧模板,单侧模板可拼装成 12m 和 24m 两种,由 2m 长的单块小模板拼接而成;环向模板(7)与竖向模板(6)通过铰链连接,脱模时环向模板通过丝杠收回,支模时通过丝杠将模板顶出。整体式模板定位通过 5t 手拉葫芦(13)调整模板高度,借助千斤顶通过对向移动活动夹板(9)位置,调整模板距中线的距离,通过第三支撑丝杠(12)对模板进行支撑加固。该方案可实现模板随栈桥移动,快速支模定位。

2)模板施工方法

(1)模板随栈桥移动

行走前在仰拱基面上标记出中线,防止栈桥偏离中线,若偏离过大,则模板无法准确就位。移动时为防止整体式模板出现前后较大的摆动,在栈桥下方使用第一支撑丝杠(11)进行固定;为防止整体式模版出现左右较大摆动,通过侧吊支架(1)和限位立柱(2)进行限位。

(2)模板定位

水平高程定位:按照测量控制点,使用 5t 手拉葫芦(13)调整模板高度。中线定位:按照测量控制点,使用千斤顶调动支撑桁架处活动夹板(9)的位置。定位完成后在两侧初期支护边墙上打设固定铆钉,通过第三支撑丝杠(12)固定模板,防止在浇筑过程中模板左右和上下移位。模板定位施工效果如图 10-12 所示。

(3)混凝土浇筑

仰拱混凝土浇筑顺序按先浇筑仰拱中间部分,后浇筑两侧边墙。混凝土浇筑施工现场如图 10-13 所示。

图 10-12　仰拱自行式悬挂模板定位后施工现场　　　　图 10-13　混凝土浇筑施工现场

3）脱模

填充混凝土浇筑结束 4h 后开始脱模。脱模顺序为：拆除第三支撑丝杠（12）→拆除环向模板（7）竖向模板（6）之间的第二支撑丝杠（8）收回环向模板（7）→松开活动夹板（9）的紧固螺栓→通过 5t 手拉葫芦（13）提升整体式模板，完成脱模工序。

10.2.3　长栈桥安全防护设计

（1）主桥上设计阻车装置，确保仰拱捡底装渣时，渣渣土运输车能够准确停靠就位、防止溜车。

（2）为方便运输，主桥面设计为左右两片；为对栈桥下部作业面进行有效防护，确保下部作业人员的安全，在栈桥安装完成后，需在两片桥面中间铺设防护网片。

（3）液压泵站操作台制作为自封闭防护结构，主要管路均采用无缝钢管制作，同时管路布置时尽量走在工钢槽内或栈桥底部。

10.3　二次衬砌仰拱及填充层大区段施工工艺

10.3.1　长栈桥工作流程

根据隧道爆破开挖工序，长栈桥有 4 种工作状态：通车状态、捡底装渣状态、准备行走状态和行走就位状态。其工作流程如图 10-14 所示。通过上述 4 种状态的切换，可满足施工对其各种位置、姿态的需要。

图 10-14　仰拱栈桥工作流程图

(1) 通车状态

通车状态下,主/从动行走油缸收缩,栈桥前后皆以固定支撑作为受力结构;仰供端/开挖端引桥油缸皆收缩,引桥落地。通车状态如图 10-15 所示。

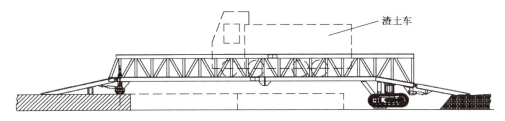

图 10-15　通车状态

(2) 捡底装渣状态

主动/从动行走,油缸收缩,栈桥前后皆以固定支撑作为受力结构;仰供端引桥油缸收缩,引桥落地;开挖端引桥油缸伸出,引桥举起;挖掘机于举起的引桥前端捡底、装渣作业;渣土车停靠在栈桥的开挖端接受装渣。捡底清渣状态如图 10-16 所示。

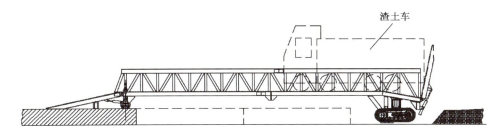

图 10-16　捡底清渣状态

(3) 准备行走状态

主动/从动行走油缸伸出,使行走系统超出固定支撑与地面接触;仰供端/开挖端引桥油缸伸出,引桥举起离开地面;进入准备行走状态。准备行走状态如图 10-17 所示。

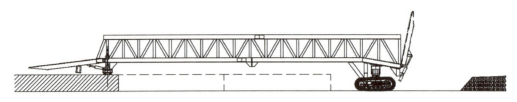

图 10-17　准备行走状态

(4) 行走就位状态

栈桥前进到下一工位后,首先主/从行走油缸收缩,使前后固定支撑作为受力结构;引桥油缸收缩,引桥落地,就位动作完成,开始下循环施工作业。就位状态如图 10-18 所示。

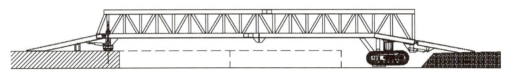

图 10-18　行走就位状态

10.3.2　施工工艺流程及操作要点

遵循"初期支护快速封闭成环、二次衬砌仰拱及仰拱填充大区段施工"的原则,隧道二次衬砌仰拱及填充采用铁路单线隧道大跨度全液压履带式栈桥进行全幅一次性施工(单次仰拱清底长度不小于 24m)。

1) 施工工艺流程

二次衬砌仰拱主要施工工序包括:回填洞渣清理、栈桥行走、仰拱钢筋绑扎、施工缝处理、二次衬砌仰拱模板安装、仰拱混凝土浇筑、二次衬砌仰拱模板拆除及填充层模板安装、填充混凝土浇筑、模板拆除及混凝土养护,二次衬砌仰拱及填充层大区段施工工艺流程如图 10-19 所示。

2) 施工操作要点

(1) 测量放样

测量人员准确放样出二次衬砌仰拱侧模的平面位置,标示出仰拱填充顶面高程,在左右侧边墙上每 5m 放样出一对高程控制点(红色油漆倒三角 + 水泥钉标识),并形成书面文件交底给二次衬砌仰拱施工班长。

(2) 作业流程

① 仰拱回填、洞渣清理及栈桥前行。

初期支护仰拱开挖支护与边墙开挖支护同步进行,初期支护仰拱支护完成后回填洞渣至边墙墙脚处,如图 10-20 所示。仰拱二次衬砌施工前利用每次开挖钻眼工序作业时,人工配合挖掘机将回填的洞渣清除,每次清渣区段长 4m。采用挖掘机配合自卸式汽车出渣。每次回填洞渣清理完成后,仰拱二次衬砌栈桥前行一次。前行过程中,为保证栈桥后端已施工完成的仰拱填充面不因受力面积小而压坏,在仰拱填充面上铺设钢板(长 1.2m,宽 1.5m,厚 6mm)以增大受力面积。

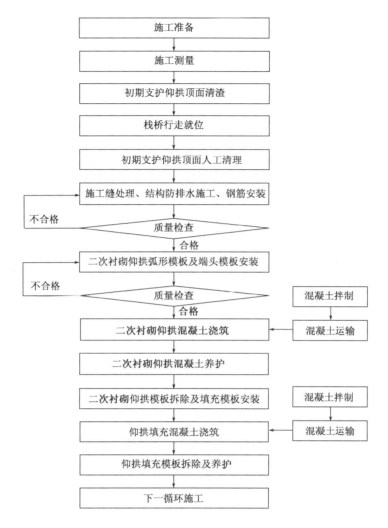

图 10-19　二次衬砌仰拱及填充层大区段施工工艺流程图

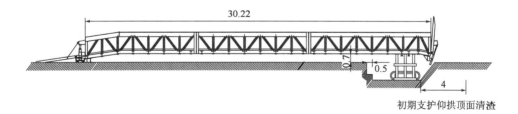

图 10-20　仰拱回填洞渣清理示意图(尺寸单位:m)

②二次衬砌仰拱钢筋每 12m(每组衬砌长度)作为一个钢筋安装单元,仰拱回填洞渣清理完成 12m 长度后,仰拱栈桥暂时先就位且不得移动,保证车辆正常通行。二次衬砌仰拱作业人员及时按照要求对上组仰拱二次衬砌端头进行凿毛处理,处理完成后开始绑扎二次衬砌仰拱钢筋,如图 10-21 所示。

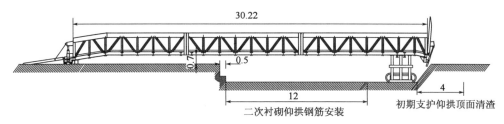

图 10-21　二次衬砌仰拱钢筋分段绑扎施工示意图(尺寸单位:m)

③二次衬砌仰拱绑扎钢筋的同时,利用掌子面开挖钻眼作业时间继续清理回填洞渣。洞渣清理完成 24m 长度后,仰拱栈桥就位且不得移动,保证出渣汽车通行。二次衬砌仰拱作业人员同时进行第二个 12m(每组衬砌长度)钢筋单元绑扎和第一个 12m 钢筋单元位置仰拱模板安装施工,如图 10-22 所示。

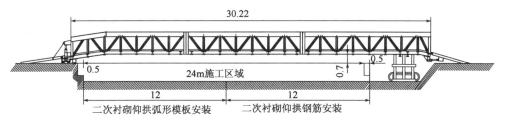

图 10-22　二次衬砌仰拱钢筋和仰拱模板平行施工示意图(尺寸单位:m)

④仰拱模板安装和端头施工缝防排水处理完成后,开始浇筑仰拱混凝土。仰拱中间部位混凝土利用溜槽从仰拱栈桥中间浇筑窗口直接浇筑,自小里程端往大里程端分层进行浇筑。浇筑过程中 4 名工人负责振捣,2 名工人负责移动溜槽、放料。矮边墙混凝土利用溜槽从栈桥侧面浇筑,每侧矮边墙分两段、左右交替浇筑。分层浇筑施工示意如图 10-23 所示。

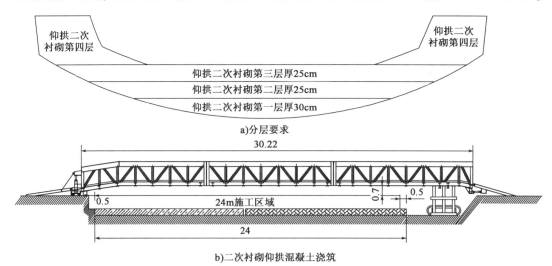

图 10-23

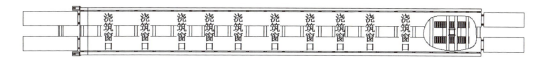

c)仰拱中间部位混凝土采用溜槽从浇筑窗口浇筑

图10-23 二次衬砌仰拱混凝土分层浇筑施工示意图(尺寸单位:m)

⑤仰拱混凝土浇筑完8h后,开始拆除仰拱弧形边模板,安装填充层侧模,12h后开始浇筑填充层混凝土,填充层混凝土分2层浇筑,浇筑工艺同二次衬砌仰拱中间部位混凝土。分层浇筑施工示意图如图10-24所示。

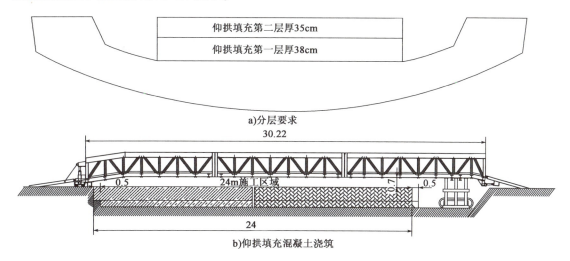

图10-24 仰拱填充层混凝土分层浇筑施工示意图(尺寸单位:m)

⑥仰拱填充层混凝土浇筑完8h后,开始拆除侧模和端头模板,并安排专人进行洒水养护,养护时间不少于14d。

10.3.3 二次衬砌仰拱施工工效

(1)Ⅳ、Ⅴ级围岩段二次衬砌仰拱施工工效

Ⅳ、Ⅴ级围岩段的二次衬砌仰拱设计为钢筋混凝土。施工工序主要有初期支护仰拱表面清渣、二次衬砌仰拱钢筋安装、二次衬砌仰拱弧形边模板安装、二次衬砌仰拱混凝土浇筑及仰拱填充层混凝土浇筑。

通过施工总结,提出了合理的工序施工时间,如图10-25所示。根据单工序时间统计,采用全液压履带式长栈桥每月可施工5组,每组24m,每月二次衬砌仰拱可施工120m,满足施工需求(根据施工组织计划安排,Ⅳ级围岩每月施工70~90m,Ⅴ级围岩每月施工50~70m)。

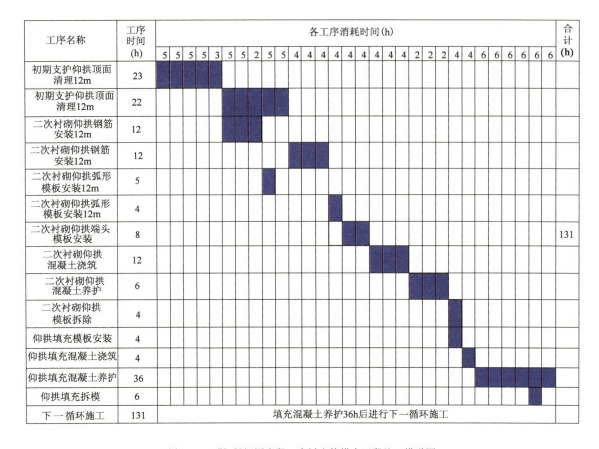

图 10-25 Ⅳ、Ⅴ级围岩段二次衬砌仰拱大区段施工横道图

(2) Ⅲ级围岩段二次衬砌仰拱施工工效

Ⅲ级围岩段的二次衬砌仰拱设计为素混凝土。施工工序主要包括初期支护仰拱表面清渣、二次衬砌仰拱弧形边模板安装、二次衬砌仰拱混凝土浇筑及仰拱填充层混凝土浇筑。

通过施工总结,提出了合理的工序施工时间,如图 10-26 所示。根据单工序时间统计,采用全液压履带式长栈桥每月可施工 7 组,每组 24m,每月仰拱可施工 168m,满足施工需求(根据施工组织计划安排,Ⅲ级围岩每月施工 150m)。

(3) Ⅱ级围岩段仰拱二次衬砌施工工效

Ⅱ级围岩设计无仰拱,设计采用 10cm 找平层(C25 混凝土)+30cm 钢筋混凝土底板(C35 混凝土)。施工工序主要包括开挖底板清理、找平层混凝土浇筑、底板钢筋绑扎、底板模板安装、底板混凝土浇筑。

通过施工总结,提出了合理的工序施工时间,如图 10-27 所示。根据单工序时间统计,采用全液压履带式长栈桥每月可施工 8.5 组,每组 24m,每月仰拱可施工 204m,满足施工需求(根据施工组织计划安排,Ⅱ级围岩每月施工 200m)。

工序名称	工序时间(h)	各工序消耗时间(h)																				合计(h)
		3	2	2	2	2	2	4	4	4	4	4	4	4	4	4	8	8	8	8	8	8	
初期支护仰拱顶面清理12m	3																						76
初期支护仰拱顶面清理12m	4																						
仰拱弧形模板安装12m	6																						
仰拱弧形模板安装12m	6																						
二次衬砌仰拱端头模板安装	6																						
二次衬砌仰拱混凝土浇筑	8																						
二次衬砌仰拱混凝土养护	8																						
二次衬砌仰拱模板拆除	8																						
仰拱填充模板安装	8																						
仰拱填充混凝土浇筑	8																						
仰拱填充混凝土养护	48																						
仰拱填充拆模	8																						
下一循环施工	97	填充混凝土养护48h后进行下一循环施工																					

图 10-26　Ⅲ级围岩段二次衬砌仰拱大区段施工横道图

工序名称	工序时间(h)	各工序消耗时间(h)															合计(h)
		3	3	3	5	2	4	4	4	4	4	8	8	8	8	8	
开挖底板清理24m	6																76
找平层混凝土浇筑24m	3																
找平层混凝土养护	8																
底板钢筋安装24m	10																
底板侧模24m	8																
底板端头模板安装	4																
底板混凝土浇筑	8																
底板混凝土养护	48																
底板拆模	8																
下一循环施工	72	填充混凝土养护48h后进行下一循环施工															

图 10-27　Ⅱ级围岩找平层及底板大区段施工横道图

10.4 本章小结

（1）结合全液压履带式长栈桥，研发了一种单线铁路隧道仰拱二次衬砌快速施工方法。

（2）全液压履带式栈桥解决了简易栈桥不能同步作业的问题，实现了仰拱施工时配合出渣及运输车辆安全、有效通行问题。同时，履带式行走机构对施工适应性好，可快速移动就位，有效节省人工，大幅提高工效。此外，采用全液压操作，操作灵活简单，性能稳定可靠，维护方便，安全可靠。

（3）引进了铁路单线隧道全液压履带式栈桥（有效跨距25.5m），实现了二次衬砌仰拱施工机械化，提高了机械设备行车安全系数。该设备可实现全幅一次仰拱清底不小于24m，且可分区段进行清渣、钢筋绑扎、仰拱弧形模板安装等工序平行作业,减少工序衔接,提高工效,节约了分次施工所需的混凝土养护时间,降低成本。同时,该技术减少了仰拱施工缝对接次数,减少了钢筋搭接和止水带的使用数量,提高了二次衬砌仰拱的整体性。此外,该技术丰富了铁路隧道二次衬砌仰拱的施工方式,改善了施工环境,推动了隧道二次衬砌仰拱施工技术的发展。

(4)介绍了满足不同围岩段的弧形边模和自行式悬挂仰拱模板设计。弧形边模模板定位方便稳固,提升了二次衬砌仰拱混凝土外观质量,节约人力。自行式悬挂模板技术的应用解决了整体式二次衬砌仰拱模板在单线隧道中应用受限的问题,设备安装、拆除简单方便,实现了模板跟随栈桥快速移动施工,提高了施工效率。

第 11 章

小断面隧道多工作面长距离施工通风技术

Key Construction Technology for Zhongtiaoshan Tunnel of
Haolebaoji-Ji'an Heavy-haul Railway

Key Construction Technology for Zhongtiaoshan Tunnel of
Haolebaoji-Ji'an Heavy-haul Railway

对于小断面、多工作面、长距离隧道而言,通风是施工作业中很重要的一部分,通风效果的好坏会直接影响整个隧道施工的空气质量,进而影响各个作业面施工人员的身体健康。如何有效消除隧洞内的有害气体与粉尘,保持洞内新鲜空气流通,是本工程施工的重难点。本章结合中条山隧道实际工程特点合理选择通风方式,通过精确计算各种风量参数,在保证通风质量的情况下,尽量降低通风成本。

11.1 隧道通风难点

中条山隧道具有隧道断面小、施工作业面多和通风距离长等特点,大大增加了隧道通风的难度。

(1) 隧道辅助导坑及正洞断面小。中条山隧道采用双洞单线设计,全隧共设计 5 座斜井和一座平导作为辅助导坑施工,隧道正洞断面面积小,为 $50m^2$,斜井和平导断面积更小,留给布置通风系统的空间有限,通风方案可优化调整的空间较小,且风管的保养维修不便。

(2) 隧道工作面多。由于隧道的工作面多,受斜井、平行导坑断面净空的限制,不能为每个工作面都布置一条大直径通风管道,通风能力有限。

(3) 通风距离较长。中条山隧道全长 18.48km,在设置的 5 座斜井中,1 号斜井长 2218m,2 号斜井长 2429m,3 号斜井长 2045m,3 座斜井长度均在 2000m 以上。由于本隧道斜井为独头掘进,隧道本身不能形成自然风流,不能采用自然通风,要保障作业面通风质量,为工人提供良好的工作环境成为施工的难点和关键。

11.2 隧道通风方案

11.2.1 隧道通风的目的

隧道施工过程中,施工人员所处的环境较差,一方面是隧道断面较小,空间狭窄,施工车辆进出难以有序组织;另一方面是隧道内空气质量的问题。随着施工的进行,隧道越来越狭长,只有在正洞的进出口、横洞或斜井竖井进口才能与外界大气相连,洞内的空气由于距离太长很难自然形成对流,各种空气污染物严重威胁施工人员的安全,包括施工爆破、喷射混凝土及车辆进出等原因产生的粉尘,施工机械燃油消耗产生的废气以及特殊地层在开挖时释放的有毒有害气体等。

这些有毒有害气体长期停留在隧道内不能排放出去,造成空气质量超标,不仅对工作人员的生命健康产生威胁,还会影响施工机械的正常运作。因此,通常需借助通风设施进行人工通风,排出隧道内污浊的空气,调节隧道内的温度和风速,提供新鲜空气,保证作业人员和机械设备对氧气的需求,并防止由有害气体和粉尘造成的爆炸。

11.2.2 常用通风方式

根据隧道的长短、断面大小以及采取的施工方法和所处地理环境等,隧道通风方式按照供风的来源分为自然通风和机械通风。机械通风按照风管类型与通风机安装位置的不同,又分为管道式和巷道式两种。

1)自然通风

自然通风是利用洞室内外的温差或风压差造成自然风流循环,以此实现通风的一种方式。

自然通风方式因受自然条件和施工方法的影响和限制很大,所以在隧道施工中很少应用,主要应用于矿山开采的井巷工程和部分短隧道的运营通风中。选择自然通风方式必须掌握气候条件和自然风压的变化规律,防止风流反向。

2)管道式通风

管道式通风以风机作为通风动力,通过风机的高速旋转产生的风压强迫管道内的空气流动,以达到通风的目的。管道通风根据隧道内空气流向的不同,可以分为压入式、抽出式和混合式三种。

(1)压入式通风

压入式通风利用安装在洞口外的通风机把新鲜空气经风筒压入工作面,同时将污浊的空气沿隧道排出洞外,形成空气对流,达到通风目的。其原理如图11-1所示。

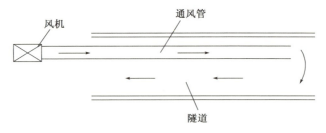

图 11-1 压入式通风原理图

压入式通风的优点是:有效射程大,作业面得到的新鲜空气气流较大,风速较高,冲淡和排出炮烟的作用强、效果好,能够在较短时间内完成通风作业,尽早进入下一工作循环。风筒既可是金属风筒,亦可使用柔性风筒。由于风筒内的风压比风筒外大,风筒的漏风对巷道炮烟及瓦斯等有毒气体排出有益。压入式通风由于排出爆破粉尘所需风量大,通风耗时长,影响掘进速度。回风流通过全洞会污染整个隧道,污染范围大,对后续锚杆搭设、二次混凝土衬砌、防水层施作有一定影响。

（2）抽出式通风

抽出式通风是利用安装在开挖作业面附近的通风机,经风筒把工作面的炮烟及污浊空气抽出。此时工作面形成负压,隧道内外由于压差的作用产生空气流动,作业面处污浊空气经风筒吸出,新鲜空气由洞口沿隧道流入,形成对流,达到通风目的。其原理如图 11-2 所示。

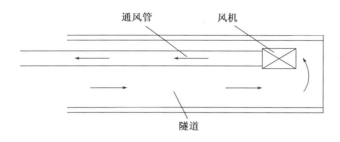

图 11-2 抽出式通风原理图

抽出式通风的优点在于有效吸程内排烟效果好,排除炮烟所需的风量小,且回风流不污染隧道;开挖面附近炮烟和污浊空气能直接由风管排出,洞内其他作业面不受影响;爆破时人员只需撤到安全距离,无须撤离整个掘进巷道,往返时间短;排烟的巷道长度为工作面至风筒吸入口的长度,故排烟时间短,有利于提高掘进速度。缺点是新鲜空气由洞口流至工作面需要较长时间,到掌子面时空气已不够新鲜;有效吸程很短,超出有效吸程的炮烟及有毒有害气体通风效果差;污风风流通过风筒由风机排出,一旦电路漏电产生火花,有引起爆炸的危险,安全性差;由于风管内为负压,不能采用软管,一般采用刚性硬质风筒或带金属骨架的胶皮风筒;一旦炮烟扩散,很难由一个吸风口抽出,会在洞内滞留。

（3）混合式通风

混合式通风为压入式通风与抽出式通风综合运用,在掌子面附近采用压入式通风,将新鲜风流经风筒送入作业面;其后部采用抽出式通风,工作面炮烟和污浊空气经风筒抽出洞外,从而达到快速降尘的目的。其原理如图 11-3 所示。

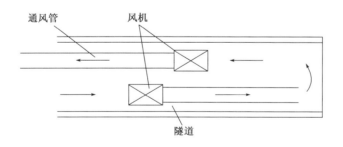

图 11-3 混合式通风原理图

混合式通风集合了压入、抽出两种通风方式的优点,工作面通风能力更强,通风效果好,掘进巷道不受污浊空气污染、粉尘浓度低,卫生条件好,适合大断面长距离隧道通风。

3）巷道式通风

巷道式通风方式是利用辅助坑道作为通风的进风或出风管路的通风方式。在开挖长大隧道时，为了缩短通风距离，利用隧道正洞和平行导坑、斜井、竖井等辅助坑道，组成整体或几个局部通风循环，从而达到通风的目的。

11.2.3 通风方式确定

隧道施工通风方式应根据其所处的地形地貌、风道长度、隧道断面面积、掘进方法、机具设备配置、有害气体浓度以及辅助坑道设置情况等因素确定。

上述通风方式中，目前在隧道施工中应用最广泛的是混合式通风。根据本工程的特点，中条山隧道通风距离长，独头掘进任务最长 4710m（含斜井 2218m）；施工断面小、工作面多，每个斜井承担正洞四个作业面的任务。结合兰渝西秦岭隧道罗家理斜井通风和兰渝 TBM 通风情况，本工程通风方式为：以管道压入式为基本通风方式，采用风硐或风库，做中间站的间隔串联压入式长隧道的接力式掘进通风。

11.3 施工风量计算

根据《铁路隧道设计规范》（TB 10003—2016），隧道施工风量计算包括以下内容：

（1）施工通风所需风量按洞内同时工作的最多人数、洞内允许最小风速、一次性爆破所需要排除的炮烟量和内燃机械设备总功率分别计算，取其中最大值作为控制风量。

（2）依据通风距离计算管道通风阻力，包括摩擦阻力和局部阻力。

11.3.1 供风量计算

1）风量计算参数

本隧道施工风量相关参数见表 11-1。

风 量 计 算 参 数　　　　　　表 11-1

序号	项　　目	单位	数量	说　　明
1	断面面积	m²	50	单个掌子面
2	一次爆破炸药量	kg	200	单个掌子面
3	洞内最多作业人数	人	30	单个掌子面，按每道工序总成考虑
4	装渣车功率	kW	160	按 1 台车计算
5	出渣车功率	kW	6×250	按 6 台车计算

续上表

序号	项　　目	单位	数量	说　　明
6	通风时间	min	30	
7	最低风速	m/s	0.15	
8	风管直径（正洞）	m	1.8	拉链式软风管,建议采用20m/节
9	风管百米漏风率	%	1.5	
10	风管摩阻系数	—	0.02	
11	隧道沿程摩阻系数	—	0.025	
12	正洞最长通风距离	m	2500	

2）按人数计算用风量

按洞内最多工作人员数量所需的新鲜空气计算用风量。

$$Q_人 = q \cdot n \cdot k \tag{11-1}$$

式中：q——作业面每一作业人员的用风量（m^3/m），取 $3m^3/min$；

n——作业面同时作业的最多人数（人），取 30 人；

k——风量备用系数，取 1.25。

代入数据，得：

$$Q_人 = 3 \times 30 \times 1.25 = 112.5 (m^3/min)$$

3）按爆破工作量确定需风量

按洞内同一时间爆破使用的最大炸药量所产生的有害气体稀释到允许浓度时计算风量（即按一次性爆破所需要排除的炮烟量计算）。

$$Q_爆 = \frac{7.18}{t} \cdot \sqrt[3]{A(F \cdot L)^2} \tag{11-2}$$

式中：t——通风时间（min），取 30min；

A——次炸药消耗量（kg），取 200kg；

F——开挖断面面积（m^2），取 $50m^2$；

L——通风换气长度（m），取 140m。

代入数据，得：

$$Q_爆 = \frac{7.18}{30} \times \sqrt[3]{200 \times (50 \times 140)^2} = 512 (m^3/min)$$

4）按稀释内燃机废气计算需风量

在实际工程中，有太多不确定因素，因此通常采用估算法进行计算。根据工程中同时运行的内燃设备总功率，并考虑机械的负荷率、时间利用率及额定功率系数法来计算。

$$Q_内 = H \cdot q \cdot n \tag{11-3}$$

式中：H——内燃机械总功率（kW），进入正洞单个作业面按 1 台装载机（单机功率 162kW）、1 台挖掘机（单机功率 110kW）、3 台出渣车（单机功率 340hp，1hp = 745.7W）考虑，$H = 1033kW$；

q——内燃机械单位功率供风量[$m^3/(min \cdot kW)$],取$3m^3/(min \cdot kW)$;

n——综合考虑负荷率、机械利用率,取值0.3~0.4,这里取0.35。

代入数据,得:
$$Q_{内} = 1033 \times 3 \times 0.35 = 1085(m^3/min)$$

5) 按最低风速计算需风量

$$Q_{风} = s \cdot v \cdot 60 \tag{11-4}$$

式中:s——隧道断面积(m^2),取$50m^2$;

v——最小允许风速(m/s),取0.15m/s。

代入数据,得:
$$Q_{风} = 50 \times 0.15 \times 60 = 450(m^3/min)$$

6) 通风机供风量

取上述用风量的最大值作为控制风量:

$$Q_{max} = \max\{Q_i\} \tag{11-5}$$

代入数据,得:
$$Q_{max} = \max\{112.5, 512, 1085, 450\} = 1085(m^3/min)$$

通风机的供风量在风量计算基础上,应考虑漏风损失,一般用漏风系数进一步计算。通风机供风量为:

$$Q_{供} = \frac{Q_{max}}{p} = \frac{Q_{max}}{(1-\beta)^{L/100}} \tag{11-6}$$

式中:p——漏风系数,$p = (1-\beta)^{L/100}$;

β——百米漏风率(%),取1.5%;

L——通风距离(m),取2500m。

代入数据,得:
$$Q_{供} = \frac{1085}{(1-0.015)^{25}} = 1583(m^3/min)$$

11.3.2 通风阻力计算

通风阻力是选择风机的主要依据,风流在风管中运动时,沿途会遇到壁面对风流的阻滞和扰动而形成通风阻力。风流必须具备一定的能量(压力)克服相应阻力才能继续流动,即通风机应有足够的风压以克服通风阻力,包括摩擦阻力和局部阻力。

1) 摩擦阻力

摩擦阻力是指风流在风管内流动时,由于空气的黏性,会在与风管壁表面产生相对运动时发生摩擦,从而产生阻止风流向前流动的阻力。一般情况下,通风阻力的大部分都是由摩擦阻力产生,因此摩擦阻力是影响通风压力的主要因素,也是风机选择的主要参考因素。

根据流体力学原理,在紊流条件下,摩擦阻力与风量的平方成正比,因此推导出通风摩擦阻力的计算公式为：

$$h_f = R_摩 Q_供^2 \tag{11-7}$$

式中：h_f——摩擦阻力(Pa)；
　　　$Q_供$——通风风量(m³/s)；
　　　$R_摩$——风管的摩擦系数。

其中风管的摩擦系数按风管断面类型有不同计算公式，非圆形断面通风管道计算公式为：

$$R_摩 = \frac{\lambda \cdot L \cdot U}{A^3} = \frac{8\lambda \cdot L}{\pi^2 \cdot d^5} \tag{11-8}$$

式中：λ——摩阻损失系数(N·s²/m⁴)，与风管壁的粗糙程度有关，取0.02N·s²/m⁴；
　　　L——风管长度(m)，斜井段取2200m，正洞段取2500m；
　　　U——风管断面周长(m)；
　　　A——风管断面面积(m²)；
　　　d——风管直径(m)，斜井段取2.2m，正洞段取1.8m。

2）局部阻力

局部阻力是指在风流运动过程中，由风管壁面条件的变化，如风管断面大小的变化、方向改变、风管分岔与汇合等，导致风流速度、方向和分布的突然改变，从而引起风流能量损失。一般局部阻力在通风阻力中所占比例较小。

局部阻力计算原理同摩擦阻力，但局部阻力系数较难确定，一般取摩擦阻力的12.5%作为局部阻力的值。

3）通风总阻力

通风总阻力包括摩擦阻力和局部阻力，即

$$h_总 = h_f + h_j + h_{其他} \tag{11-9}$$

式中：h_f——摩擦阻力(Pa)；
　　　h_j——局部阻力(Pa)；
　　　$h_{其他}$——其他阻力(Pa)，可以忽略。

（1）第一阶段：斜井口至井底风廊段的摩擦阻力为：

$$h_f = \frac{8 \times 0.02 \times 2200}{\pi^2 \times 2.2^5} \times \left(\frac{1566}{60}\right)^2 = 472(Pa)$$

局部阻力为：

$$h_j = 0.125 \times 472 = 59(Pa)$$

即斜井通风段总阻力 $h_总 = 472 + 59 = 531(Pa)$，按独头压入式通风设计，风机、通风管按井底需求布设。

（2）第二阶段：井底风廊至开挖面的摩擦阻力为：

$$h_f = \frac{8 \times 0.02 \times 2500}{\pi^2 \times 1.8^5} \times \left(\frac{1566}{60}\right)^2 = 1462(Pa)$$

局部阻力为：

$$h_j = 0.125 \times 1462 = 183(Pa)$$

即正洞通风段总阻力 $h_{总} = 1462 + 183 = 1645(\text{Pa})$，按同时向两个掌子面出渣通风设计。

11.4 设备选型

11.4.1 通风机及风管选择

1）通风机风压及功率计算

为保证将所需风量送达工作面，要求通风机的工作风压克服沿途所有阻力后，在出风口仍保持有一定风速，即通风系统克服通风阻力后在风管末端风流仍具有一定的动压力。通风系统风管末端仍保持的压力称之为动压力，克服阻力所需压力称为静压力。动压力与静压力之和为全压力，即为系统需要通风机提供的风压力，亦即通风机工作风压力。

（1）动压力

动压力是指空气流动时产生的压力，只要风管内空气流动就具有一定的动压力。动压力在数值上等于通风机的出口压力，其计算公式为：

$$h_{动} = \frac{1}{2}\rho v^2 \tag{11-10}$$

式中：ρ——空气密度（m^3/s），取 $1.293\text{m}^3/\text{s}$；

v——风管输送的风速（m/s），取 15m/s。

代入数据，得：

$$h_{动} = \frac{1}{2} \times 1.293 \times 15^2 = 145(\text{Pa})$$

（2）静压力

气体给予与气流平行的物体表面的压力，称为静压力。通风机的静压力存在于风机的进出口中，并且等于风管的总阻力，即系统静压力最大为：

$$h_{静} = h_{总} = 1645(\text{Pa}) \tag{11-11}$$

（3）全压力

全压力为静压力与动压力之和，是指通风机的工作风压力，即

$$H = h_{静} + h_{动} \tag{11-12}$$

代入数据，得：

$$H = 1645 + 145 = 1790(\text{Pa})$$

（4）通风机功率

通风机所需最小功率按下式计算：

$$N = KQ_{供}\frac{H}{\eta} \tag{11-13}$$

式中：K——功率储备系数，取 1.05；

η——风机工作效率(%)，取 80%。

代入数据，得：

$$N = 1.05 \times 1566 \times \frac{1790}{0.8} = 3679(\text{kW})$$

2）通风机及风管选择

通风机型号的选择要满足以下三个条件：

(1) 通风机产生的风量不能小于理论计算风量。

(2) 通风机直径与选取通风管直径不能差别太大。

(3) 风机全压力值≥管道总阻力（工作风压力）。

通风机按其能量获得方式分为有轴流式和离心式两种。隧道通风多用轴流式通风机。轴流式风机比离心式通风机体积小、易于安装、便于维护、通风效率高，唯一缺点是噪声大。

选择通风机规格的主要依据是风量和风压力（全压力），以及相应所需的通风机功率。通过分析比选，最终选择轴流变频通风机。在净空允许的情况下，尽可能采用大直径风管配大风量通风机，以减少能耗损失，按同时向两个作业面送风考虑。通风按照最困难情况即正洞开挖至进口分界里程考虑，洞外设置两台风机，每台风机负责向一个方向两个掌子面送风，井底安装软式三叉管分风，每个掌子面风管安装闸阀一个，在需要时开启，在斜井正洞均采用直径 2.2m 通风管。

11.4.2 通风系统布置要求

设置通风机时，其安装基础要能充分承受机体重量和运行时产生的振动，或者水平架设到台架上。吸入口注意不要吸入液体和固体，而且要安装喇叭口以提高吸入的效率。

根据台车施工需求，风管挂设于洞顶，正过台车，穿越台车使直径 1.8m 的风管，风管理论截面积为 2.54m²。由于台车结构尺寸限制，风管在过台车时被压缩，如图 11-4 所示，截面积计算为 2.404m²。

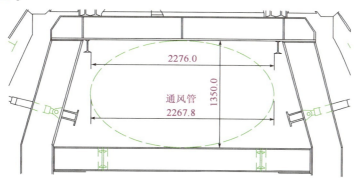

图 11-4　风管过台车示意图(尺寸单位：mm)

11.5 本章小结

综合考虑隧道的掘进长度、断面大小、开挖方式、出渣运输方式、设备条件等因素,经分析比较最终确定通风方案,通过风量计算参数求得通风机供风量和风管阻力,进而计算出风机的工作风压力和所需的功率,从而确定通风管道及通风设备选型。在长距离隧道通风技术中,使用先进的变频风机已经成为主流,在保证掌子面通风质量的前提下,成本也比接力式通风更低。此外,通风管的选择至关重要,更小的漏风率能保证更高的通风效率。

第 12 章

小断面长大单线隧道防排水技术

Key Construction Technology for Zhongtiaoshan Tunnel of Haolebaoji-Ji'an Heavy-haul Railway

Key Construction Technology for Zhongtiaoshan Tunnel of
Haolebaoji-Ji'an Heavy-haul Railway

中条山隧道具有工程和水文地质条件复杂的特点,为了节约工期,采取"长隧短打"方法,但往往要多设置斜井,且由于山岭地势复杂,多为长大陡坡斜井。在地下水丰富的斜井施工期间,由于坡度大,且为反坡排水,造成抽水扬程高,抽排水困难。隧道掌子面一旦发生突涌水,将会造成淹井事故,因此抽排水的及时性对长大陡坡斜井施工安全十分重要。本章主要针对斜井反坡排水及仰拱体外排水两种施工技术,从设备选型及布置到施工工艺流程进行介绍,提出排水施工的组织实施方案和注意事项。

12.1 反坡排水施工技术

国内在富水地层铁路隧道工程施工中,其施工方法一般遵循"以堵为主,限量排放"的原则。然而,采用这样的方法施工,工程造价较高,施工进度慢,且施工过程中可能遇到突水突泥风险,存在施工效率降低以及由于排水渠道不畅引起的隧道结构质量与安全病害等问题。

中条山隧道部分段落穿越第三系承压富水层,施工阶段正洞每日数万立方米的水需通过斜井反坡排出洞外。针对此问题,研究确定了长大斜井以排为主、反坡排水的施工技术,该技术采用分段截留、多级抽排解决了长大斜井抽排水困难、易淹井的施工难题。

12.1.1 排水设备选型和设置

1)水泵类型选择

水泵类型应根据水质条件、单级扬程、流量、管路布置以及使用操作条件等进行选择。①水质条件:水的清洁程度,含泥、含沙情况;②流量:水泵选型时,通常可取正常流量的1.2倍作为最大流量;③扬程:水泵选型时,一般要用放大5%～10%余量后的扬程来选型;④管路布置:根据管路布置方案和管道规格进行扬程计算和汽蚀余量的校核;⑤使用操作条件:包括操作环境、操作是间歇的还是连续的、泵的位置是固定的还是可移动的。

(1)斜井中间泵站

斜井中间泵站为固定泵站,除了斜井井身段涌水外,还包括正洞施工的涌水。若水质条件很差,含泥沙较多,可选择渣浆泵。若条件一般,含有少量泥沙,可选择多级离心泵、IS型单级单吸清水离心泵或双吸泵抽排。

(2)掌子面到移动水箱处泵站

本段选用潜水型无堵塞排污泵(简称潜污泵),功率在2.2～11kW之间选择,以轻便、单人能移动为宜。

(3)移动水箱到斜井中间泵站

移动水箱到斜井中间泵站之间的抽水一般采用IS型单级单吸清水离心泵或双吸泵抽排,根据扬程和流量选择型号。

2）分级抽水固定泵站设置

抽水级数根据斜井的总扬程(总扬程＝斜井垂直高差＋管道沿程水头损失＋阀及弯管的水头损失)确定,3号斜井长2045m,综合坡度11.34%,水位高程差为232m。按照一般设备扬程为150～200m,确定3号斜井抽水固定泵站按照二级设置,如图12-1所示。井底泵站按一级设置,如图12-2所示。

图12-1 斜井中间二级泵站

图12-2 井底一级泵站

（1）布置形式

固定泵站优先选用钢板焊接的水箱,主要考虑施工快速方便,水箱的高水位能保证抽水机进水充分,能提高抽水机的效率。水箱的加工宽度以不影响斜井通行为宜,用8～10mm厚的钢板焊制,混凝土底座找平,焊接进出水口,预留排污口,设置水位计,在进水端增加封闭的隔离区,对进水进行初沉淀。

（2）水箱面积

根据斜井建筑界限行车宽度要求,水箱宽度定为2.5m,高度定为3m,长度定为20m,容积为150m³。水箱宽度、高度及长度亦可根据斜井实际情况进行调整。

（3）泵站水泵规格型号

泵站位置确定后,根据水泵扬程、总排水量和水泵参数表确定水泵型号。

①选择的水泵外形尺寸、重量、数量应满足现场运输、安装要求。过大的水泵运输、安装、配套的动力设备和系统维修等,都会相对增加成本和工作难度,故一般选择通用型设备,单台水泵流量在600m³/h以内为宜;过小的水泵会造成数量太多,效率低下。

②单台配套电机功率原则上不大于400kW,若超过400kW,其配电设施成本将增大,供电难度也会增大。

③隧道施工排水属于临时工程,应综合考虑成本,后续设备和管线路的通用性,单机的体积、重量等对设备运输、吊装和使用维修的要求。

④泵的流量和排水管的选型应匹配,否则会造成排水管利用率太低或流速太高,管路损失过大。

综合以上需求,通过多方考察论证,3号斜井抽排水最终选择MD280-45×5-250kW耐磨多级泵。该系列泵为卧式单吸多级分段式离心泵,具有效率高、运行安全平稳、噪声低、寿命长、安装维修方便等优点。其扬程为225m,流量280m³/h,功率250kW,能够满足现场抽水需求。

(4)水泵数量

根据3号斜井最大抽排水量为3300m³/h,3号斜井每个泵站需设12台(套)250kW污水泵(扬程225m,流量280 m³/h);根据常用与备用比例按照1:1配置,备用12台(套),同时备用2个泵头。

3)排水管道选型

(1)各类排水管排水速率选择

排水管排水速率选择过大会增大流体阻力和水泵的单耗,过小会增加管路的投入并造成泥沙沉积。经过综合考虑,管道内水流速度控制在2~3m/s为宜,3号斜井假定管道内水流速度控制在2.8m/s。

(2)管路数量确定原则

综合分析最大涌水量和各种管路排水量,确定选用的管路数量。数量太多,占用空间大,安装工作量大;数量太少,安全性差(如一条管路出问题,将对整个抽水系统影响很大)。因此,原则上管路不少于2条,还要考虑一定的备用管路,备用管路不少于1条,并按照最大涌水量的120%确定管路数量。

根据流速可求得不同规格管路的流量:φ300mm的排水管,流量为710m³/h;φ200mm的排水管,流量为316m³/h。

(3)管路规格和数量确定

3号斜井洞内排水及侧沟排水能力约为3000m³/h,在保证正常施工的情况下,最高能满足3300m³/h抽水设备负荷量,当超过上限时,可考虑径向注浆堵水。根据上述不同管路规格排水量计算,最终确定洞内排水设置5条φ300mm、2条φ200mm和1条φ100mm的管路,其中5条φ300mm管路作为常用排水管,2条φ200mm、1条φ100mm管路作为备用排水管路。3号斜井管线布置如图12-3所示,3号斜井管线现场效果如图12-4所示。

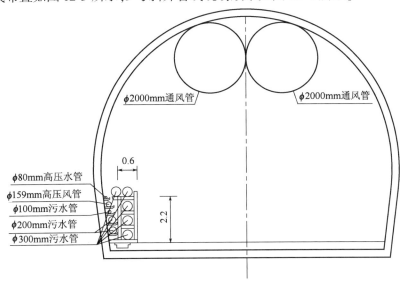

图12-3　3号斜井管线布置图(尺寸单位:m)

图12-4 3号斜井管线现场效果

4）排水供电设置

根据排水方案的设备总数量确定总负荷，考虑高低压供电线路、变配电设备和应急电源。

（1）供电方案总体原则

①长大斜井隧道或短斜井水量大于$100m^3/h$的抽排水，考虑使用10kV双电源供电（或者备用柴油发电机组，发电机组总容量大于最大排水能力用电的1.2倍）。

②超过90kW电力抽水机需安装专用抽水变压器，变压器容量根据水泵总台数确定，并且变压器要靠近抽水机布置，距离抽水机不宜大于20m。若抽水机数量大于5台以上，考虑用多台变压器，分组供电，以便保证排水安全。

③10kV线路供电半径一般在10km以内，单趟专线最大容量6000kVA，当最大供电距离超过15km时，实际供电能力也要下降。当斜井排水采用两级及以上时，采用10kV高压电缆分级供电，并且根据负荷大小，采用2根以上电缆供电。在隧道口修建小型开关站，设置高压隔离开关和自动保护跳闸装置。

（2）供电分析

①固定泵站集中供电设备。

采用单台1000～2500kVA变压器，能同时对多台抽水机供电，构成一个常用组；另外，多台水泵再配置同样一套集中配电设备，构成一个备用组，做到"一用一备"。

②发电机设置。

充分考虑机房内机组位置、热交换空间和废气排放，保证机房内机组散热和整体散热。机房的空间为发电机组体积的5～8倍，采用密闭墙，确保散热器的热量和烟筒排出的废气不被重新吸进机房，新鲜冷空气一部分进入机组燃烧排除，一部分进入发电机内部冷却绕组，大部分冷风带走机组多余热量从散热器排除。

③其他供电。

掌子面抽水供电使用小型后装式变电站，变压器容量一般为400～800kVA，能同时满足周围300m内全部水泵的用电需求。

（3）供电设计

①实用电源。

网电作为主用电源，前端是自建35kV变电站，两台8000kVA主变，送往3号斜井的架空线路设计最大容量为6500kVA，可以满足正常水量时的抽水和施工用电负荷要求。如遇到水量达到设计的最大值，主用电源只能满足所有抽水机供电。10kV线路前端有两个电源：第一路10kV网电通过自建35kV变电站，150架空裸导线送至双电源切换开关A端；自建备用电源经升压成10kV，用高压电缆架空送至双电源切换开关B端，通过切换开关中间输出，送至3号斜井洞口高压多路组合开关，再通过10kV高压电缆送至每处固定泵站，具体见表12-1。

10kV 线路一览表 表 12-1

序号	用电地点	型号	规格（mm²）	长度（m）	线路容量（kVA）	备注
1	3号斜井井底泵站	YJV22	3×50	2200	1600+1000	预留线路容量1000kVA
2	3号斜井井腰泵站	YJLV22	3×50	1100	1600+1000	预留线路容量1000kVA
3	3号贯通线	LGJ 150/10	3×150	1500	6500	架空线
4	自发电升压站	YJV22	3×120	200	6000	高压架空电缆
5	并机柜进出线	塑料铝芯线	4×185	20	1000	设计电流1500A
6	抽水机电源线	单芯铜电缆	1×185	1000	300	设计电流500A

②备用电源。

由于 3 号斜井洞内涌水较大，若遇到网电停电时间超过 5min 以上，可能造成淹井事故，这就需要自备应急柴油发电机组，通过自建升压站将高压送至用电点。现场按 6 台设计，800kW×6=4800kW，每台发电机组容量为 1000kVA，如图 12-5 所示。

图 12-5　备用电源发电机组

并机采用"先升后并"方式，将每台并机柜出线与各自升压变压器相连，通过高压隔离开关后和高压汇流母线并联，再通过高压总负荷开关送出。先升后并，低压母线电流较小，开关和变压器参数可以选得较小，后期扩容也容易实现。

12.1.2　抽排水施工技术

1）抽排水系统设置

根据工程现场实际，结合抽排水设备选型和设置研究结果，在三岔口处设置一级泵站及集水坑，斜井中部设置二级泵站及固定水箱，斜井及正洞掌子面均设置临时集水坑和移动水箱，平面布设如图 12-6 所示。

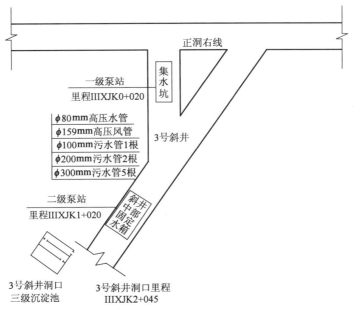

图12-6　3号斜井抽排水平面布置示意图

2）截排水系统设置

隧道涌水采取掌子面上、下台阶分别抽排，掌子面后方分段截流抽排，形成灵活高效的组合截排水系统。掌子面涌水快速排出洞外，改善了掌子面作业环境，确保工程质量和安全。斜井分段截排水布置如图12-7所示。

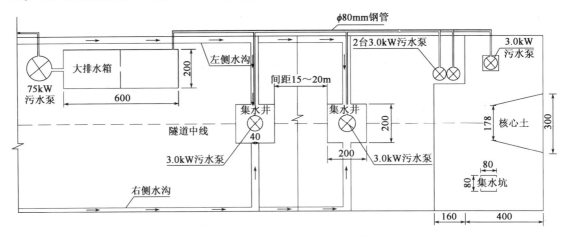

图12-7　斜井分段截排水布置示意图（尺寸单位：cm）

同时，在掌子面后方底板分段设置集水井和横向截水沟截水。集水井沿隧道纵向每隔15～20 m设置1道，横向截水沟将集水井和边沟连通，集水井尺寸为2 m×2 m×1.5 m，横向截水沟深0.3 m、宽0.4 m。在集水井及水沟上方覆盖2 cm厚钢板并用麻筋填塞。每个集水井安装3 kW污水泵1台进行排水，采用ϕ60 mm软管连接至排水主管道进入洞内大排水箱。集水井结构如图12-8所示，集水井实物如图12-9所示。

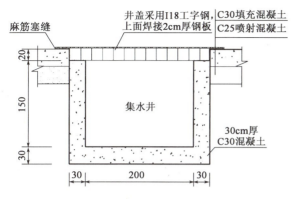

图12-8 集水井结构(尺寸单位:cm)　　图12-9 集水井实物

3)抽排水施工工艺流程

抽排水施工工艺流程如图12-10所示。

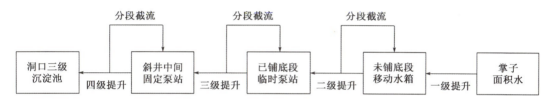

图12-10 抽排水施工工艺流程图

4)抽排水施工技术要点

斜井施工抽排水遵循"分段截流、多级提升"的原则,保证斜井已施工段渗、涌水不流向掌子面,最大限度地减小开挖掌子面抽排水压力。具体要求如下:

(1)开挖过程中,掌子面边墙设临时集水坑,根据现场实际情况配备无堵塞污水潜水泵,保证开挖打钻过程中掌子面无积水。

(2)利用水泵将积水从临时集水坑抽排至移动水箱内,移动水箱随掌子面开挖向前方移动。

(3)在已施工完仰拱段,将铺底面侧沟及集水坑内的积水抽排至井底一级固定泵站内。

(4)通过固定排水管,将井底一级泵站水抽排至中间固定泵站内(图12-11)。

(5)在斜井洞口设三级沉淀池(图12-12),排水管将固定泵站积水抽排至沉淀池内,经过三级沉淀排放。

12.1.3 应急排水措施

应急排水分两种情况:一是突发股状涌水在设计涌水量范围内,属于可控状态;二是突发股状涌水超过设计涌水量,造成淹井,或其他原因造成淹井。为避免出现淹井事故,现场主要从人员、排水设备、配电等方面制定应急排水措施。

图12-11　中间二级泵站　　　　　　　　图12-12　洞口三级沉淀池

1）人员安排

（1）出现突发涌水时，现场值班人员首先要安排必要的人员留守观察水情，并采取必要的防护措施；然后迅速安排其他人员和主要设备撤离到洞外，并通知项目主要负责人到现场。项目负责人根据现场情况做出加强排水组织，或放弃抽排撤离规避风险的决定。

（2）安排专人密切观察水情，定时记录水位上涨速度，计算瞬时涌水量。

（3）建立抢险排水信息平台（微信群），值班调度要每小时将排水进度、现场发生的问题及时发送到信息平台，相关人员可根据平台信息采取相应措施。

（4）人员要超强配置、明确责任，特别是各级管理人员要配备到位。管路拆接、设备吊装及检修、电力维护等人员要精干、充足。

2）排水设备安排

（1）根据定时记录算出的瞬时涌水量，确定抽水设备的安装数量，保证抽水能力大于涌水量。

（2）根据抽水设备材料保有情况、电力设施条件、抽水设备安装需要的时间、水位上涨速度等，综合研判抽水设备安装位置，确定开始抽水的起始位置。在水位上涨的时间段内做好人员、设备、材料、供电等各种准备工作。

（3）水泵选型时，水泵的扬程按照斜井最大扬程计算，重量不超过斜井内装载机的最大起吊重量，流量尽量取大值，但应与管路、电机功率限值相匹配。注意排水抢险的主力抽排泵型不能选用潜水泵。

（4）使用固定水泵（安装移动支架）直接抽排，水泵移动靠装载机吊移。水泵靠排水管路安装一侧布置，与斜井中心线成45°，以便减少占用宽度，也便于检修和吊装；另一侧留出运输通道和安装变电设施。

（5）为了提高排水效率，排水设备与水面的距离尽量短，水泵移动要勤和快。可在大型水泵进水侧安装补水泵，增加进水压力和流量，提高抽排效率。

（6）排水管道上的分支管与主管道的角度不大于45°，水泵与分支管之间的软管布置要尽量平顺，减少排水阻力。

3）配电安排

配电采用两路以上独立的电力系统，其中一路必须采用自发电，两路系统能方便切换。

在保证排水设备电力需求的情况下,变压器和配电装置应距离水面尽量远些,以保证用电安全。

12.2 体外排水施工技术

在国内铁路隧道富水地层隧道施工中,传统施工主要采用注浆堵水,造价较高,且影响施工进度。此外,该施工方法不能保证仰拱基底的水完全堵住,实现无水施工。当仰拱施工完成后,如有水沉积在初期支护与二次衬砌仰拱之间不能排出,则会导致泵吸效应,破坏仰拱结构,给铁路的运营带来严重的危害。

依托本项目,研究采取体外排水施工,在初期支护与二次衬砌间构成一套独立的排水系统,解决了隧底积水无法排出的问题,避免了泵吸效应,保证了底部结构施工质量。

12.2.1 施工工艺流程

首先对仰拱进行清底;其次在仰拱初期支护面上安装网状排水盲管,形成仰拱独立的排水系统;然后覆盖土工布、防水板;最后浇筑混凝土。仰拱体外排水施工工艺流程如图12-13所示。

在隧道初期支护仰拱与二次衬砌仰拱之间增设独立排水系统,以疏导地下水,减轻隧底仰拱积水压力,体外排水系统如图12-14所示。

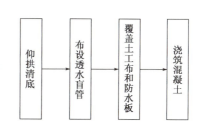

图12-13 仰拱体外排水施工工艺流程图

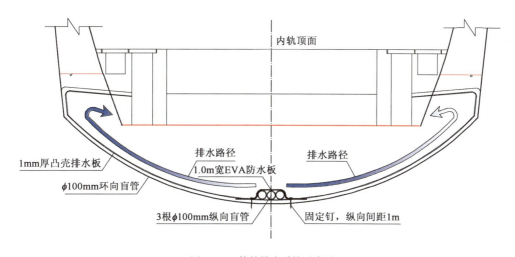

图12-14 体外排水系统示意图

12.2.2 施工控制要点

(1) 基底注浆加固验收合格后,在仰拱中线位置纵向贯通并排铺设 3 根 ϕ100mm 打孔波纹管,环向每隔 3~5m 设置一道 ϕ50mm 加筋软式透水盲管,环向盲管接入隧道水沟,避开拱墙环向、纵向排水管,环向与纵向盲管采用三通接头连接。

(2) 在股状水出水点处单独增加盲管引排,设置 ϕ50~100mm 波纹盲管,引流至边侧水沟。

(3) 所有排水盲管均外包土工布,环向盲管覆盖一层高密度聚乙烯(HDPE)凹凸防水板,在仰拱中间纵向排水盲管上再覆盖一层宽 1m 的乙烯—醋酸乙烯酯共聚物(EVA)防水板,两侧采用带热塑性圆垫圈的射钉固定,形成排水通道,如图 12-15 所示。

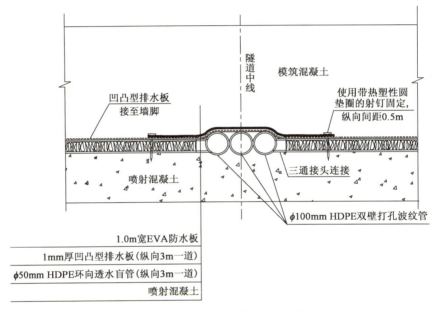

图 12-15 仰拱排水盲管布置示意图

(4) 在下组仰拱端头位置设置一道挡水墙(C20 混凝土,高 50cm,宽 50cm),将仰拱内积水隔开,用水泵抽排仰拱内积水至挡水墙外。已施工段仰拱两侧水沟采用临时砂袋封堵,防止侧沟内积水流入正在施工的仰拱混凝土内,如图 12-16 所示。

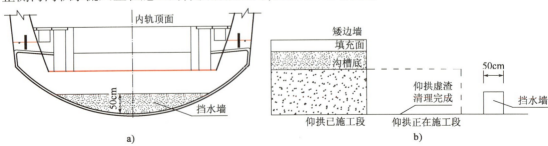

图 12-16 仰拱挡水墙设置

(5)仰拱混凝土施工前,抽排积水至挡水墙外,混凝土从一端向另一端连续浇筑,抽水泵逐步后退移动,抽排仰拱积水,如图12-17所示。

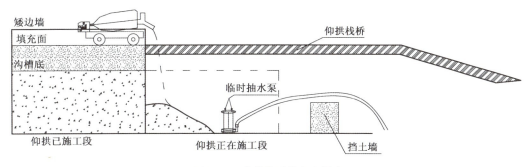

图12-17 仰拱临时抽水示意图

(6)浇筑过程中应注意避开振捣器与横纵向盲管连接处直接接触,保障排水系统不被破坏。排水施工现场如图12-18所示。

图12-18 排水施工现场

12.3 排水施工组织

12.3.1 组织实施方案

排水施工的总体方案组织要做到一次设计到位、分步骤实时调整、分阶段增减。

固定泵站水箱容积、电源总容量、发电机站总容量、高压电缆规格、升压站基础设施、斜井断面中排水管和抽水设备需求空间等项目需要按照允许最大涌水量一次性布置到位。变压器数量、抽水机数量、排水管数量根据实际涌水量在保证一定的安全系数(一般30%～50%或300~500m³/h)情况下实时安装布置。

(1)斜井中部固定泵站

固定泵站水泵数量按 2∶1 比例配置,即使用 2 台备用 1 台。合理布置管道的进水管和出水管,主要考虑抽水机使用一定时间后,需要检修或者更换方便。水泵布置如图 12-19 所示。

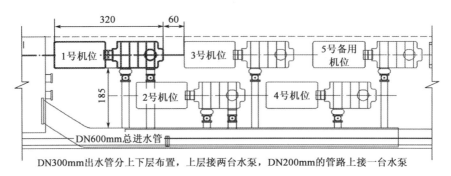

图 12-19　斜井泵站布置示意图(尺寸单位:cm)

中部水仓优先选用钢板焊接的水箱,其优点是施工便利快捷,水箱的高水位能提高抽水机的效率,使其进水充分。水箱的加工宽度以不影响斜井通行为宜,高度 2.5 ~ 3 m,长度可灵活掌握。

(2)井底水仓施工

井底水仓设在安装管路的一侧,一般设两个水池,一个水池用于沉淀,一个水池用于安装抽水设备排水。如果水中含泥沙较多,则设两个沉淀池。沉淀池应便于机械清淤,沉淀池的容积应满足储存能抽 30min 的污水。水仓之间用钢筋混凝土墙隔离,留出缺口,安装格栅拦截漂浮物。进水口高程要低于正洞仰拱填充两侧水沟,保证正洞上坡段水能自然流进水仓。半边铺设交通栈桥,增加中部支撑,加工设备安装支架,完善安全防护栏杆。

(3)井底泵站安装

泵站配电设备和抽水机的安装数量按照 2∶1 比例配置,配电设施的安装位置高出地面 1.2m 左右,水泵电机底座高出地面 0.6m,抽水机进水口全部采用引流泵强制供水而不是自吸。抽水机之间、抽水机与启动柜之间间距要合理,方便人员通过和材料运输,泵站应设起吊门架,利于水泵检修的拆解、安装。

井底泵站可增设一个应急水箱,其作用:一是能将斜井的水完全截流,通过两侧水沟的截流槽及水管引流到水箱里,不能让高处的水再次流进井底水仓,增加水泵的负担;二是应急备用,井底水仓内还安装有 3 ~ 5 台大流量低扬程潜水泵,能将水仓进水的一部分抽进应急水箱。当一部分水泵出现故障,水仓水位上升时,可以启动一部分潜水泵,让应急水箱和水泵工作,提高抽水效率(通过水位高差进水,有利于提高水泵效率 20% 左右;利用引流泵强制供水,也能提高抽水机效率 15% ~ 20%)。

(4)管路的安装

管路安装时,应减少法兰接头、紧固件和密封件,可以采用现场焊接,除有安装仪表阀门的地方之外,将一定范围的管道全部通焊(主要减少后期维护,方便拆装运输等)。在管道设计铺设时,同时需要支架设计和焊接,稳定墩和稳定钢丝绳施作,计量装置、闸阀、止逆阀和泄水阀的安装等,都要同步进行,全面考虑。每条管道在斜长方向上,一般每隔 300~500m 设置一个逆止阀,以减小突然停水对管路、水泵机组的水锤冲击。

(5)移动水箱的安装

设置 2 或 3 根排污管道及接头,便于管道延长时交替排水;按两套移动泵站和排水管路,主要考虑是交替前移时不影响排水,稳步推进,也起到应急排水的作用。

(6)洞口沉淀池

洞口沉淀池采用三级沉淀,沉淀池周围设置围栏、警示标志,方便机械清理淤泥。除具有沉淀功能外,还可增加专用水处理设备。

(7)计量仪器的安装

计量仪器多采用数显式电磁流量计,显示瞬时流速、累积流量、报警信息等,不得使用机械水表。流量计安装时显示屏朝外,便于观察和抄表,流量计安装在排水管的正上方,前后直管段长度有一定要求,保证流量计背压扬程在 10m 左右,排水管始终处于满水状态,否则会造成计量不准。流量计有通信接口,可与计算机联机实现系统自动控制。

12.3.2 安全管理要点

(1)制定突发涌水应急预案

应制定突发涌水应急预案,并定期进行演练和教育培训。

(2)设备操作使用安全要求

①抽水人员(操作、维修和管理)上岗前均需要进行抽排水设备的日常操作、保养、维修、应急处理等专业知识培训,考核合格后上岗。

②考核合格的人员统一进行分组、定设备、定人,其他人员禁止操作抽排水设备。每天做好设备运转记录、交接班记录,定期保养维护,保证设备正常运转。

③防止因泵站水箱内水量过少造成设备空转过热而烧毁,建议集水井都设置自动化排水装置,以方便及时、有效地排除积水。固定泵站要安装水位控制器和报警灯。

④每台抽水设备应有专门的配电箱,且至少设置两级漏电保护器,即除作保护接零外,必须在设备负荷线的首端处安装漏电保护器。

(3)应急排水安全注意事项

①电线电缆及时悬挂,不能悬挂的要靠墙摆放,防止行走设备碾压。跨路的电缆要架空,不能架空的要垂直于隧道中线,两侧用木板防护。

②水泵的旋转部位应设置防护罩。

③潜水泵在水中移动、修理时应切断电源,电缆线杜绝碾压。电缆线不得缠绕在排水管路上。

④电工在水中检查排水设备时应切断电源。

⑤修理工在拆卸水泵、管路时,应确认其处于无压状态,防止水压伤人。

⑥做好配电设施防护,防止水流喷射到变压器、配电箱、启动柜上。

12.4 中条山隧道防排水方案

12.4.1 工程概况

中条山隧道 3 号斜井长 2045m,综合坡度为 11.34%,由斜井洞口下坡进正洞,与右线交于 DK627+600,交角 76°,主要承担正洞左右线各 3315m 施工任务,起止里程为 DK625+655~DK628+970。

3 号斜井正洞施工区间主要穿越寒武系泥质条带灰岩及鲕状灰岩段,节理裂隙发育,局部发育小型溶腔、溶孔;地下水发育,多为岩溶裂隙水,呈股状涌水、线性淋水。现阶段抽排水量达 60000m³/d(2500m³/h),3 号斜井正洞区间设计涌水量见表 12-2,现场涌水情况如图 12-20 所示。

3 号斜井正洞区间设计涌水量　　表 12-2

序号	里程范围	长度(m)	正常涌水量(m³/d)	最大涌水量(m³/d)
1	DK625+655~DK628+690	3035	16828	30485
2	DK628+690~DK628+970	280	36500	—
合计		3315		

a)

b)

图 12-20　现场涌水情况

12.4.2 第一阶段排水方案

第一阶段即 3 号斜井未进正洞的阶段,在斜井中部设固定集水箱,箱体尺寸为 2m× 3.3m×18m,容积为 118.8m³,采用 16mm 厚钢板焊接而成。掌子面设移动水箱,箱体尺寸为 1.5m×1.5m×6m,容积为 13.5m³,采用 16mm 厚钢板焊接而成,水箱内设角钢对撑加固。移动水箱随掌子面开挖进度移动,掌子面污水利用水泵排入水箱内,再通过水泵提升排入洞口三级沉淀池内。

12.4.3 第二阶段排水方案

第二阶段即进正洞后的阶段,在斜井底岔口副联处设置集水坑,集水坑尺寸为 2m× 7.5m×20m,容积为 300m³。集水坑位于道路正中间,集水坑四周采用 30cm 厚 C30 模筑混凝土一次性浇筑成型,上铺钢板,架设钢管护栏。井底一级泵站如图 12-21 所示。

图 12-21 井底一级泵站

12.4.4 分段截流方案

1)反坡截排水

针对斜井施工情况,根据井身后方出水点情况及水量大小在隧道底板每隔 20m 左右设截水坑和截水沟,采用轻型污水泵将积(截)水坑内的水利用管道抽排至移动集水泵站,在集水泵站配置大功率高扬程合金泵将污水通过大直径管道抽排至洞外处理池,处理达标后排放。斜井分段截排水布置如图 12-22 所示。

(1)掌子面排水

斜井掌子面排水利用斜井坡度,集水坑设置在下台阶左侧(左侧超前),水向左侧汇集后抽排,如图 12-23 所示。

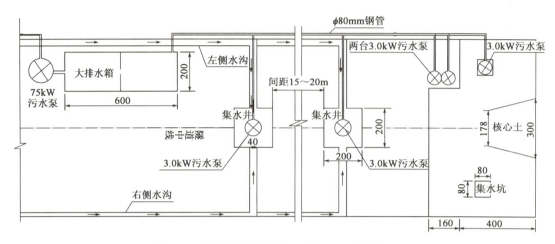

图 12-22　斜井分段截排水布置示意图(尺寸单位:cm)

正洞由于下台阶仰拱一次成环,集水坑设置在隧道中心并紧贴下台阶掌子面处(由于正洞坡度缓,需超挖 30cm 安设污水泵),在洞内排水管硬管上连接两路 $\phi60mm$ 软管至集水坑,配备污水泵排水,污水泵可放在竹筐内过滤杂物,当下台阶水量增加时可增加污水泵数量。

(2)掌子面后方分段截排水

由于斜井为陡坡,已支护段渗水不断往掌子面下台阶汇积,浸泡软化泥岩,在机械扰动下形成泥浆,造成出渣和抽排泥浆困难。因此,在已施作初期支护底板下方采取分段截水,对已施作初期支护的表面渗水进行引流。

(3)斜井双侧排水沟

斜井底板设置双侧水沟,两侧边墙渗水由水沟汇流至就近积水井后排出,如图 12-24 所示。

图 12-23　掌子面下台阶截水坑

图 12-24　斜井双侧水沟

(4)底板分段截流截水井

斜井底板截水井沿隧道纵向间隔设置(根据水量大小设置间隔距离),底板截水井设置在隧道中线附近,截水井用横向截水沟与两侧水沟连通,截水井尺寸为 2m(长)×2m(宽)×1.5m(深),横向截水沟深 0.3m、宽 0.4m。为防止泥浆、垃圾堵塞截水井、截水沟,在截水井及水沟上方覆盖 2cm 厚钢板,钢板超出井、水沟 5cm,钢板与混凝土间采用角钢固定,混凝土与钢板间用麻筋填塞密实,起到过滤泥浆和固定钢板的作用。靠近掌子面的第一个截水井采用沙袋临时回填,待浇筑底板混凝土时一并支模浇筑截水井侧墙及底部混凝土,待拆模后正式启用。保持底板混凝土与掌子面下台阶距离不大于30m,即启用有效的截水井距掌子面下台阶的最远距离不大于30m,初期支护渗水向下台阶汇流后排出。每个截水井安装1台污水泵抽排水,用φ60mm软管连接至排水主管道经由洞内大排水箱排出。截水井效果如图12-25所示。

2)抽排水设备、管路布置

在斜井洞内一侧距离掌子面60~80m处设置一个大集水箱,集水箱尺寸为6m(长)×2m(宽)×2m(深),集水箱中间设隔板,分为沉淀箱、排水箱,大集水箱跟随掌子面掘进移动,始终保持距离掌子面下台阶不大于80m。掌子面和截水井涌水通过管道抽排至沉淀箱后流至排水箱再由75kW耐磨合金污水泵经由排水硬管出洞。斜井排水遵循由小到大、由简入繁的原则,根据洞内涌水量的变化逐次增加大功率75kW耐磨合金污水泵台数,排水管道由φ80mm硬管→φ150mm硬管→φ300mm硬管递增替换,洞内所有排水管应安装止回阀。考虑抽排至大集水箱的涌水含大量泥沙,在大集水箱内的排水箱安装高压风管,采用高压风吹动泥沙与水混合后排至洞外沉淀池。现场水箱及污水泵如图12-26所示。

图12-25 截水井效果

图12-26 现场水箱及污水泵

3)实施效果

分段截流的施工方案有效减少了反坡施工掌子面排水量,掌子面出水可快速排出,仰拱初期支护成环段清淤量少、超挖小,保证了施工安全和仰拱质量,同时减少了循环时间,加快了掌子面施工进度,还大大改善了工人施工作业环境。

12.4.5 排水管路布置

管道水流速度选择要适当,过大会增大阻力和水泵用电量过度消耗,过小会浪费管路的投入和泥沙沉积等,综合考虑管道内水流速度控制在2.8m/s。

φ300mm、φ200mm排水管流量计算如下:

$$Q_{300} = \frac{\pi D^2}{4} \times 3600 \times v = \frac{3.14 \times 0.3^2}{4} \times 3600 \times 2.8 = 712(\mathrm{m^3/h})$$

$$Q_{200} = \frac{\pi D^2}{4} \times 3600 \times v = \frac{3.14 \times 0.2^2}{4} \times 3600 \times 2.8 = 316(\mathrm{m^3/h})$$

因此,φ300mm 排水管流量为 712m³/h,φ200mm 排水管流量为 316m³/h。

在保证正常施工的情况下,洞内排水侧沟排水能力约 3000m³/h,网电最高能满足 3300m³/h 抽水设备负荷量。综合考虑,3 号斜井正洞抽排水量上限定为 3300m³/h。洞内排水设置 5 条 φ300mm、2 条 φ200mm、1 条 φ100mm 管路,其中 5 条 φ300mm 管路作为常用排水管,2 条 φ200mm、1 条 φ100mm 管路作为备用排水管路。管线布置如图 12-27 所示。

总抽排水量为 5×712 = 3560m³/h,大于当前实际涌水量(2700m³/h),故可以满足施工要求。

12.4.6 水泵选型

3 号斜井洞口至井底高差为 230m,扬程按两级提升,单级 120m。3 号斜井排水量上限为 3300m³/h,斜井中间泵站设置 9 台套 250kW(280~400m³/h,扬程 215m)污水抽水机,井底泵站设置 13 台套 250kW(280~400m³/h,扬程 215m)污水抽水机。由于井底泵站污水含泥量大,水泵磨损大,井底泵站比中间泵站多备用 4 台。斜井泵站布置如图 12-28 所示。

图 12-27　3 号斜井管线现场布置

图 12-28　3 号斜井泵站现场布置

12.4.7 变压器及备用电源选型

为防止停电造成淹井,在斜井自建自发电站,采用 800kW 柴油发电机和 1000kVA 变压器组成一个自发电升压单元。3 号斜井配备 250kW 抽水机 22 台,2 号斜井配备 250kW 抽水机 2 台,抽水机合计功率为 24×250 = 6000kW。

共需配置发电机数量(6000/800/0.8)9 台,其中 0.8 为发电机安全系数。发电站共配置 800kW 发电机组 9 台、1000kVA 变压器 9 台。

12.4.8 抽排水量统计

在排水管道出水口位置安装电磁流量计以便于统计抽排水数量,设专人记录流量计数据,如图 12-29 所示电能表如图 12-30 所示。

图 12-29　电磁流量计

图 12-30　电能表

12.5 本章小结

(1)通过水量计算(关键)、水泵选型(根本)和管道选型(基础),根据斜井长度、坡度、水质、最大涌水量、扬程等参数综合确定反坡排水的设备选型,形成了掌子面分台阶分别抽排、掌子面后方分段截流抽排灵活高效的组合截排水施工技术。

(2)通过采用体外排水技术,在初期支护仰拱与二次衬砌仰拱间增设独立排水系统,有效地解决了仰拱底部积水问题,降低了后期翻浆冒泥的可能性,提高了运营的安全性。

第13章

长大单线隧道洞内无轨运输与安全技术

Key Construction Technology for Zhongtiaoshan Tunnel of
Haolebaoji-Ji′an Heavy-haul Railway

Key Construction Technology for Zhongtiaoshan Tunnel of
Haolebaoji-Ji'an Heavy-haul Railway

隧道物流运输安全在隧道施工中非常重要,目前隧道物流运输大体分为有轨运输和无轨运输两大类,其中无轨运输是采用最广的物流运输组织形式。针对长大单线隧道施工这一特殊需求,建立安全有序的无轨运输系统至关重要,同时需要突破常规思路,采取行之有效的安全管理新技术。无轨运输不仅涉及其系统本身的安全管理技术,而作业人员的工作环境、休息环境、上下班通行安全,以及其他工序的安全作业要求和工程本身质量安全技术均贯穿于施工的全部过程。本章主要介绍无轨运输安全管理技术、供电系统的安全技术和斜井安全预报警系统三部分内容。

13.1 无轨运输及安全管理技术

13.1.1 斜井运输安全管理要求

斜井运输安全管理基本要求为:上下行双车道设计,中间增设调头洞和平坡段(依据设计坡比,间隔300m设置);所有进出斜井车辆严禁人货混装,严禁"三超"(超重、超长、超宽);人车分流,专车专用。

在安全管理措施中,除加强车辆自身管理、司机培训教育、增设安全警示标牌、设置缓坡段和防溜墩外,还增设抗疲劳灯光缓冲区、超速抓拍系统和斜井溜车预报警系统。现场斜井运输安全管理相关的设施及标牌如图13-1~图13-3所示。

图13-1 动态发光二极管(LED)屏和缓冲灯光

图13-2 超速抓拍系统

图13-3 防溜墩和安全警示标牌

13.1.2 斜井底三岔口智能交通控制技术

(1) 斜井底三岔口交通环境分析

中条山隧道 5 座斜井底部设计相同,为便于施工和交通需求,每座斜井底分别设有主联通道和副联通道与正线(左线右线、大小里程)四个方向相连,有五处三岔口,一处十字路口,斜井井底平面如图 13-4 所示。斜井底三岔口是交通运行的瓶颈,此处车多人多,人车混流,最容易引发交通阻塞或交通安全事故,是安全管控的重点和难点。

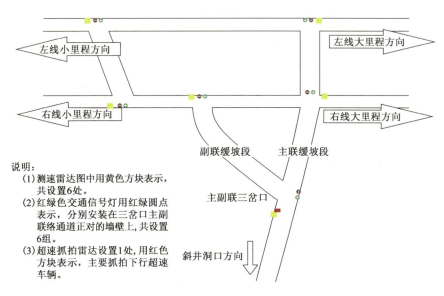

图 13-4 斜井底三岔口平面示意图

(2) 系统功能需求

系统要满足两个功能需求:①能严格控制斜井三岔口行车速度,保证交通安全;②减少人为干预,提高斜井三岔口车辆通行效率。

目前城市交通指挥控制中比较常见的是人工指挥和交通信号灯指挥。交通信号灯是一种高效自动控制方法,一般分为交通网络联网控制、时间控制器控制、非接触式感应或近距离无线通信等控制方式。

基于斜井底三岔口交通环境的特殊性和重要性,新设计一套交通自动控制系统。本节介绍一种非接触式雷达控制,辅助图像视频结合的综合管理控制技术。该系统是集警示提醒、监控录像、超速抓拍、交通信号于一体的智能交通控制系统,人为干预较少,且具有完善的管理制度,既能保证斜井行车安全有序,又能提高车辆通行效率。

(3) 制定交通控制方案

交通控制的思路是判断车道有无车辆通行、通行的速度、车辆的数量、运行方向,最终发出交通控制信号。

斜井底三岔口交通智能控制方案由两部分组成。

第一部分是人为规定的交通规则。考虑斜井底的特殊地形和安全行车管理要求,对斜井底三岔口交通规则制定两个优先通行原则:一是斜井三岔口下行车辆优先通行,此时交通信号灯自动显示红色,在主副联络通道缓冲段内上行车辆暂停让行;二是从正洞驶出的车辆优先通行,此时交通信号灯自动显示红色,在主副联络通道缓冲段进入正洞的车辆暂停让行。

第二部分是交通信号灯控制。交通信号灯控制信号是通过雷达自动实现的,其工作原理是:有车在雷达监控范围移动时,内部电路发出正负频率信号,正信号表示车辆接近雷达,负信号表示远离雷达,可以判定车辆的有无和运动方向;同时能测量车辆当前速度值,发出控制信号。利用雷达发出的信号来控制交通信号灯工作,变得非常方便,非常实用。

举例说明:当车辆从斜井下行至距雷达 200m 左右时,雷达感应发出正频率信号,驱动显示屏显示车辆当前速度;随后发出控制信号,控制对向交通信号灯变为红色,警示缓冲区内车辆不能继续驶出,必须暂停让行;同时开启报警装置发出声光警示信号,开启局部照明灯和区域摄像机工作,把当前所有信息和交通视频资料保存下来。交通信号灯控制有几秒的延时,如果第一辆车通过三岔口进入缓冲区,紧接着有第二辆下行,雷达第二次发出的控制信号叠加到第一次;对向交通信号灯持续显示红色,直至下行车辆完全通过雷达监控区后进入缓冲区,延时后变为绿灯信号,上行车辆可以安全驶出。如果下行车辆超速,抓拍雷达便启动高速相机抓拍。如果某一优先方向一直没有车辆接近,对向车道一直显示绿色,这样就能提高另一个方向的通行效率。

该智能控制系统包含六部分(图 13-5):①动态发光二极管(LED)限速标志屏;②测速雷达显示屏;③区域视频摄像机;④超速雷达和高速抓拍照相机;⑤声光报警装置;⑥交通控制信号灯。其主要特点是利用雷达感应车辆的运行状态,自动控制交通信号灯,实现斜井底交叉口在不通视的情况下自动引导交通,确保车辆安全高效通行。斜井井底的特殊地形和安全行车管理要求,分别设有主副联络通道与正线(左右线、大小里程)四

图 13-5 报警显示信号

个方向相连,有 5 处三岔口和 1 处十字路口,分别在主副联络通道里设置缓冲区。联络通道缓冲区是唯一会车区域,该区域一般设计长度为 50~100m,能同时满足 10 余辆车分道通行。

三岔口地段设置有三种速度:标志限速是 5km/h,由动态 LED 屏显示,起提示作用,提示驾驶员减速慢行通过;雷达起拍车辆速度是 10km/h,无须显示,用于启动高速照相机;实时速度由测速雷达屏完成显示,同时发出控制信号驱动交通信号灯和报警器工作。当有车辆接近时,测速雷达发出控制信号(可以测量的速度范围为 0~250km/h,距离范围 0~300m),如图 13-6 所示。控制电路发出三路信号,一路信号驱动数码管显示屏,以绿色或红色字符显示当前车辆时时速度;另一路控制信号驱动交通信号显示红色,提示斜井有下行车辆(或者正洞有车驶出),主副联缓冲段内车辆暂停避让;第三路驱动声光报警装置,提示附近人员及时避让,同时开启局部照明灯,加大通道的亮度,便于司机辨识,区域摄像头开启录像记录,如图 13-7 所示。同时抓拍超速车辆,留下视频和图像证据,可以追溯历史事件。

图 13-6　动态速度显示

图 13-7　区域摄像头录像

图 13-6a)表示当前检测车速为 7km/h,屏雷测速屏数码管显示为绿色字符,对向交通信号灯显示红色,声光报警装置启动;图 13-6b)表示当前车速 19km/h,大于设定值 10km/h,字符以红色显示,提醒司机减速慢行。由于测速雷达有持续信号输出,此时交通信号灯仍然是红灯亮起,声光报警装置继续报警,提醒行人和经过车辆的驾驶员注意,如图 13-8 所示。

a)绿色信号　　　　b)红色信号

图 13-8　工作中的交通信号灯

当车辆速度大于起拍速度 10km/h 时,超速抓拍雷达启动高速照相机,在约 0.001s 内连续抓拍 3 张高清图片,图片储存至本地内存卡并可通过网络上传至后台服务器,如图 13-9、图 13-10 所示。

图 13-9　超速抓拍图片(客车)

图 13-10　超速抓拍图片(运输车)

(4)实施效果

2017 年 10—11 月试验运行期间,共抓拍一般超速 351 次(10km/h＜车速≤15km/h)、严重超速 147 次(15km/h＜车速≤30km/h);分析两段记录数据后,一般超速从 205 次下降到 146 次,严重超速从 94 次下降到 53 次。为了整改超速问题,项目部集中进行两次通报批评,对违章驾驶员进行批评教育并给予一定罚款。12 月监控数据统计显示,严重超速仅有 2 次(主要是外来车辆不熟悉现场情况),一般超速 5 次。车辆超速数据统计如图 13-11 所示。

从统计数据分析得出,其中危险性较大的两类车(出渣车和混凝土运输搅拌车)做得最好,无一次违章超速。斜井底三岔口智能交通控制系统,成功在中条山 2 号、3 号斜井中应用,连续运行 24 个月,工作可靠,该期间无一起车辆和人员交通安全事故发生,斜井车辆运行井然有序,能完全杜绝斜井交通运输车辆超速的顽疾,有效遏制交通安全事故的发生,提高斜井三岔口运输车辆通行效率,节省现场交通管理人员,为斜井隧道施工安全管理保驾护航。

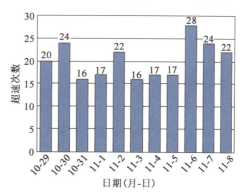

图 13-11　车辆超速统计分析(2017 年)

13.1.3　正洞无轨运输规则

由于单线隧道断面狭窄,因此在斜井井底设置主副联,减少进出口方向施工车辆干扰,提高整体通行效率,正洞车辆遵循"右进左出"的统一交通规则,确保车辆通行畅通。进入隧道约 400m 处设有一横通道,横通道原设计衬砌后宽 4m,通过优化将通道扩挖至 7.5m,减小了设备长距离的会车影响。方向设置优化为相对斜井进入方向为倒"八"字形状,行进线路均呈钝角(120°),直接转弯即可前行。通过在转角处安装交通引导灯,杜绝车辆逆向通行,确保车辆有序通行,提高运输的安全性和高效性。车辆行进路线如图13-12所示。

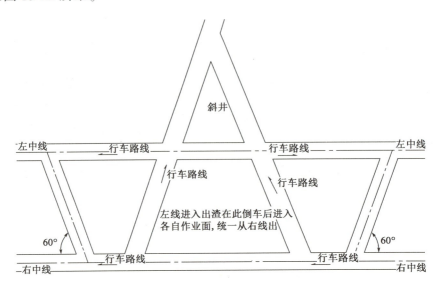

图13-12 正洞车辆行进路线

13.2 长大隧道供电及安全技术

长大隧道施工中,能源供给是开展一切工作的必备条件,无论是动力供风系统、通风系统、照明系统、排水系统,还是各种用于现场的自动管理系统、监控的安全系统,都需要电能供给。供电系统的重要性不言而喻,尤其是长大隧道、富水隧道、长大斜井隧道等特殊的隧道施工用电,必须使用双电源供电,必要时还需配置柴油发电机组作为应急备用电源。只有重视供电系统的设计和安全管理,隧道施工安全才能得到保障。本节主要介绍外部双电源、备用应急电源和隧道内高低压供电系统三部分内容。

13.2.1 外部双电源供电系统

中条山隧道的施工特点是地质结构复杂,地下水丰富,需采用多种施工工艺相结合,现场配置的多种施工设备和抽水设备总负荷超过30000kW。由于隧道外地形复杂,翻山越岭,线路长,负荷大,整个隧道施工供电采用分段分区,高低压结合,以国网电为主,地方农网电为辅的双电供电模式,同时配置内燃备用应急电源。

隧道进口和1号斜井用电总负荷4800kW,从运城市解州桃园110kV变电站引出10kV专线,报装容量6000kVA,至1号斜井最远供电距离11.3km。从地方农网到斜井引入一趟

600kW 的保安电源,作为斜井第二高压电源,同时配置 800kW 内燃发电机组一套,作为应急备用电源。隧道出口、2 号~6 号斜井平导用电总负荷为 25000kW,考虑 2 号、3 号斜井施工周期长,在斜井到底之前,5 号、6 号斜井和平导施工任务预计完成 70%。考虑成本投入和工期安排,以及前端 110kV 变电站的负荷分配因素,计划报装容量 16000kVA。前端从平陆县部关变电站引出,新建 35kV 线路 18.3km,新建一座 35kV/10kV 变电站,主变 2×8000kVA。5 号、6 号斜井新建一趟 10kV/5000kW 专线,隧道出口和平导新建一趟 10kV/3200kW 专线。2 号、3 号斜井用电负荷较大,用电点多,新建两趟 10kV/6000kW 专线。考虑农电不能提供足够的保安电源,需新建一座柴油发电站作为第二电源。同时需新建一座变配电站,完成多电源转换和柴油发电机组并网发电升压,再通过多路 10kV 开关分送至用电点。

因 2 号、3 号斜井承担的施工任务包含两斜井总长 4474m,正线左右各 5715m,依据设计文件和相关水文资料,2 号、3 号斜井正常涌水量 16828m³/d,最大涌水量达 50485m³/d,故下面主要以 2 号、3 号斜井现场施工为例,重点介绍内燃应急备用电源设计和安全管理、隧道内排水系统高低压供电技术。

13.2.2 应急备用电源

2 号、3 号斜井前期承担 4474m 施工任务,需要两年时间完成。进入正洞后,施工最大负荷达到 11500kW,其中仅用于抽水系统的负荷就达到 7000kW。依据此数据,应急发电站的柴油发电机组也随着进度,逐渐从 3 台增加到 9 台,发电机组参数均为 50Hz/1000kVA/880kW/0.4kV。升压站在设计之初,就考虑到后期还有可能增容,所以发电机组和变压器都采用通用型,除满足中条山隧道施工使用,还要考虑施工完成后,这一部分设备能继续使用到其他工程中(而非直接选用 10kV 发电机组)。在设计升压变电站时,首先确定并网方案,由一台柴油发电机组和一台变压器组成一个发电升压单元,容量为 1000kVA,采用"先升后并"的方法,将这些发电升压单元逐个并联到 10kV 的母线上,依据用电负荷需求,计算发电升压单元的个数,进行灵活自由组合。升压变电站如图 13-13 所示。

图 13-13 升压变电站

在修建变电站时,需要注意以下安全事项:
(1)发电升压站及开关站整个地网的制作和施工安全。
(2)多路 10kV 外网与自发电升压母线的电气隔离开关,如图 13-14 所示。

(3)内燃发电机房选址修建,通风排烟、散热和消防,如图13-15所示。
(4)用于升压的变压器选型和参数要求。

图13-14 双电源隔离开关　　　　　　　　　图13-15 发电机房内景

13.2.3　隧道内高低压供电系统

基于前述隧道特殊的地质和富水施工等原因,本小节重点介绍两部分,第一部分是排水供电线路、高压开关柜设计及安全要点,第二部分是隧道掌子面至二次衬砌区段的高低压供电。

隧道施工由于采用了一些新工艺和新装备,造成掌子面至二次衬砌区段用电总负荷达到300~500kW,主要大功率设备有潜水泵、移动式混凝土喷射车、混凝土拖泵、液压自行仰拱长栈桥等。长斜井施工用电和排水用电可靠性尤为重要,为此专门设计了长斜井施工用电方案,根据用电负荷大小和分布规律,突出体现供电的可靠性,保证供电不间断。以2号、3号斜井为例,10kV线路总体供电情况分布如图13-16所示。图中最上部分是由9路应急发电模块组成的升压站,通过10kV贯通母线与两路双电源开关组成供电双回路,其中在10kV贯通母线还有双电源开关与农网连接,由于农网提供保安电源容量有限,图中未画出。在两斜井洞口分别修建小型开关站,把供电主要分为洞外供电、洞内施工用电和斜井排水供电三大块,其中斜井排水供电线路采用双电缆供电,在泵站处增设高压开关柜,开关柜内采用双电源开关,分别和两路电缆相连,保证排水供电绝对安全;变压器和配电柜采用可移动集成安装方式;抽水机供电全部采用在线软启动控制器,见后详述。

(1)洞口设置多路组合开关

多路组合开关的特点:占地少,投资小;每条回路可以单独停送电操作,不影响其他回路供电;每条回路都有单独的隔离开关和真空开关,操作安全,独立保护。斜井中部、底部泵站,井底中央变电站和掌子面用电,分别由多路开关供电,如图13-17所示。

(2)高压接头箱

高压电缆接头箱的特点:提前加工制作,接线快;投入少,可以重复使用;高压电缆终端头一次制作永久使用,避免线路加长时切断终端接头;减少中间接头制作成本和时间;有三相来电指示灯,便于检查维修。高压接头箱如图13-18所示。

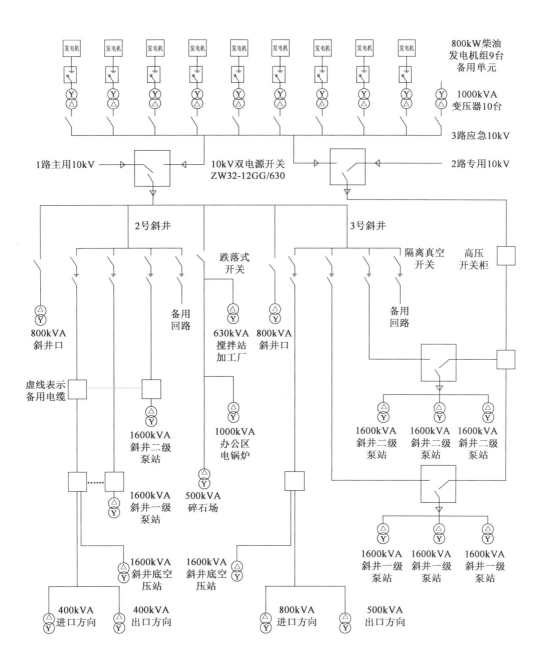

图 13-16 10kV 线路总体供电情况分布图

（3）高压开关柜

高压开关柜的特点：在洞内铺设电缆延长时可以临时操作通断，不影响开关柜前端其他供电；当高压线路过长时，可增加中间保护；在斜井中部变电硐室内，可以为另一回路在出现供电故障后，作为临时备用 T 接点。高压开关柜如图 13-19 所示。

a)   b)

图 13-17　斜井洞口多路组合开关(2 号/3 号)

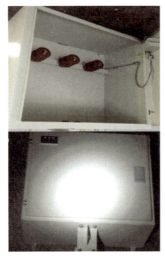

图 13-18　高压接头箱　　　　图 13-19　高压开关柜

(4)预装箱式变电站

预装箱式变电站的特点:投资少,可以利用现有变压器,根据现场需求设计加工不同规格(常用 400kVA、500kVA、630kVA、800kVA 四种)、尺寸、功能的箱式变电站;安全可靠,安装调试方便,配电输出回路及保护根据需求设置;内增双投开关,便于双变压器供电切换;采用智能电容补偿,减小柜体空间。采用双预装式移动箱式变电站,交替不间断供电,满足掌子面供电需要。预装箱式变电站如图 13-20 所示。

(5)集成供电

集中供电如图 13-21 所示,右侧为双电源高压开关柜,可由两路 10kV 高压电缆供电;左侧为 1600kVA 预装箱式变电站;中间是抽水机集成控制柜。控制柜上端至变压器输出全部用铝排硬接线,可以减少电缆的使用,增大电流面积,降低线路损耗,便于布置和安装,经济安全。经过隔离开关与软启动控制器相连,同时能控制 4~6 台抽水机工作(5 路常用,1 路备用),从控制柜下端至抽水机采用单根三相电缆平行布线,专用电缆型号是 YC-1× $185mm^2$,方便电机安装维修时布线,进一步减小线损和电压降。

图 13-22 是成套高压耐压试验仪器,可以对高压电缆、变压器、高压开关、开关柜、高压

电容等进行耐压试验,该仪器在制作、安装、检查、维修高压供电设施时是必不可少的。

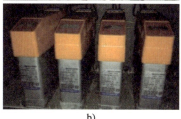

图 13-20　预装箱式变电站

图 13-21　集中供电设备　　　　图 13-22　成套高压试验仪器

（6）其他保障措施

①电工持证上岗,加强日常专项培训。

②配置高压检测和操作工具,配齐必需的防护用品。

③施工临时用电严格按国家、行业规范、公司相关管理文件要求,严格流程审批,确保执行到位。

13.3 斜井安全预报警系统

在长大隧道设计中,为保障工程建设工期,改善隧道通风排水、施工供电条件,改善有害地质和自然灾害影响,解决长大隧道施工的方式通常是设置若干辅助施工斜井,利用斜井将长隧道"短打",但随着施工斜井数量增多,也带来了施工难度和安全管理的风险。施工斜井既是交通要道,又是唯一的生命通道,所以斜井的安全管理至关重要。在以往的斜井隧道施工中,安全管理手段比较单一,措施比较简单,有的仅仅增加管理条文要求、安全管理人员数量,增设一定数量的安全警示标志或防撞设施;有的报警系统应用范围小,功能相对单一,报警信号输出的参量少,辨识度不高,时效性差,大多是事后报警,缺乏提前预警的功能。

为建立一套完整的斜井安全预报警系统,以中条山隧道施工项目为依托,结合现场斜井数量多、洞身长、纵坡大、地质复杂、涌水量大等特点,为保证隧道斜井施工期间的安全,研制了一套安全预报警系统。此预报警系统主要应对斜井溜车、突水淹井、洞外洪水倒灌、洞内火灾、有害气体爆炸、中毒等风险源的管控难题。一旦发生上述险情,报警系统立即发出预报警信息,提前告知现场值班人员警惕,作业人员得以及时避让疏散,为指挥人员及时了解报警种类和具体位置等情况,并进行应急处置,最大限度地控制事态发展,减少事故损失。该斜井安全预报警系统,不仅适用于一般的隧道斜井工程,同时也能适用于其他类似地下工程,对矿山工程施工安全管理,也具有借鉴和指导意义。

围绕长大隧道斜井施工安全风险管控难题,以斜井隧道典型安全事故的分析为基础,拓宽地下空间施工安全管理理念和方法,通过文献资料调研、理论研究、现场勘查、程序开发、软硬件集成等方法,应用多源数据采集、地下空间定位及双音变频(DTMF)解码远程通信等技术(图13-23),确定斜井多源信息安全预报警系统工作机制和构架模型,从而研制斜井安全预报警系统,来弥补人类知觉和触觉的不足,代替安全管理人员的繁重劳动,实现全天候无间断高精度的自动监测和预报警,实现安全管理自动化。同时,日常的安全管理也变得更轻松、更完善,人为因素干预减少,实现了数字化、集约化、轻量化,以较少的安全投入获得最大的经济效益。

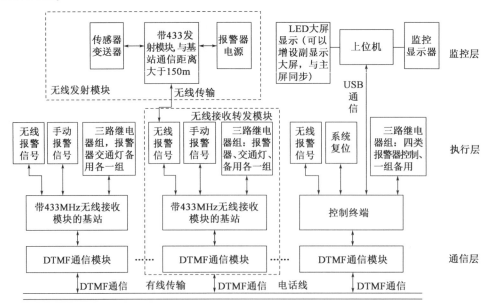

图13-23 斜井安全预报警系统原理图

斜井安全预报警系统不仅能手动和自动报警,还有预警功能,能准确判定报警的类别和位置。系统增加了多种显示接口,丰富了显示内容,开发了后台管理软件和数据库,能自动统计和生成报表。该系统提高了隧道施工安全管理自动化水平,通过技防措施实现了本质安全,降低了安全事故发生概率,减小了事故造成的损失,同时提升了施工企业现场标准化管理水平,社会效益显著。

13.3.1 斜井溜车预报警系统

1)车辆溜车特征参数分析确定

在斜井中车辆制动失控后,就会造成溜车。但车辆表征状态很多,比如速度和加速度变化,制动力不足,制动距离增长,传动轴扭力变化、发动机的转速与扭力变化等,要完全把车辆状态信息全部检测出来,需要很多车身状态传感器和控制器来完成,最终由行车电脑来判定车辆是否处于失控状态,这样庞大的测控系统费时费力,也不能对所有施工车辆进行改造,既不经济,又不安全。

考虑另外一种思路,即把失控溜车的速度这个单一的物理量作为车辆溜车的特征参数,这样做的理由包括:

(1)车辆故障或者失控后,一旦溜车发生车辆是在斜坡上行驶,由于重力原因下滑,速度会越来越快,可以根据车辆的速度(或者加速度)来判定是否真的溜车。

(2)车辆不是真正的溜车超速了,是驾驶员人为放任超速,这也是很危险的操作,是绝对禁止的。长距离的陡坡下行,为控制车速进一步增大,驾驶员经常会持续轻踩制动踏板,这样导致制动片迅速发热高温,最终造成车辆的制动距离增大,甚至制动失效。

(3)速度容易通过速度传感器非接触测得,在不改变车辆原结构的情况下,更安全。

(4)车辆溜车的其他特征参数,需要大量的传感器和电脑运算才能得到,这些电子辅助系统自身的客观因素,再加之驾驶员的主观、环境等因素,系统也很难做到百分之百的准确。

(5)加速度包含在速度里,如果加速度是不断变化的,采用加速度参数还有意义,如果是加速度恒定不变,而实际车速很大,这也是很危险的。

通过对比分析,最终选用速度作为车辆溜车的特征参数。

2)车辆测速装置要求

新设计的测速装置必须同时满足安全性、经济性、实用性要求。安全性是指不能对原车辆进行较大的改动,不能破坏原有车辆结构,不能降低原车辆的安全性,更不能带来新的安全隐患;经济性体现在安装方便、维护简单、性价比高;实用性就是通用性强,适用于现场施工的所有行走车辆,测速精度要求高(±1% F.S.)。

3)车辆测速方法的确定

目前经常使用的测速方法,按原理可以分为以下几类。

(1)机电类

通过变速器输出轴上的齿轮,驱动软轴并带动转子线圈转动,类似一个微型发电机,再带动指针偏转,间接指示车速,这是目前一般车辆自带的里程速度一体表的工作原理。由于不同厂家的车辆使用测速装置的传动比、表线接口等都不尽相同,且不提供对外接口,不能利用现成装置,虽然个别的车辆有车载自动诊断系统(OBD)接口,但不同厂牌的车辆系统,因此机电类测速方法不便于信号获取和信号统一处理。

（2）电脉冲类

通过轮系与车辆行走系统的旋转部相连,由于相对运动,光栅或者磁栅发出脉冲,用控制电路计算车辆的速度,电磁传感器使用较多。但电脉冲类的光栅或者磁栅传感器,不能直接安装,需要在汽车行走轮轴系统附近安装支架,把测速传感器固定在支架上。这种测速方法暂且不考虑安全因素和灰尘泥水的影响,还需自己研发接口电路板,根据不同的传动比和脉冲数,建立多个数学计算程序,最终才能换算成车辆实际速度,并且还需要专用的标准速度仪器来标定,使用不方便。

（3）卫星导航类

通过车辆上的导航设备接收导航卫星信号,时时计算车辆与多颗卫星坐标位置变化,来计算出车辆速度。卫星导航测速技术由于在地下空间不能直接接收卫星信号,这种测速方法就不能选择。

（4）雷达类

固定雷达头发出连续不断雷达波束,遇到行驶的车辆反射,雷达接收到反射波信号,计算前后时间差值,可以得到车辆的速度。固定雷达测速方法,需要投入昂贵大量的设备,在斜井区间内间隔一定的范围安装多组测速雷达,同时还要安装车牌电子抓拍识别系统,以识别不同的车辆,再通过固定区间的平均速度和雷达测速点的瞬时速度,来计算车辆的平均速度,整体测速设备投入较多,总费用较高,及时性不强,不适合作为报警的控制信号。

（5）测瞬时加速度

利用加速度仪测量车辆的瞬时加速度,通过内部电路叠加计算出车辆任意时刻的瞬时速度(也就是下一时刻的初速度)。这种方法累积误差大,需要经常与基准速度对比校核,才能保证精度。

（6）地磁测速

这种测速方法是用一种磁传感器,安装在行驶的车辆上,通过检测磁场的变化,间接测量出车速。目前这种技术还不成熟,受地质影响,测量精度不高。

以上几类车辆测速方法,由于各种原因不能很好地适用于地下空间测速,所以需要研制一种通用的测速装置,能适应所有行走车辆、精确测量车速、方便设置不同速度阈值,从而实现车辆超速后的预警,达到极限值时报警。车辆在斜井行驶中,如果车辆因故发生溜车或失控情况,提前发出报警控制信号,让安全系统的警报装置报警,提示下游人员和车辆及时躲避,减小安全事故,防止事态的扩大。

通过对多种测速方法的比选,最终选用非接触式雷达测速方法,将雷达变为主动测速,即在每辆车上安装一套车辆测速预报警装置,每套装置含有一个测速雷达,通过雷达相对地面的位移变化,间接得到车辆的速度。该装置安装简便,经济安全,对原车辆无任何改动,仅有一条直流供电电源线,与车辆标配点烟器连接完成供电,如图13-24、图13-25所示。

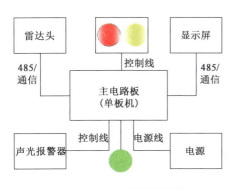

图 13-24 雷达测速装置原理

图 13-25 雷达测速装置实物

13.3.2 水灾预报警系统

1）水位控制需求分析

水位控制不是单纯水位高低位置测量,需要应对隧道内突水引发的水位暴涨,隧道洞口外河流山洪引发的水位上涨,自动排水系统水仓(池)内水位上涨,通过这些水位变化变化的快慢,计算变化速率,进行趋势分析和预测,提前发出预警信号;当水位持续上涨,达到极限水位时,发出报警信号。为了满足安全预报警系统的功能需求,水位测控装置要具有以下功能。

(1)水位控制功能

水位控制器最基本的功能就是水位控制,通过按键输入参数,可方便灵活地设置多组水位,能依据监控的水位发出多组输出信号,实现抽水机自动启动和停止,控制报警装置,利用光柱直观形象显示水位的百分比例等。

(2)预警功能

水位控制器能计算任意时段内水位上速率,提前做出趋势分析,比如隧道内突发涌水、监控河流的水位突然变化、抽水泵站水仓内水位突然变化等。当水位上涨过程中,测控装置检测到水位从 h_1 上涨到 h_2 的时间,也就是单位时间内水位的变化率达到设定的值,提前发出预警信号,提示作业人员时刻注意水位变化,时刻准备紧急避险;同时自动(或者提示操作人员手动)开启更多的水泵,加快排水。

(3)水头监测

能连续监测掌子面超前探孔内的水压变化,推算出岩体内水头高度。只需将探头放入出水孔内,孔口直接加密封物堵塞密闭,就能快速读出水压值,还可以实现连续远程自动监控。比常规测压方法省时、省事。

2）功能实现对策

通过进一步分析,水灾可分为洞外水灾和洞内水灾两种。有的隧道口或者斜井口位置距离河床流水面高差很小,遇到较大洪水,可能引发洪水倒灌入隧道内,造成淹井事故。隧道内施工,遇到地下水比较丰富的地质情况,比如溶洞等,掌子面突发涌水,这是常见的风险。无论是哪一种情况,本质上都是水灾,它是水流在时间和空间上的失控。水位控制思路是:设水流通过的某一相对固定截面,水流断面假设为标准截面形状,矩形、圆形、梯形等(便于公式推导计算),即便现场实际是异形断面,也可以多次简化成标准断面叠加,或者通过试验得出数据。在单位时间内水位变化速率快慢,可以用时间来定义,结合现场水流实际截面大小、水压、流速等,间接推算出水量的大小。当水流通过某一截面时,如果总水量随时间的变化逐渐变大,水位的变化速率就会不一样,即测得水位从 h_t 到 h_{t+1} 的时间 t,与用户设定的时间 T 值比较,当 $t \geq T$ 时,定义为水位暴涨预警;当 $t < T$ 时,定义为水位上涨可控。如水位继续上涨并达到某一设定上限水位,就会发出极限报警。

对水灾的检测控制,需要找出两个参数来共同完成控制:一是时间 t,二是极限水位 h_{max}。通过一种传感器和单片机系统组合,就能实现这两个参数的自动测量和计算,根据需要发出控制信号。经过研究分析,在水体内部某一固定点,其水压是随深度变化而变化的,与水位高低变化成正比,选择水压作为研究对象,最终确定选用水压力传感器。

3) 水位控制器方案

水位控制装置属于水位测控技术领域,具体涉及一种智能水位测控装置,主要由传感器、变送器、控制器、光柱显示器、继电器组和声光报警器组成,其中控制器含有丰富的 I/O 接口,输入键盘和数码管显示(可以简化为最小系统),输出继电器组可以直接驱动抽水机启停的控制电路,控制器还有集成的远程通信接口,工作原理及组成结构如图 13-26 所示。

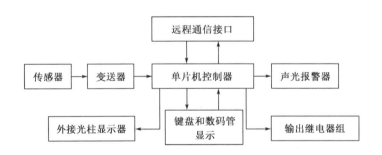

图 13-26 智能水位测控装置工作原理及组成结构

传感器采用压阻效应原理,负责把水位高低的变化压力信号转化成电流信号传给变送器;变送器其作用是一个接口电路,完成对传感器的供电和信号处理与传输,将毫安级的电流信号传送给控制器;控制器是系统核心,完成参数设置、存储、测量数据的运算和处理,并输出多种信号,直接驱动声光报警器和继电器组;同时将控制信号送给光柱显示器,光柱显示器能按设置的水位高低,在其量程范围内,直观形象地显示水位数值和水位百分比例。声光报警器工作后,能发出特定音效的警报声音和高亮频闪灯光,声音可以手动消除,但报警灯一直闪烁,直至控制器发出解除信号为止。远程通信接口可以与更多的标准设备连接,通过组网联机,实现更大的自动化控制系统,如图 13-27、图 13-28 所示。

图 13-27 智能水位控制器单板机

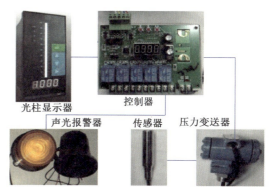

图 13-28 智能水位测控装置组成图

13.3.3 火灾预报警系统

斜井隧道地下施工空间的火灾预报警系统,不同于一般的建筑火灾监控报警系统,也不同于建成运营隧道火灾监控报警系统。隧道地下空间施工环境特殊,动火作业地点较多,施工设备和爆破作业会排除一定的烟尘、产生振动,个别地段受地热影响,环境温度相对较高,要准确判断隧道内火灾隐患,需要优化现有的火灾监控报警信号的采集方法。以点式烟感为主控信号作为必要条件,增加感温和火焰探测器作为辅助信号,设计简单接口电路,让三种以上的控制信号构成逻辑关系,最终触发报警信号,这样才能消除施工现场火灾误报警的问题。

13.3.4 空气质量预报警系统

在隧道内主要人员密集区,安装多组空气传感器(目前主要有瓦斯、氧气浓度、一氧化碳、氮氧化物等气体传感器),实时检测空气质量。当其中一种或几种气体浓度接近或者达到阈值时,能发出预报警信号,在提醒作业人员的同时,发出控制信号驱动变频控制器,自动调节通风电机频率,加强通风,改善作业空气质量。气体传感技术成熟,目前市场有成套的解决方案和设备,只是根据隧道施工现场需要,购买相应的气体传感器,再把控制输出信号与无线报警器单元连接,就可以完成整个系统的集成和预报警功能。

13.3.5 预报警系统的通信与集成

1)系统通信的需求分析

(1)从管理的对象分析:报警点数多,目前设计数量 999 个;种类多,包含运输车辆溜车预报警、洞内火灾预报警(可分 1~8 个区域,后面同)、洞内水位控制预报警、洞内有害气体预报警和洞外河流水位预报警等。

（2）从管理的空间维度分析：覆盖的空间范围广、长度大，以5000m为半径的多条分支预报警监控范围，目前设计有5条辐射状监控区，包含斜井、正洞左右线大小里程方向等5个线型区域。

（3）从特殊性要求分析：车辆数量多，位置时时变化，需要在运动中完成预报警信号传递，其他报警源监控点随时需要变更位置。

（4）从功能结构要求分析：安全、可靠、抗干扰强、性价比高。

2）通信的对策

通过对中条山隧道施工现场危险源分析，对现有报警系统的研究对比，针对前面通信系统的4点需求，制定相应的对策。把999个监控点对应地址进行分类分段，每类具体数量按监控对象需求设置，由程序设置地址分配表。每个点对应一个唯一的地址编码，地址由用户在现场使用时修改设置，目前系统的地址分类分段情况见表13-1。

地址功能区间对应表　　　　　表13-1

地　址	功　能	区　间
001～500	斜井溜车预报警500点	间隔300m布置一点，可监控150Km斜井路段
501～700	200个预留点	预留
701～800	火灾预报警100点	可分段分区布置，每施工点集中布置1-5点
801～900	空气质量监控预报警100点	可分段分区直线均布，可监控150km的隧道
901～910	河流水位预报警10点	斜井隧道洞口外河流水位监控
911～930	洞内突水预报警20点	斜井隧道内洞内，可以监控20点水位
931～990	70个预留点	预留
991～999	特殊功能	991系统调试使用

考虑实际监控距离因工程不同，中条山2号斜井长2429m。正洞内往大里程方向施工距离，左右线计划2100m；往小里程方向，左右线计划2900m，这样就形成了以斜井与正洞交点为圆心的5条放射状路线，其中斜井段主要监控车辆溜车的危险，正洞四个线路方向上需要监控火灾、掌子面突水和有害气体等（依据实际情况灵活设置范围）。应急电源采用集中电源集中控制模式，供电半径3000m，可以满足上述要求，如果其他工程供电半径过大，可以采用多电源分段或者并列供电模式解决。

通过研制特殊功能的单片机系统，适用多源信号处理，负责整个系统的通信，完成数据交换、处理、保存等，实现安全预报警系统的通信功能需要。

3）通信方案的确定

整个通信系统中有999个信号源点，已经对其分段分类定义，从传输路径来说，目前通信方式主要两种无线和有线。斜井溜车预报警监控的车辆，是在运动行驶的，不能采用有线方式传输预报警信号，只能采用无线方式。

无线信号发射出去，需要有接收无线信号的装置，所以就有与之对应的无线接收基站，基站按照间距300m布置，理论需要无线发射模块的发射距离，至少大于两基站之间一半的距离（150m），才能满足车辆在行驶中，任意时刻发出的报警信号，至少能被其中一个基站接收。考虑到隧道内特殊的环境、狭长的空间、金属对电磁波的吸收、供电线路的电磁干扰等，设计时发射距离按照 200m 考虑。

基站与基站之间的通信方式有"无线"和"有线"两种，为了信号的准确稳定传输，基站模块保留无线传输作为辅助通信，优先按照有线方式来工作，基站与基站采用有线通信，接力传送，直至将需要上传的信号最终传送到终端接收器为止。如果有线传输出现通信故障，自动转化到无线模式运行。斜井施工安全预报警系统如图 13-29 所示。

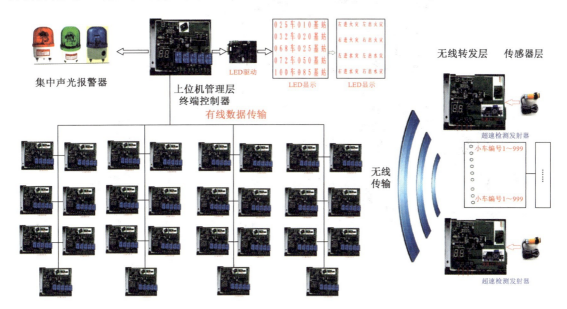

图 13-29　斜井施工安全预报警系统图

13.3.6　预报警系统管理软件方案

1）软件需求分析

斜井安全预报警系统涉及多源信号管理，控制的点数较多，需分类分段。管理软件除了对预报警信息的数据记录和保存外，还有大量的视频数据、图像数据需要保存，方便事件的追溯回看，这些大数据需要长时间的保存；目前的传感器、基站和控制终端的参数设置是在硬件内完成的，还不能通过上位机实现双向数据交换。

对于预报警系统硬件本身而言，可以不需要后台管理软件就能独立运行，这也是设计的初衷，可以实现最小系统运行（图 13-30），简化硬件结构，降低投入成本。管理软件的作用是辅助管理手段，进行系统监视、参数管理、数据存储等功能。管理软件操作界面友好，对上位机电脑硬件无特殊要求，性能可靠稳定，操作简单易学。

2）软件的功能

（1）对所有的监控源点进行分类管理，实现在线联机状态监测。

（2）能实现多屏显示，除上位机计算机显示外，可以增设室外主显示屏，远距离的辅助显示屏。

（3）实现双向数据上传下达，对报警记录数据进行存储，能对报警历史数据进行查询、分类汇总、报表打印。

（4）系统登录账号管理，用户权限设置，修改系统参数等。

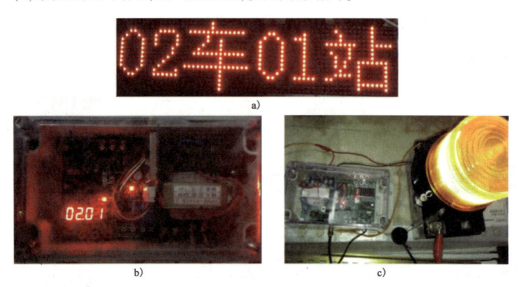

图 13-30　带外接显示器的最小系统

3）软件的解决方案

斜井安全管理软件操作界面采用熟悉的视窗操作模式，网页界面主要采用 B/S 架构和 Spring boot 框架，通过 Mybatis 中间件，内嵌 MySQL 开源数据库技术，采用流行的 JAVA 语言编写。浏览器/服务器模式结构（Browser/Server，B/S）统一了客户端，将系统功能实现的核心部分集中到服务器上，简化了系统的开发、维护和使用成本，客户机上只要安装一个浏览器，通过 Web Server 同数据库进行数据交换，界面通俗易懂，软件系统通用性强，对上位机计算机及硬件没有特殊要求。操作界面如图 13-31～图 13-34 所示。

图 13-31　登录界面

图 13-32　联机成功界面

图13-33　操作菜单界面

图13-34　数据日志界面

13.3.7　斜井安全预报警系统应用成果

该系统在浩吉铁路中条山隧道斜井施工中试验运行后,逐步在中铁隧道局集团有限公司范围内长大斜井施工中进一步推广,有9个项目14座隧道斜井安装了该套系统。斜井安全预报警系统作为安全管理一种重要技术手段,将本系统推广应用到日常安全管理中,既经济又高效,是完全行之有效的。

13.4　本章小结

(1)中条山隧道斜井采用无轨运输,通过三岔口智能交通控制技术,能够有效解决车辆的超速问题,减少交通事故的发生;同时减少了交通管理人员数量,使车辆通行效率得到提高。

(2)中条山隧道施工重视供电系统的设计和安全管理,供电采用分段分区,高低压结合,以国网电为主、地方农网电为辅的双电供电模式,同时配置内燃备用应急电源,以保障隧道施工安全。

(3)斜井安全预报警系统综合了斜井溜车、水灾、火灾和空气质量等情况,采用该系统显著提高了施工管理的自动化水平,提高了隧道施工的安全性,减少了因事故产生的经济损失,经济效益显著。

第14章

二次衬砌台车关键工装工艺改进技术

Key Construction Technology for Zhongtiaoshan Tunnel of
Haolebaoji-Ji'an Heavy-haul Railway

Key Construction Technology for Zhongtiaoshan Tunnel of
Haolebaoji-Ji'an Heavy-haul Railway

隧道施工领域已全面推行标准化作业，工装优化研究与应用是保证标准化施工的前提。隧道施工中二次衬砌台车作为施作二次衬砌的主要设备，其工装工艺对二次衬砌质量起决定性作用，直接影响工程施工质量和效率。为贯彻"以工装保工艺、以工艺保质量、以质量保安全"精神，保障混凝土施工质量，积极推进隧道衬砌施工工装改进和成套设备配置，中条山隧道衬砌施工中通过优化改进二次衬砌台车相关的配套设施，制定相应的工艺流程并严格把关，成功解决了隧道二次衬砌施工实体质量不易控制、工效低等问题，充分发挥了科技在施工生产中的先导、保障作用。

14.1 二次衬砌台车关键工装改进

通过对以往单线隧道进行调研，在施工和施工工装中都存在不同的缺陷，如模板台车作业空间不足、混凝土振捣不密实、浇筑不充分、缺乏有效的混凝土养护工装等。针对这些问题，对隧道衬砌台车的门架装置、端头模板、布料系统、作业平台等主体结构以及混凝土分仓浇筑、混凝土振捣及养护施工进行了改进优化，有效地增加了二次衬砌作业人员的作业空间，便于台车脱模、就位及混凝土振捣工作的顺利进行。

14.1.1 台车门架装置

对于单线隧道，为增加台车作业空间，创新了主体结构设计，仅在模板两端外侧设置门架，以纵向简支花梁结构作为模板台车行走状态下的主要承载结构，以模板本身作为衬砌工作状态下的主要承载结构。有效增加了二次衬砌的作业空间，便于台车脱模、就位及混凝土振捣工作的顺利进行。门架优化后如图14-1所示。

14.1.2 台车多功能端头模板

隧道拱墙衬砌施工模板台车定位完成后，需要对台车端头处进行模板封堵，施工中通常采用木板进行封堵，存在较多缺陷，纵向钢筋预留间距忽大忽小，环向施工缝止水带安装不但操作困难而且在混凝土施工中易出现移位、扭曲翻转，从而产生质量隐患。隧道衬砌分为有钢筋段和无钢筋段两种，在中条山隧道进口拱墙衬砌施工中运用了有钢筋段和无钢筋段两种复合型钢端模，便于钢筋预留搭接和中埋式止水带安装，而且模板拆除方便，标准化程度高，解决了现有技术中存在的纵向预留钢筋搭接和中埋式止水带安装质量问题，有效提高了隧道施工缝的施工质量。

1）有钢筋段复合式端头模板

（1）端头模板组成

有钢筋段拱墙卡具型台车端头模板体系由分体钢模、U形固定卡槽、型钢背撑、简易丝杆斜撑组成。

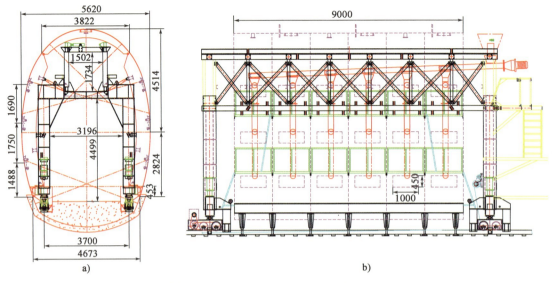

图14-1 单线台车门架优化图(尺寸单位:mm)

(2)端头模板安装流程

①安装工艺流程:台车定位→安装第一环模板(吊挂在模板台车端头)→安装型钢背撑(同时安装背贴止水带)→安装第二环模板→安装中埋式止水带→安装第三、四环模板→丝杆加固→模板之间缝隙处理。

②模板由多段模板首尾相接而成,每段模板分为四环,从里到外依次为第一、二、三、四环模板,四环模板均为弧形,第一、二环模板之间和第三、四环模板之间分别卡拱墙纵向钢筋;第二、三环模板上设置用于卡住位于施工缝中间位置的止水带的卡具,如图14-2所示。

图14-2 有钢筋段卡具型台车端头模板

(3)技术要点

①模板采用厚度6mm钢板制作,分为四环,二环和三环模板上设有止水带夹具,模板分段长度1.5m。

②U形卡槽采用φ22mm钢筋弯制,焊在模板台车端头,用于固定型钢背撑。

③型钢背撑和简易丝杆为加固体系,其设置间距径向不大于75cm,背撑采用I20型钢制作。

④模板安装完成后必须用木楔将背撑与U形卡槽楔紧。

⑤为防止止水带在浇筑混凝土时翻转,安装时必须在止水带套设U形钢筋卡,钢筋卡间距60cm,U形卡采用φ6mm钢筋制作。

⑥脱模后将外露止水带上残存的混凝土及时清理,确保止水带表面清洁与混凝土紧密结合。

2)无钢筋段复合式端头模板

(1)端头模板组成

无钢筋段复合式端头模板由内膜、外模、支撑槽钢和支撑丝杆组成。

(2)安装及拆卸工艺流程

台车定位→翻转内侧模板→丝杆加固→安装中埋及背贴式止水带→安装外侧模板→模板封堵外侧模板至防水板之间的空隙→加固。

(3)技术要点

①端头模板分内模和外模,均为钢模板,内模靠近台车侧钢板厚度10mm,外模钢板厚度为6mm,内模、外模上焊设185mm宽的止水带夹板,用于固定止水带。

②模板支撑采用长630mm的槽钢焊在台车端头上,布置间距500mm/个;丝杆一端顶在槽钢末端、另一端顶在内侧端头模的耳板上,用于加固端头模。

③外模和防水板之间的空隙采用模板贴封,通过背撑钢管加固。

④为防止止水带在浇筑混凝土时翻转,安装时必须在止水带套设U形钢筋卡,钢筋卡间距60cm,U形卡采用φ6mm钢筋制作。

⑤脱模后将外露止水带上残存的混凝土及时清理,确保止水带表面清洁与混凝土紧密结合。

3)实施效果

拱墙衬砌有钢筋段卡具型和无钢筋段复合型端头模板的使用与传统模板相比,有效保证了纵向钢筋和中埋式止水带安装质量,不但节约时间、降低木材消耗,而且大大降低了爆模风险。

14.1.3 台车布料系统

通过安装自动化布料系统,改传统的人工移管布料为机械化自动布料,解决了狭窄空间布料难题,实现了分层、分窗浇筑。

为满足逐窗、逐层浇筑混凝土,每个窗口均配有分料串筒。浇筑混凝土时通过混凝土泵车泵送到台车顶部料斗,然后通过左右两侧无轴螺旋输送机(图 14-3)进行横向运送,再由每个窗口的分料串筒分送到各个窗口,实现各个窗口同时浇筑(图 14-4、图 14-5)。

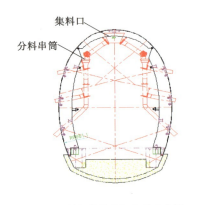

图 14-3　无轴螺旋输送机布置示意图

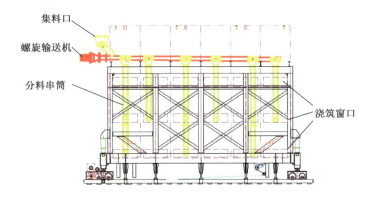

图 14-4　分料串筒布置示意图

同时,二次衬砌台车增加了浇筑窗口(图 14-6),单线与双线台车边模均设三排窗口,顶模设观察窗口。将浇筑窗口尺寸加大为 1000mm×450mm,较以往台车窗口数量增加 1 倍。窗口的数量与窗口尺寸的增加,为混凝土浇筑过程中的人工振捣工序提供了更大的操作空间,同时配合附着式振动器,保证了振捣质量。

图 14-5　螺旋布料系统

图 14-6　浇筑窗口

14.1.4　台车作业平台

利用主骨架沿台车纵向安装施工作业平台,保证平台纵向贯通,以解决纵向无平台、人工振捣无法作业的难题。

单线新型二次衬砌台车边模工作平台分两层,纵向 9m 布置,两层平台间距 2.2m,上部平台距离台车顶部超过 2m。顶模部分操作梯固定于两端头门架上,门梁上部设置 9m 纵向贯通的平台,平台距离顶部 1.8m,如图 14-7 所示。

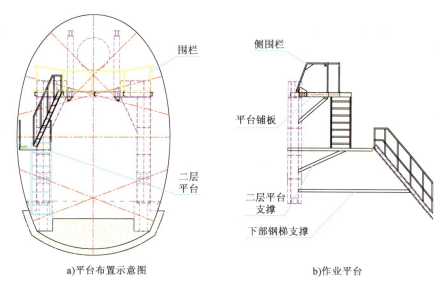

a) 平台布置示意图   b) 作业平台

图 14-7 单线台车作业平台示意图

14.1.5 混凝土浇筑监测装置

1）监测原理

利用液位继电器工作原理,在台车拱部及浇筑面安装相应电极,并将声光报警器安装在台车底层纵梁上,从而实现精确判断混凝土冲顶是否饱满,解决了拱部脱空的问题。

混凝土浇筑监测器由液位继电器和埋设在拱部的监测线组成(图 14-8),监测线接触器(线头)每组拱墙段在拱顶设置 4 个监测断面,纵向均匀分布,监测线电极采用 12V 的安全电压,可确保作业人员的人身安全,在施工过程中把接触器(线头)固定到拱顶防水板最高处,当拱部混凝土浇筑满时,接触线导电形成回路,警示红灯长亮(图 14-9)。

a) 监测器   b) 监测线

图 14-8 监测器及拱部监测线

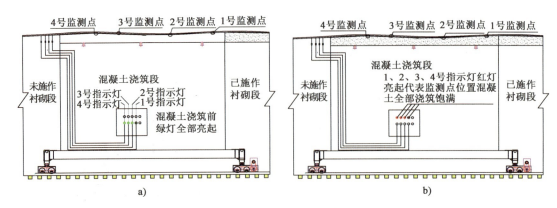

图 14-9 监测装置指示

2）材料费用投入

材料费用投入见表 14-1。

材料费用投入　　　　表 14-1

序号	设备及材料名称	费用
1	JYB-714 液位继电器及监测设备	一次性投入 4000 元
2	截面积 1.5mm² 监测线	18.6 元/12m 拱墙，折合隧道每延米投入 1.55 元

3）实施效果

通过在衬砌台车上增设混凝土浇筑监测器，对拱顶混凝土是否浇筑饱满进行更为科学的判断，有效控制了因拱顶混凝土浇筑不饱满产生的拱部脱空，并结合带模注浆，确保拱顶密实，大大减少了拱顶脱空的质量缺陷。

14.1.6　混凝土养护系统

1）自动喷淋养护系统

为了解决由于隧道二次衬砌混凝土养护不足、人工洒水养护不及时和漏养现象，使混凝土表面产生裂纹，造成强度不足等质量通病，改进设计了二次衬砌全自动喷淋混凝土养护系统。

（1）设计方案

①水经由高压水管→电磁补水阀→水箱→增压泵→喷淋管对拱墙混凝土进行喷淋养护。

②增压泵通过时间控制器进行自动控制，间断喷淋养护。增压泵开启的同时，补水电磁开关打开对水箱进行补水，平衡需要水量。同时液压泵开启，油缸带动喷淋管自动前后移动，从而实现对二次衬砌 45m 范围内的自动养护。

③喷淋管采用 φ25mm 镀锌钢管加工，每间隔 20cm 钻孔 2 个（直径 2mm，夹角 120°）。喷淋管通过挂钩固定在拱顶，其中一端固定在台车上。养护期满后台车行走时将喷淋管拖动前行，并依次增加挂钩固定喷淋管，已养护段后期不需再拆卸挂钩和喷淋管。

图 14-10 为喷淋养护系统方案示意图。

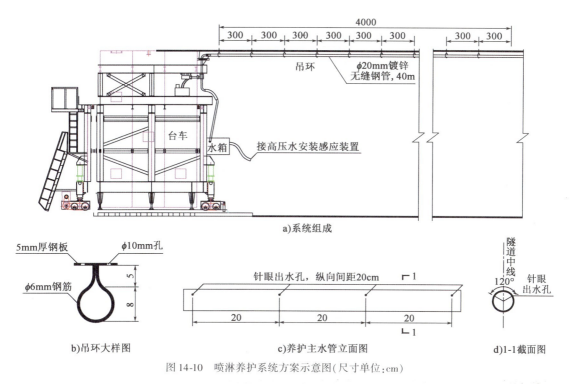

图 14-10 喷淋养护系统方案示意图(尺寸单位:cm)

(2)技术要点

①台车跟管养护系统由水箱(内设水泵)、喷淋钢管(ϕ42mm 钢管,间隔 30cm 梅花形钻 ϕ2mm 孔)、时间控制器组成。

②水箱安装在模板台车后端,喷淋钢管安装在台车后端拱顶,喷淋钢管进水端固定在模板台车中心顶部,其后跟管通过吊环在已衬砌的拱顶进行悬挂,并延长至台车后方一定范围。台车行走拖动养护跟管,养护作业采用定时开关控制水泵从水箱往喷淋钢管内抽水,实现拱墙全覆盖自动喷淋养护(图 14-11)。

a)

b)

图 14-11 自动喷淋养护效果图

(3)实施效果

全自动混凝土养护系统喷淋时间由时间控制器控制,需要喷淋的时间一到,增压泵开启,同时补水电磁开关自动打开补水,自动喷淋;到达喷淋终止时间,增压泵自动关闭,停止补水,经过如此循环往复直到养护期满为止。

经过喷淋后的施工用水进入两侧排水沟,然后汇集到沉淀净化池内,经过沉淀后抽出洞外进行净化后再循环利用,达到节约用水、保护环境的目的。

自动喷淋养护设备一次安装完成后无须再投入人工养护成本,简化了作业工序,实现了自动化养护,消除了人工养护不规范的缺点,确保了混凝土养护质量。

2)自动蒸汽养护系统

在二次衬砌台车后方拖拽与其等长度的蒸汽养护台架,台架上配备自动化蒸汽发生器,蒸汽养护台架与二次衬砌之间形成相对封闭空间,通过稳定空间内的湿度和温度,达到混凝土养护效果。

(1)设备组成

①蒸汽养护台架(图14-12)长9m(与9m二次衬砌台车相对应),根据隧道二次衬砌断面,结合端头帘布橡胶和环向防水板橡胶板制作密封空腔,采用双蒸汽发生器(图14-13)向密闭空腔内喷蒸汽,环向布置6根蒸汽管道,由电磁阀、温湿度传感器组成的控制系统控制蒸汽发生器的启停作业。

图14-12 蒸汽养护台架

图14-13 蒸汽发生器

②蒸汽养护台架的电控系统由可编程逻辑控制器(PLC)、温湿度传感器和相应的控制元件组成。温、湿度传感器以每组各1个、分为3组的形式安装在环形养护区间的两侧和顶部,每组的2个温、湿度传感器安装在养护区域的前部和后部,通过温、湿度传感器测得的湿度和温度的平均值来确定此区域的温度和湿度,保证了监测的准确性。PLC根据温湿度传感器监测的数值来进行分析,当某一区域温度过高或过低时自动关闭或打开相应区域的电磁阀,停止或开启蒸汽养护。

蒸汽养护台架前端由二次衬砌台车拖拽行走,油缸定位,台后端为从动胶轮。蒸汽养护台架纵断面如图14-14所示。

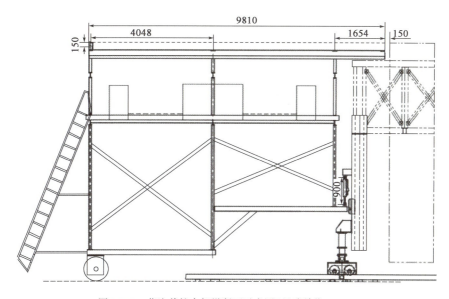

图 14-14　蒸汽养护台架纵断面示意图（尺寸单位：mm）

（2）操作要点

①台架行走：由二次衬砌台车拖拽行走，行走时保证蒸汽养护台架对中，及时纠偏。

②就位：手动升降油缸使橡胶板刚好顶至二次衬砌表面，保证密封。台车就位时，主油缸升起前需将养护台架油缸落下。

③蒸汽养护操作：台架操作通过电控箱控制，按下开始养护按钮后，设备安装养护标准自动进行养护，先进行 5h 升温，温度达到 50℃；然后进行恒温阶段，恒温 24h，在此期间养护区域温度稳定在 50℃左右；最后进入冷却阶段，在此阶段，7h 内温度缓慢降至常温。

④触摸界面：触摸界面上显示拱部、左边墙、右边墙三个区域的温度和湿度，可随时查看每个区域温度和湿度是否达标，如图 14-15 所示。

图 14-15　触摸界面

（3）蒸汽养护系统的特点

混凝土蒸汽养护工艺分为静停、升温、恒温和降温四个阶段，而且每个阶段都严格控制蒸汽养护过程中的升温、降温速率及恒温温度。蒸汽养护系统从静停阶段到冷却阶段完全实现自动化运行,无须人员进行干预。

①静停阶段。

静停阶段也称为预养期,为混凝土浇筑后及蒸汽养护开始前在大气环境下放置一段时间。该阶段主要保证混凝土中水泥进行了一定程度的水化,具有一定的结构强度,以防止升温期混凝土体积膨胀对结构产生破坏。第一阶段时间一般为 1~3h,养护台系统内部程序设定为 1h。

静停阶段开始时控制系统会关闭电动阀,禁止蒸汽进入养护区域,但温度传感器会监测此阶段的温度是否低于 10℃,当温度过低时会开启电动阀通过热蒸汽来提高养护区间的温度,使达到静停阶段的温度要求。

②升温阶段。

升温阶段是蒸汽养护水泥的结构强度及整体性能形成的主要阶段,该阶段决定着混凝土成型的质量,升温速率需要进行严格的控制,一般控制在 10℃/h 左右。在第二阶段,蒸汽养护系统内部程序设定的时间为 5h,温度上升速率不超过 10℃/h。

升温阶段控制系统会开启两台蒸汽发生器给养护区间提供蒸汽,使温度持续缓慢地上升,并且温度传感器会实时监测养护区间的温度。当温度上升速率大于 8℃/h 时,控制系统会自动关闭相应区域的电动阀,停止供应蒸汽;当温度降低到预定值后电动阀再次打开,继续提供蒸汽。

③恒温阶段。

在恒温阶段混凝土有足够的空间容纳水化生成产物,随着水化生成产物的不断生成,混凝土获得结构强度。但当温度在此阶段出现幅度较大的变化时,水化生成产物就产生内压,使已定型的水泥石结构引发应力,造成微裂纹。因此,在此阶段需要恒定的温度,养护工艺此阶段中蒸汽养护台车内部程序设定的养护时间为 24h,温度恒定在 50℃。

恒温阶段要求温度保持恒定,在此阶段温度传感器会实时监测养护区域的温度,PLC 会根据监控的温度值的波动情况来控制电动阀的开启和关闭,从而通过间断的蒸汽释放来使养护区域的温度达到恒定,此阶段温度的上下浮动会保持在 2℃ 以内。

④降温阶段。

在降温阶段中,表层降温快,收缩也快;内层降温慢,收缩也慢,于是在混凝土表里产生温差,在混凝土表层产生拉应力,当拉应力超过混凝土结构强度时,就会在混凝土中产生裂缝。因此在此阶段需要对混凝土进行缓慢的降温,根据养护工艺,蒸汽养护系统内部设定降温速率不超过 5℃/h。

降温阶段开始时控制系统会关闭 3 个电动阀,禁止蒸汽进入使养护区间进行降温冷却,但温度传感器会实时监测内部温度,当某个区域的降温速率大于 5℃/h 时,系统会自动打开相应的电动阀来给局部升温,使温度在规定的速率内慢慢下降,最终降到和外部温度基本持平。

每个阶段都是由 PLC 根据养护时间自动进行切换,同时对每个阶段的温度和湿度都有实时的监测,严格保证每个养护阶段的养护质量。整个养护过程中无需人工操作,大大减少了工人的劳动强度和提高了养护效率。

（4）实施效果

中条山隧道通过采用蒸汽养护台架进行二次衬砌混凝土养护作业，在机械自动化养护同时增设了养护水温自动控制，更好、更准确地控制混凝土养护期间的环境温度及湿度，实现了智能化养护作业。

①蒸汽养护台架为自动智能操作，在设备正常的条件下，按下"开始"按钮即开始按标准养护流程运行，减少了人为"偷懒、偷工"的现象。

②蒸汽养护台架为固定资产，可以调转使用，一次性投入后，可以节约2~3人的人工成本。

③蒸汽养护台架具备智能控制温度功能，可以更好、更准确地控制混凝土养护期间的环境温度及湿度，有效地控制了因养护水温等原因造成的二次衬砌裂纹。

④蒸汽养护台架随台车拖拽行走，行走方便，不需单独增加养护设备、机具等。

⑤蒸汽养护台架温湿度传感器比较灵敏，隧道内放炮等扰动较大，易造成传感器损坏。

14.1.7　与传统台车的改进对比

中条山隧道采用两种衬砌台车，分别为传统二次衬砌台车 MHTC-012-001（12m）和为优化工装、提升生产效率而改进的新型台车 MHTC-009-001（9m），新型二次衬砌台车与传统二次衬砌台车对比见表14-2。

新型二次衬砌台车与传统二次衬砌台车对比　　　　表14-2

序号	项　目	传统二次衬砌台车	新型二次衬砌台车
1	布料系统	人工布料	自动布料机
2	操作平台	台车两端+台车顶部	台车两端+台车顶部+台车两侧
3	振捣窗口尺寸	500mm×450mm	1000mm×450mm
4	浇筑冲顶控制	人工观察	自动监控系统+人工观察
5	二次衬砌养护	人工洒水	自动喷淋、蒸汽养护台架

14.2　工艺流程及控制要点

14.2.1　二次衬砌台车施工总体工艺流程

二次衬砌台车施工总体工艺流程如图14-16所示。

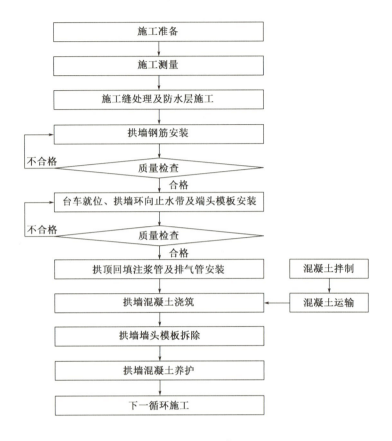

图 14-16　二次衬砌台车总体工艺流程图

14.2.2　布料及浇筑工艺流程

(1)无轴螺旋输送机与串筒在浇筑混凝土前进行润管。

(2)浇筑混凝土过程中及时关注两侧边墙浇筑的速度与高度,并通过调节各窗口串筒混凝土通过量,控制浇筑速度与高度。

(3)浇筑过程中,利用纵向贯通平台进行人工逐窗分层振捣。

布料及浇筑工艺流程如图 14-17 所示。

14.2.3　浇筑监控工艺流程

(1)混凝土浇筑前将监测点电线和液位监测器电极连接,指示灯显示为绿色。

(2)混凝土浇筑过程中,当 1 号监测点被混凝土充填密实后,1 号监测指示灯显示为红色,表示 1 号监测点部位混凝土浇筑饱满。

(3)混凝土浇筑过程中 2 号、3 号监测点位置混凝土充填密实后,指示灯依次显示为红色,表示监测点部位混凝土均浇筑饱满。

浇筑监控工艺流程如图14-18所示。

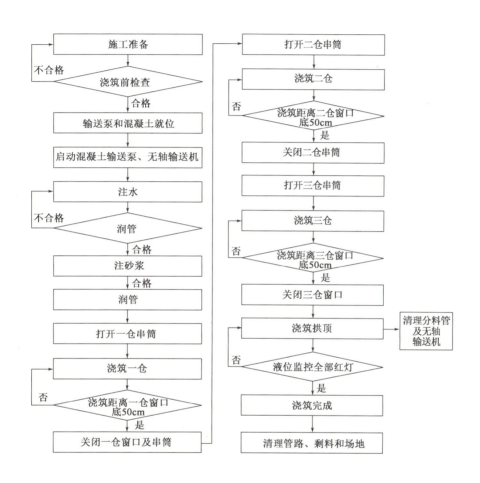

图14-17 布料及浇筑工艺流程图

14.2.4 蒸汽养护工艺流程

(1)在操作电控箱时,首先要打开蒸汽发生器,让其产生蒸汽。

(2)蒸养台车通过电控箱控制温度。按下开始养护按钮,设备按照养护标准自动进行养护。

蒸汽养护工艺流程如图14-19所示。

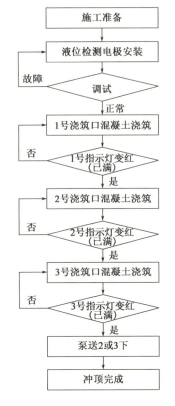
图 14-18　混凝土浇筑监测工艺流程图

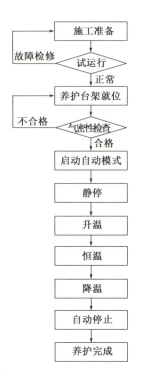
图 14-19　蒸汽养护工艺流程图

14.3 施工注意事项

14.3.1 二次衬砌台车就位注意事项

（1）安装试车合格后，在确保台车无障碍物的情况下，启动行走电动机，操作台车前行至准确位置。关闭行走电动机，并在行走轮处打好木楔或者使用阻车器，防止溜车或者衬砌中骨架受偏力，产生位移，引起跑模、爆模。

（2）旋紧底纵梁下的螺旋支腿，应确保基脚垫在坚实的基础上。

（3）台车就位结束后，必须关掉液压油泵电源，以免误动阀组操作手柄，使台车机构变形或损坏油缸。

14.3.2 混凝土浇筑注意事项

（1）每次浇筑前，应检查丝杆、支腿是否有松动或者支撑不牢靠，防止浇筑时台车变形。

（2）浇筑时二次衬砌台车前后混凝土高差要求不超过60cm，左右混凝土高差要求不超过50cm。

（3）当浇筑到混凝土封顶后期，应时刻注意观察窗口、液位监测器变化，以保证混凝土冲顶密实。

14.3.3 蒸汽养护台架使用注意事项

（1）蒸汽养护台架由二次衬砌台车拖拽行走，行走时应保证台架对中，及时纠偏。

（2）手动升降油缸使橡胶板顶至二次衬砌表面，确保密封。二次衬砌台车就位后，主油缸升起前将养护台车油缸落下。

（3）关注水箱水量及水箱进水管进水量。

（4）定期检查是否有漏气现象。

14.4 应用效果

（1）门架优化后施工平台增大，减小了工人施工作业的难度，降低了台车行走时通风管破损率。

（2）布料系统采用无轴螺旋输送机与串筒配合使用，提高了二次衬砌台车混凝土浇筑工艺水平，解决了左右两侧同时浇筑的难题，分层分窗浇筑能够提高混凝土浇筑质量，台车窗口数量增加及面积增大有利于混凝土振捣，减少了蜂窝麻面现象，能够提高混凝土振捣质量，见图14-20。

（3）通过设置液位监测装置，有效控制了因拱顶混凝土浇筑不饱满产生的拱部脱空。

（4）蒸汽养护条件下混凝土强度得到显著提升。

脱模后通过蒸汽养护台架提供的封闭养护环境，二次衬砌混凝土强度无论从早期强度到终期强度，均比喷淋养护和自然养护下高，特别是早期强度提升明显，见表14-3。强

图14-20 脱模后二次衬砌拱顶及边墙外观

度变化曲线对比见图 14-21。

不同养护条件下混凝土强度对比表（单位：MPa）　　　　表 14-3

项　目	龄期(d)			
	7	14	28	56
蒸汽养护混凝土强度	32.2	37.1	39.8	41.8
喷雾养护混凝土强度	24.4	31.5	35.1	37.1
自然养护混凝土强度	20.3	28.2	33.5	35.6
标准养护试件强度	31.2	36.2	38.9	41.1

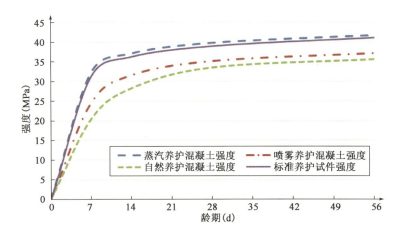

图 14-21　不同养护方式二次衬砌混凝土强度变化曲线

14.5 本章小结

本章针对二次衬砌台车关键工装工艺，改进台车门架装置，有效增加了二次衬砌作业人员的作业空间，便于台车脱模、就位及混凝土振捣工作的顺利进行；采用台车多功能端头模板，解决了纵向预留钢筋搭接和中埋式止水带安装质量问题；安装台车自动布料系统，解决了狭窄空间布料难题，实现分层、分窗浇筑；改进台车工作平台，解决了纵向无平台、人工振捣无法作业的难题；安装混凝土浇筑监测装置，精确判断混凝土冲顶是否饱满，解决了拱部脱空的问题；对混凝土采用自动喷淋以及自动蒸汽养护系统，解决了混凝土初期养护措施不足和养护时间不及时的问题；此外，对台车施工的各项工艺流程进行调整设计和严格把控。通过改进二次衬砌台车关键工装工艺，减少人员劳动力消耗，保证二次衬砌施工质量和生产效率满足要求。

第15章

长大单线隧道无砟轨道施工技术

Key Construction Technology for Zhongtiaoshan Tunnel of Haolebaoji-Ji'an Heavy-haul Railway

Key Construction Technology for Zhongtiaoshan Tunnel of
Haolebaoji-Ji'an Heavy-haul Railway

无砟轨道可以显著提升铁路运行质量,特别是在铁路平稳性与舒适度方面具有重要作用。长大单线隧道是无砟轨道施工的难点,由于受空间限制,施工效率及质量长期处于低下的状态。随着各项技术的不断改进与完善,对无砟轨道施工工艺进行探究分析、研究无砟轨道施工技术核心、提升无砟轨道施工工艺具有积极意义。

本章主要介绍浩吉铁路中条山隧道无砟轨道施工段的概况及设计,并结合相关技术要求从轨道测量控制网布置、无砟轨道施工过程、轨道及道岔精调工作进行详细讲述。浩吉铁路中条山隧道小断面长大无砟轨道施工在保证高质量完成的前提下,在施工进度方面有较大提升,取得了良好的经济效益。

15.1 施工概况

中条山隧道无砟轨道施工范围为:左线 DK615+525～DK633+440 段长 17915m,右线 DK614+525～DK633+455 段长 17930m,共计 35845m。

隧道内弹性支承块式无砟轨道由钢轨、弹条Ⅶ型扣件、混凝土支承块、橡胶套靴、弹性垫板及道床板等组成。弹性支撑块式无砟轨道在工厂预制,扣件采用弹条Ⅶ型可调扣件,钢轨采用 60kg/m 钢轨(重车方向预留 75kg/m 钢轨条件),道床板厚度为 393mm,道床板宽度为 2800mm,每 6.58m 为一道床板,设置一道 20mm 宽的伸缩缝,弹性支撑块间距 60cm。直线地段道床板顶面抹成 1% 人字形排水坡,曲线地段根据实设超高具体确定,顶面排水坡不小于 1%。隧道内轨道结构高度为 650mm,轨道结构断面如图 15-1 所示。

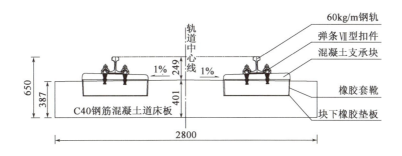

图 15-1 弹性支承块式无砟轨道横断面示意图(尺寸单位:mm)

15.2 轨道测量控制网

15.2.1 点位布设及要求

(1)隧道段 CPⅡ 加密点应设置在隧道电缆槽顶面,直线段点间距为 400~600m,曲线段点之间不得小于 300m;CPⅢ 点埋设在隧道边墙上,每隔 60m 布置一对 CPⅢ 控制点。

(2)在隧道靠近进、出口位置应各布设一对点。CPⅢ 观测时起始测站或结束测站离 CPⅢ 点最近距离应为 1.5 倍 CPⅢ 控制点沿线路方向间距(为 75~120m)。

(3)CPⅢ 标志采用统一不锈钢埋设件。CPⅢ 控制网施测完工后,在移交前螺孔内涂黄油并用 M8×10mm 内六角螺栓堵上。CPⅢ 标志埋设件埋设于隧道边墙(螺栓头底面与隧道壁贴平,螺栓头露出隧道壁),高于设计轨道面 0.3m,相邻 CPⅢ 控制点应大致等高和在同一断面。CPⅢ 标志埋设牢固,不能有松动,保持水平。边、角观测时拧上棱镜接头,棱镜中心到 A 面的距离为 108mm。水准测量时拧上水准测量接头,球中心到 A 面的距离为 108mm,球直径为 20mm。

(4)CPⅢ 平面控制网附合在 CPⅡ 平面控制点上,一般有 2 或 3 个连续自由测站点对同一个 CPⅡ 平面控制点进行边、角观测。每 600~1000m 应联测一次。

(5)CPⅢ 平面控制网方向观测中误差 2.8″(测角中误差 4″),距离观测中误差 2.0mm。

(6)CPⅢ 控制点编号应唯一、在现场点的上方用白底红油漆喷注标记(字高 6cm)。CPⅢ 控制点编号按照里程千米数递增进行编号,其编号反映里程数。编号前 3 位或 4 位为里程千米数,最后两位为千米内的编号,中间的"3"表示 CPⅢ 等级。所有处于里程增大方向左侧的最后两位编号为奇数,处于里程增大方向右侧的最后两位编号为偶数。编号举例见表 15-1。

CPⅢ 控制点的编号举例　　　表 15-1

序号	点号编码	含 义	在里程内点的位置
1	0556301	表示线路里程 DK0556 范围内里程增大方向左侧的 CPⅢ 第 1 号点,"3"代表"CPⅢ"	(轨道左侧)奇数 01、03、05、07、09、11、13、15 等
2	0556302	表示线路里程 DK0556 范围内里程增大方向右侧的 CPⅢ 第 1 号点,"3"代表"CPⅢ"	(轨道右侧)偶数 02、04、06、08、10、12、14、16 等

(7)CPⅢ 高程控制网点位和 CPⅢ 平面控制网点位相同,采用同一埋设标志件。CPⅢ 水准测量按三等水准要求进行,采用数字水准仪观测。

15.2.2 CPⅢ平面控制网测量

(1)CPⅢ平面控制网采用自由测站边角交会的方法测量,每个自由测站观测12个CPⅢ点。自由测站间距一般约为120m,观测CPⅢ点的最远距离不大于180m。每个CPⅢ点至少应保证有3个自由测站上的方向和距离观测量,如图15-2所示。

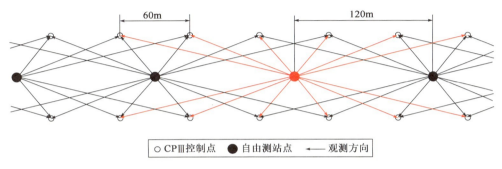

图 15-2　CPⅢ平面控制网观测网形示意图

(2)CPⅢ平面控制网水平方向采用多测回全圆方向观测法进行观测。当观测方向较多时,采用分组全圆方向观测法。全圆方向观测应满足表15-2的规定。

水平方向观测技术要求　　　　　表15-2

序号	控制网等级	仪器等级	测回数	半测回归零差	同一测回各方向2C互差	同一方向归零后方向值较差	2C值
1	CPⅢ	5″	2	6″	9″	6″	15″
2		1″	3	6″	9″	6″	15″

(3)CPⅢ平面控制网距离测量采用多测回距离观测法,盘左和盘右分别对同一个CPⅢ点进行测量。距离观测应满足表15-3的规定。

每个测站的CPⅢ距离测量,应该实时地在全站仪中输入温度和气压进行气象改正。

距离观测技术要求　　　　　表15-3

序号	控制网等级	仪器等级	测回数	盘左盘右较差(mm)	测回间测距较差(mm)
1	CPⅢ	1mm+1ppm	2	2	2
2		1mm+2ppm	3	2	2

(4)平面控制网测量可以根据需要分区段测量,区段长度不宜小于4km。区段间应重复观测不少于6对CPⅢ点,作为重叠观测区域进行区段衔接,观测网形如图15-3所示。同一点坐标和高程差应不大于5mm,选择中间的两对点进行约束平差。

15.2.3　与CPⅡ控制点的联测

CPⅢ控制网每隔500~700m联测一个CPⅡ控制点。与上一级CPⅡ控制点联测时,应至少通过两个或两个以上自由测站进行联测,如图 15-4 所示。联测 CPⅡ控制点时观测视距不应大于 300m。

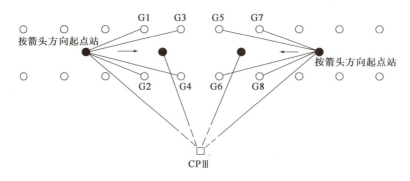

图 15-3　CPⅢ平面控制网重叠观测网形示意图

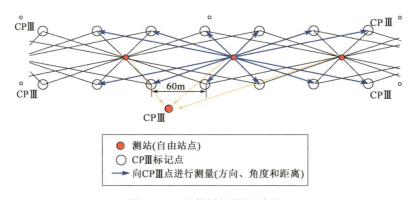

图 15-4　CPⅡ控制点联测示意图

15.2.4　内业数据处理

(1)外业观测前,将各项技术指标输入 CPⅢ数据采集程序,并检查全站仪中气象参数、棱镜常数等设置是否正确,然后方可进行数据采集,若测站观测数据超限,则应立即现场重测;搬站前,应检查表格中是否已正确填写。

(2)CPⅢ平面控制网数据计算和平差处理。

(3)CPⅢ平面控制网采用独立自由网平差,并根据复测结论采用复测合格的 CPⅠ、CPⅡ点成果进行固定约束平差。

(4)CPⅢ平面控制网平差时,按表 15-4 的规定对各项技术指标进行统计分析,检核控制网的平差精度。当平差结果不能满足规范要求的精度指标时,应进行返工测量。

CPⅢ平面控制网平差计算技术指标　　　　表 15-4

控制网	方向观测值改正数	距离观测值改正数	方向观测中误差	距离观测中误差	约束平差点位中误差	相邻点相对点位中误差
CPⅢ平面网	≤±5.0″	≤±4mm	±2.8″	±2mm	±2mm	±1mm

(5) 分段平差时,前后区段独立平差重合点坐标差值应≤±3mm。满足该条件后,后一区段CPⅢ网平差,应采用后一区段的CPⅡ控制点及前一区段重叠的CPⅢ点进行固定约束平差。

(6) 坐标换带处CPⅢ控制网计算时,应分别采用相邻两个投影带的CPⅠ、CPⅡ坐标进行约束平差,并分别提交相邻投影带两套CPⅢ平面网的坐标成果。提供两套坐标的CPⅢ重合段长度,应不小于800m。

(7) CPⅢ平面控制网的平差计算取位,应按表15-5中的规定执行。

CPⅢ平面控制网平差计算取位 表15-5

等级	水平方向观测值(″)	水平距离观测值(mm)	方向改正数(″)	距离改正数(mm)	点位中误差(mm)	点位坐标(mm)
CPⅢ平面网	0.1	0.1	0.01	0.01	0.01	0.1

15.2.5 CPⅢ高程控制网测量

(1) CPⅢ高程控制网施测前应对隧道的二等水准基点进行加密,构网联测测区内复测合格的水准基点。

(2) CPⅢ高程控制网采用单程精密水准测量的方法观测,与测区内二等水准基点的联测采用独立往返精密水准测量的方法进行,每1~2km联测一个水准基点。

(3) CPⅢ高程控制网水准路线采用如图15-5所示的矩形法水准路线形式进行,每相邻的两对CPⅢ点之间都构成一个闭合环。

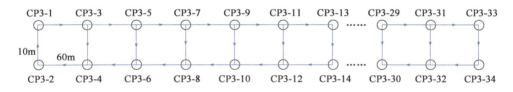

图15-5 矩形法CPⅢ高程网测量原理示意图

(4) 精密水准测量水准路线的精度要求见表15-6。

精密水准测量水准路线的精度要求(单位:mm) 表15-6

水准测量等级	每千米水准测量偶然中误差 M_Δ	每千米水准测量全中误差 M_W	限差			
			检测已测段高差之差	往返测不符值	附合路线或环线闭合差	左右路线高差不符值
精密水准	≤2.0	≤4.0	$12\sqrt{L}$	$8\sqrt{L}$	$8\sqrt{L}$	$4\sqrt{L}$

注:表中 L 为往返测段、附合或环线的水准路线长度(km)。

(5) 精密水准测量的主要技术要求见表15-7。

精密水准观测站的技术要求　　　　　表 15-7

等级	水准尺类型	水准仪等级	视距（m）	前后视距差（m）	测段的前后视距累积差（m）	视线高度（m）
精密水准	铟瓦尺	DS1	≤60	≤2.0	≤4.0	下丝读数≥0.3
		DS05	≤65			

(6)内业数据处理。

①数据检查:观测数据存储之前,应对观测数据作各项限差检验。检验合格时,进行顺序整理,计算与检核者签名后存储;检验不合格时,对不合格测段进行重测。

②数据计算与平差:CPⅢ控制网高程测量数据计算、平差处理,应采用铁路主管部门评审合格的软件。

③CPⅢ控制网高程测量应以加密出的精密水准基点为起算数据进行严密固定数据约束平差,平差计算取位见表15-8。

精密水准测量平差计算取位　　　　　表 15-8

等级	往(返)测距离总和(km)	往(返)测距离中数(km)	各测站高差(mm)	往(返)测高差总和(mm)	往(返)测高差中数(mm)	高程(mm)
精密水准	0.01	0.1	0.01	0.01	0.1	0.1

15.2.6　CPⅢ测量成果评估资料

(1)技术设计书、技术总结报告。
(2)平面观测、高程观测网图。
(3)平面观测、高程观测原始观测数据。
(4)高等级平面控制点和水准点数据。
(5)测量平差计算表。
(6)CPⅢ点平面和高程成果表。
(7)各项测量精度统计表。

15.3 无砟轨道施工

15.3.1　施工工艺流程

隧道内无砟轨道采用轨排法人工施工。根据线下施工所提供的条件,为方便物流,保证混凝土供应,利用原线下工程拌和站。左线浇筑混凝土时,右线开始立模、绑扎钢筋等工作,在浇右线混凝土时,其他工序换到左线施工,如此交叉作业,至施工完毕。施工工艺流程如图15-6所示。

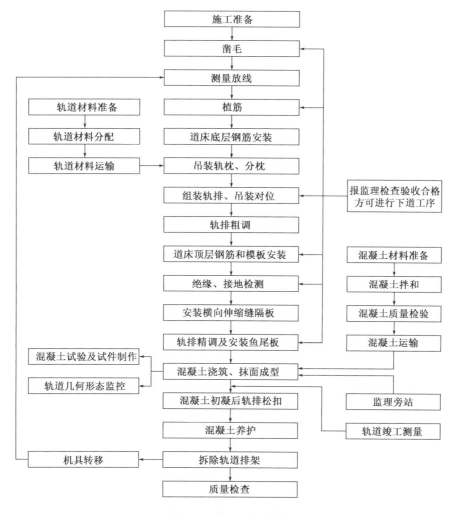

图15-6 施工工艺流程图

具体施工过程如下。

1)施工准备

(1)技术交底与培训。组织管理人员对相关文件进行学习宣贯,并完成无砟轨道施作班组长选定、培训、交底、考核等工作,考试合格后才能上岗作业。

(2)无渣轨道铺设条件检查、验收满足要求。隧道质量缺陷问题按照批复的方案整改完成;对工后沉降情况进行综合评估,确认满足设计沉降标准。

(3)底板检测与凿毛清理。在进行无砟轨道道床板施工前,按照铁路质量检查及验收标准规定的项目,全面进行检查验收底板,确保满足铺设无砟轨道的要求。用全自动的全站仪全面量测检查底板表面高程,平面位置,靠尺检测底板表面平整度。如高程及平面位置存在任何偏差需要调整,施工前必须制定专项方案,并报设计、监理和业主批准。每个施工作业面采用铣刨机凿毛,人工配合清洗底板,保证底板顶面无杂物,整洁干净,无积水。

(4)洞内备枕。轨枕采用普通平板车运输,洞内采用门式起重机卸车。轨枕在工厂预制加工,进场前严格按制成品接收和检验程序办理,合格后方可使用。安排专人检查验收和保管收货。施工前尽量在每个工作面一次性备足轨枕。

(5)洞内备足钢筋。道床板横向钢筋在钢筋加工场加工,在洞内工作面绑扎组装;纵向钢筋直接运输至工作面绑扎组装。进场钢筋存放在加工棚内检验,经现场试验合格后进行加工;钢筋运至工作面钢筋按设计要求在洞外下料,采用农用车运输,计算好单位使用数量,按每次使用量运送。

(6)施工人员、设备、材料准备。根据无砟轨道施工工序,以每天每个作业面施工不少于80m单班单作业面配置齐全,保证24h施工不间断。

2)隧底凿毛

道床板施工前,将隧道底面凿毛。采用高压水枪和钢丝刷将混凝土碎片、浮渣、尘土等冲洗干净,保湿2h以上且无多余的积水。在凿毛时保护好测量放样所做的标记。

3)下层钢筋绑扎

(1)混凝土道床板下层配筋包括纵向钢筋(距隧道洞口200m以内为 ϕ20mm 的钢筋,大于隧道洞口200m范围内为 ϕ16mm 的钢筋)和横向钢筋(洞身 ϕ16mm/ϕ150mm,洞口200m为 ϕ20mm/150mm),钢筋级别为3级(HRB400)。钢筋布置如图15-7、图15-8所示。

(2)道床板钢筋在洞外钢筋加工棚内加工,在洞内铺设绑扎。绑扎时在纵、横向钢筋搭接处采用绝缘卡隔离,确保纵、横向钢筋节点绝缘。在钢筋网下放置混凝土垫块,按照1m²不小于4个成梅花形布置,保证混凝土保护层底部最小厚度符合要求。

(3)在纵横向钢筋交叉处及纵向钢筋搭接处设置绝缘卡并用塑料带绑扎牢固,绑扎后剪去多余的塑料带。纵横向钢筋均匀散布,钢筋绑扎安装允许偏差应符合表15-9的规定。

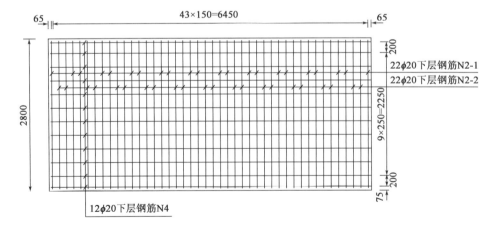

图15-7 隧道距洞口200m以内道床板下层钢筋布置图(尺寸单位:mm)

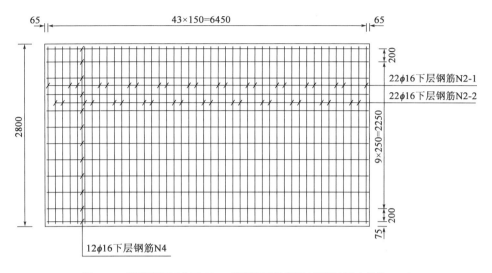

图 15-8 隧道距洞口大于 200m 道床板下层钢筋布置图(尺寸单位:mm)

钢筋的绑扎安装允许偏差　　　　表 15-9

序号	项　目	允许偏差(mm)	检查方法
1	钢筋间距	±20	尺量
2	钢筋保护层厚度	+10,-5	尺量

4) 道床板预埋筋埋设

无砟轨道标准道床板长度为 6.58m。每个道床板上两根轨枕间设置 1 排 4φ20mm(距洞口小于 200m 范围内用 φ20mm 的螺纹钢筋,洞身部位用 φ16mm 的螺纹钢筋)预埋筋,预埋筋布置如图 15-7、图 15-8 所示。道床板的钢筋铺设好以后,测量放线定位锚固螺栓的位置,钻孔直径为 φ25mm(距洞口小于 200m 范围内钻孔直径为 25mm,洞身部位钻孔直径为 21mm),钻取的深度为 200mm,通过气枪清除钻孔内杂物。在轨排铺设完成后。预先湿润钻孔,再将 400mm 长、φ20mm 的剪力筋安装在钻孔里。用胶枪注入植筋胶进行固定。剪力筋有大约 200mm 出露,与混凝土道床板锚固。最后对所有锚固件进行一次检查,是否都在轨枕间距内进行布置,保证不影响施工。

5) 轨枕铺设及组装

(1) 铺设轨枕

无砟轨道施工采用自行式门式起重机散枕,门式起重机跨度为 3.5m,自身承重为 5t,走行速度为 2~20m/min。人工配合将轨枕抬至作业地点,将轨枕放置在钢管或垫木上。轨枕在组装前,对其承轨枕、螺栓孔清理干净,主要检查桁架钢筋是否弯曲、扭曲变形。

对于道床板在隧道变形缝处断开后,轨枕间距可根据现场情况进行调整,调整范围 600~650mm,最外侧轨枕中心至道床板边缘距离不小于 290mm。

(2) 轨排组装

轨排安装前应按照要求对轨枕进行复检,轨枕卡槽位置清理干净后再安装扣件系统。在每根轨枕承轨槽位置安放好扣件垫板,然后利用门式起重机将 P60 钢轨安放在承轨槽上,再用扣件将工具轨固定,拧紧螺栓,利用 8 台起道机将钢轨支撑起来。轨排支撑架安装位置要正确,螺杆必须始终竖直位于轨道外侧,通过竖向螺杆调整轨排高低,通过水平调整螺栓对轨排方向进行调整。轨排组装完成达到精度要求后,安装轨排支撑架,支撑架每 2.0m 安装一榀。支撑架安装完毕后,通过竖向调节丝杠将轨排撑起。轨排组装时铁垫板应居中,扣件扭矩应符合设计要求。轨排组装铺设允许偏差见表 15-10,轨面高程、轨道中线、线间距允许偏差见表 15-11。

轨排组装铺设允许偏差　　　　　　　表 15-10

序　号	项　　目	允　许　偏　差
1	轨距	±1mm,变化率不得大于 1‰
2	水平	1mm
3	轨向	2mm/10m 弦
4	高低	2mm/10m 弦

轨面高程、轨道中线、线间距允许偏差　　　　　　　表 15-11

序号	项　目	允许偏差(mm)	检 验 方 法
1	轨面高程	±2	专用测量仪器
2	轨道中线	2	
3	线间距	+5,0	

6)轨排粗调

将螺杆调节器拧紧使之受力后拆除起道机,使用全站仪、螺杆调节器、起道机、道尺、方尺、垂球和 3m 小钢尺对轨排进行初步调整,初步调整钢轨偏差在表 15-12 规定的允许偏差范围内,实现轨排的方向和高程处于正确位置。

粗调定位允许偏差　　　　　　　表 15-12

序　号	项　　目	允许偏差(mm)
1	钢轨横向位置	±3
2	钢轨顶面高程	0,-3

7)上层钢筋绑扎

混凝土道床板上层配筋包括纵向钢筋(ϕ20mm,在每个横截面内有 10 根,隧道洞口段为 10 根)和横向钢筋(距洞口小于 200m 范围内用 ϕ20mm 的螺纹钢筋,洞身部位用 ϕ16mm 的螺纹钢筋),钢筋级别为 3 级(HRB400),如图 15-9、图 15-10 所示。

按设计要求绑扎道床板上层钢筋网。在钢筋交叉点处加绝缘卡,绝缘绑扎线绑扎。道床板内利用上层结构钢筋设置 3 根接地钢筋(道床板上层轨道中心一根钢筋和最外侧两根钢筋),每块道床板利用 1 根横向钢筋作为接地钢筋,该横向接地钢筋与纵向钢筋之间采用 L 形焊接,如图 15-11 所示。L 形连接钢筋为 ϕ16mm HRB400 钢筋。每接地单元内纵、横向接地钢筋采用焊接。焊接长度单面焊不小于 100mm,双面焊不小于 55mm,焊接厚度不小于 4mm。接地端子材料为 GB00Cr17Ni14Mo2,同一接地单元内纵、横接地钢筋交叉点处应焊接,接地单元之间钢筋进行绝缘搭接,接地钢筋与其他钢筋交叉点也要绝缘搭接。接地电缆为不锈钢钢缆,截面积不小于200mm²。接地单元间作绝缘不焊接处理。

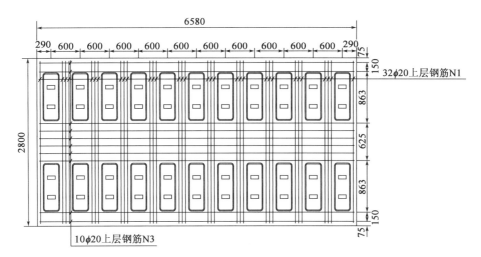

图15-9　洞口段道床板上层钢筋(距洞口小于200m)布置图(尺寸单位:mm)

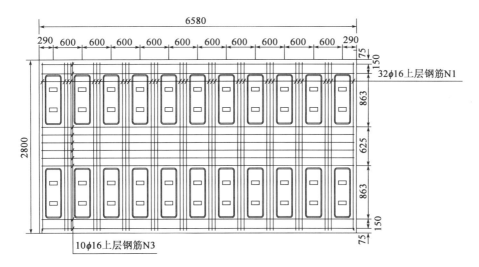

图15-10　洞口段道床板上层钢筋(距洞口大于200m)布置图(尺寸单位:mm)

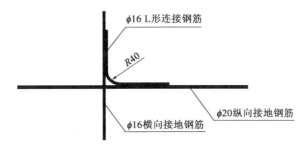

图15-11　纵向和横向钢筋间L形钢筋焊接连接示意图(尺寸单位:mm)

混凝土保护层两侧和顶部最小厚度应符合要求,设计钢筋最小保护层厚度为35mm,允许偏差±5mm。

非接地钢筋中,任意两根钢筋的电阻值不小于2MΩ,并应保证与侧向模板和沉降缝分隔板无任何连接。

8) 模板安装

(1) 侧向模板采用厂制专用模板,每块模板长度为2m,模板高度为300mm。

(2) 根据测量放出的中心线及边线,将模板摆放立直,在模板外侧钻孔,安装模板调节三脚架,通过支撑架调整模型的位置,调整到限差范围内定位。

(3) 模板安装应稳固牢靠,接缝不得漏浆,混凝土模板内侧面平整,模板间接缝严密,模板与混凝土的接触面必须清理干净,并涂刷隔离剂。道床模板安装允许偏差应符合表15-13的要求。

道床板模板安装允许偏差　　　　表15-13

序号	项目	允许偏差(mm)	备注
1	顶面高程	±5	均为模板内侧面的允许偏差
2	宽度	±5	
3	中线位置	2	

9) 轨排精调

线路精确调整为关键的一道工序,它是轨道能否达到设计要求起着决定性作用。

(1) 无砟轨道精调时,施工段的电缆沟上的轨枕都已安装到位,两侧已经没有其他杂物,只有施工前进方向两侧有部分轨枕及物流,采用徕卡一秒级或天宝一秒级全站仪后视CPⅢ、德国GEDO或瑞士安博格轨检小车、轨距尺进行调整。

(2) 精调时,每次测设上次施工段内10根轨枕进行搭接,小车静置于被调整轨道上,通过全站仪对小车棱镜点的跟踪测量,实时显示对应点处的轨道位置、设计位置及其位置偏差的大小、调轨方向,直接指导现场的调轨作业,轨排精调允许偏差见表15-14。

轨排精调允许偏差　　　　表15-14

序号	项目	允许偏差(mm)
1	中线位置	2
2	轨面高程	±2
3	线间距	+5,0

(3) 轨道精调和混凝土浇筑之间的时间控制在6h内,轨排测量测点应设在轨排支撑架位置,保证钢轨及其接头的平顺,在测设曲线时,边测量边进行加固,防止钢轨刚性挠度引起的轨排变形。在每次测量时,都结合轨检小车进行校核,使其参数在规范允许范围内。

(4) 接头联测顺接控制:在前次已浇筑混凝土地段,预先上紧一根轨排扣件,采用调校好的精调小车对浇筑地段至少8根轨枕进行复测,在允许偏差范围内,采用补偿功能进行调整。对于未浇筑地段,由于设站(全站仪搬站)误差导致前后两段连接精度存在偏差,偏差≤

2mm,可采用手动或自动补偿功能对偏差予以调整。各作业面接头必须联测,先浇筑混凝土地段,由现场精调人员采用标定尺、轨检仪及精调小车准确测定轨道偏差后,交由后续联测段精调人员。当后续段混凝土施工距先施工地段距离 100m 时,要求接头处双方必须对已浇筑段进行联测,采用精调小车复核已浇筑段至少 8 根轨枕(提前上紧扣件),在允许偏差范围内,采用手动或自动补偿功能进行调整。

(5)所有精调作业完成后,现场任何人员和设备不得碰撞轨道。调整结果经相关质检和监理人员共同确认,并做好详细记录。

10)轨排固定

轨道调整定位合格后,为保证轨道稳定,要对轨道进行加固处理,以防止混凝土浇筑时轨排横向移动及上浮。每隔 1.8m 设置一处轨排固定支撑螺杆调节器。支撑螺杆直径为 50cm,下部安装长 35cm、直径 60mm 的聚氯乙烯(PVC)套管,并向两侧安装支撑加固。

11)钢筋绝缘检查

利用摇表对纵、横向钢筋的绝缘情况及接地钢筋之间的导电进行检查,满足轨道电路系统要求,合格后方可进行后续施工。

12)混凝土施工

(1)在混凝土浇筑前,必须用水湿润,并仔细检查模板、支架、钢筋、预埋件的紧固程度和钢筋保护层垫块的位置、数量等。混凝土浇筑时,使用防护罩保护钢轨及轨枕不被混凝土污染。混凝土到场后先由试验室做好相关的试验检测,包括坍落度、含气量及泌水率等。混凝土罐车直接将混凝土运送至施工点,通过门式起重机、混凝土料斗配合,吊装混凝土放到模板内;利用承轨槽高程来控制混凝土浇筑高度。

(2)使用振捣棒振动,保证轨枕下方混凝土的密实。振动棒要快插慢拔,控制振捣点之间的间距,使混凝土不致漏振。掌握振捣的时间,以粗骨料不再下沉、水泥砂浆泛到表面、被振的部位大致成水平状、拌合物中的气泡不再冒出来为准。振捣时注意要使振动棒避免直接振动钢筋、模板和预埋件,以免钢筋发生位移,模板变形,铁件移位。

(3)混凝土振捣密实后,人工先用木抹子对混凝土表面进行初次抹面,混凝土初凝前人工再用铁抹子进行二次抹面,最后用细抹子压光,并保证混凝土表面平整度。

(4)浇筑混凝土时应注意轨排几何状态的变化,保证轨排、模板、支撑架的稳定牢固,并随时监测。如有变位,立即停止浇筑和振捣,并在混凝土初凝前完成修整工作。

(5)隧道内无砟轨道道床板为现场连续浇筑,对于两块道床板之间设置宽 20mm 的伸缩缝,伸缩缝采用聚乙烯泡沫塑料板填缝,并在表面 30~40mm 范围内采用聚氨酯密封。

(6)隧道变形缝处道床板断开,板缝与变形缝中心对齐,板缝宽 60mm,采用聚乙烯泡沫塑料板填塞后用氨酯密封抹面。混凝土道床板外形尺寸允许偏差见表 15-15。

混凝土道床板外形尺寸允许偏差　　　　表 15-15

序　号	检查项目	允许偏差(mm)
1	顶面宽度	±10
2	中线位置	2

续上表

序　号	检查项目	允许偏差(mm)
3	道床板顶面与承轨台面相对高程	±5
4	伸缩缝位置	±5
5	平整度	2(尺量)

13) 混凝土养护

(1) 混凝土初凝前,采用喷雾器洒水和塑料薄膜覆盖保湿养护措施;终凝后覆盖土工布,使用喷雾器洒水进行养护,以防止混凝土表面水分蒸发过快。一般道床板洒水覆盖养护时间不得小于 14d。

(2) 道床混凝土未达到设计强度 75% 之前,严禁在道床上行车和碰撞轨道部件。

14) 拆除模板、螺杆调节器及轨排

(1) 混凝土为防止钢轨因温差产生变形时应力传递至下方轨枕上对轨枕产生影响,在混凝土初凝前及时松动螺杆调节器及钢轨扣件,释放钢轨应力。及时松动螺杆调节器及钢轨扣件;混凝土强度达到 5MPa 后,方可拆除全部模板、钢轨及螺杆调节器。将螺杆调节器螺杆拔出后,及时采用低收缩性的砂浆封孔。

(2) 拆下来的螺杆调节器、模板及工具轨逐一清洗、涂油保养,工具轨和扣件要集中清理、集中储存,由运输车运送到前面的施工位置进行再次组装。

15.3.2　施工技术要点

(1) 无砟轨道施工前的检查。做好隧道仰拱填充层(底板)工序检查,重点是逐个检查接地电阻、过轨管线的试穿、仰拱填充层(底板)高程和裂纹情况。裂纹、二次衬砌厚度不足及脱空等应在无砟轨道施工前处理完成。

(2) CPⅢ测设和评估。统一埋设元器件,做好保护,防止扰动,测量成果评估合格后,方可进行无砟轨道施工。

(3) 仰拱填充面(底板)凿毛。采用铣刨机对仰拱填充面(底板)进行凿毛,深度控制在 1~2cm,沟槽侧 20cm 范围内采用人工凿毛。

(4) 钢筋安装。施工现场经测量放样,用墨盒弹好边线,纵横向钢筋固定间距;上层钢筋绑扎时,按照先绑扎架立筋和支承块箍筋,再绑扎顶层纵横向钢筋,保护层厚度控制在 3~5cm;绑扎时保护好绝缘卡,剪除绝缘卡多余部分,严禁人员踩踏,纵横向钢筋连接处逐点测试电阻。

(5) 轨排组装和吊装。扣件安装前严格检查轨枕间距;扣件安装由熟练工人操作,两侧同时安装,扣件上扭矩参考值约为 150N·m,具体数值根据现场试验情况确定。

(6) 轨排粗调。按照先中线后水平的顺序循环进行。

(7)模板安装。模板采用与轨排配套的定制钢模板,模板安装时严格按照测量放样确定边线,确保道床板结构尺寸。模板位置固定后,模板外侧下边缘采用水泥砂浆封堵,防止漏浆。

(8)施工缝要求。施工缝与轨排钢轨端头对齐,施工时确保施工缝顺直,并防止混凝土浇筑过程中上浮及下部黏连。

(9)综合接地。接地端子采用焊接方式固定在道床两侧接地钢筋上,接地端子端头采用塑料膜包裹,安装时注意接地端子顶部高程,确保浇筑完成后接地端子顶面高出混凝土顶面最少2mm。混凝土浇筑前、后进行接地端子电阻测试。

(10)轨排精调。轨排精调时,钢轨表面应清理干净,平面位置精度标准控制在0.5mm以内,按照先调中线,后调高程的原则进行调整,调整到位后必须仔细检查定位器是否处于顶紧状态。搭接测量段和顺接段长度至少为1个单元;轨道精调后,尽早浇筑混凝土,超过24h或受到碰撞、扰动等,必须重新精调。

(11)混凝土浇筑。浇筑前2h对仰拱填充面(底板)进行湿润,采用吸尘器清除杂物和积水;检查弹性支承块上透明胶带是否有破损,如有破损重新粘贴;对套靴四周进行充分湿润,严禁水进入套靴内;弹性支承块和扣件采用塑料防护罩覆盖,工具轨覆盖,防止混凝土污染;加强工具轨检测和保护,防止工具轨变形;混凝土浇筑时宜从一侧向另一侧连续进行,当混凝土从轨枕下自动漫流至前一根轨枕后,方可移至下一根轨枕浇筑;加强支承块底部位置混凝土振捣,确保混凝土密实;施工前做一个道床板单元的振捣工艺和揭块试验。

(12)混凝土收面。混凝土浇筑完成后及时收面,按设计要求设置排水坡,并严格控制道床板顶面的高程和平整度,并采用木抹和钢抹分三次收面,第一次找平,第二次顺坡,第三次压光;混凝土顶面低于橡胶套靴帽檐的下面2mm。

(13)应力释放。在混凝土初凝后,及时松开支撑螺栓1/4~1/2圈,同时松开扣件和鱼尾板螺栓,避免钢轨对混凝土收缩造成约束,导致轨枕四周出现裂纹。

(14)混凝土养护。初期养护采用喷雾器(自动喷淋管或雾炮器)进行养护;拆除轨道排架后采用土工布覆盖喷水保湿养护。

(15)弹性支承块运输至现场后,相关单位应对其外观、包装、组装质量(绑扎状态、侧面密封状态、侧面刷胶处和底面密贴状态)和质量证明文件进行验收,不合格产品不得安装。

(16)质量控制。钢筋绝缘及综合接地满足设计要求;道床板混凝土灌注密实,支承块无"空吊"现象;加强混凝土配合比、灌注、振捣、养护及应力放散等环节控制,防止出现"八"字形、横向贯通裂纹;伸缩缝完全断开,混凝土无黏连现象;道床板表面排水坡满足图纸要求,不得出现倒坡或坑洼积水现象;曲线段超高设置准确,防止曲线外侧混凝土施工时出现胀模、跑模现象;加强过程精度控制,实现铺轨后轨道精调工作量最小;道床板线形平顺美观,不得出现缺棱掉角现象。

15.4 轨道及道岔精调

15.4.1 作业准备

(1) 人员培训

作业前应对精调人员进行精调工艺、程序、标准的专业培训,使参与轨道精调的人员全面掌握相关标准及要求。作业人员应固定,不应任意调动;测量数据要有专人做分析计算,制定精调工作表,现场按表执行调整。

(2) CPⅢ复测

对 CPⅢ控制点进行全面复测,对测量数据进行平差处理。得出 CPⅢ点的坐标,与轨道板初铺时计算出的坐标进行比对,保证 CPⅢ坐标的准确性,为轨道测量及调整轨道做准备。

(3) 轨检设备配置

根据精调工作量和工期要求合理配置轨检设备,主要测量仪器、施工机具见表 15-16。

主要测量仪器、施工机具　　　　　表 15-16

序　号	名　称	单　位	数　量
1	轨检小车	台	1
2	全站仪	套	1
3	铁路轨距尺	把	2
4	弦线、钢尺	套	2
5	双头螺杆紧固器	台	1
6	撬杠	根	10
7	扳手	把	4
8	塞尺	把	4
9	1m 直钢尺	把	1

(4) 调整件准备

根据轨道的结构类型和设备数量,参考检测成果资料,提前准备各种尺寸对应的扣件调整件。

(5) 承轨台编号

对每个区间承轨台进行编号。

(6) 技术检测

静态检测手段主要由轨检小车检查,静态调整阶段的轨道平顺性评估和控制指标主要有短波的高低、轨向、轨距、水平、长波的高低、轨向和轨距变化率 7 项。

15.4.2 轨道静态调整工艺流程

无砟轨道施工完成,长轨铺设放散、锁定后,即开始了轨道静态调整阶段。静态阶段主要通过轨检小车等测量设备对轨道状态进行检测和评估。静态调整达到静态验收标准后,线路开始联调联试。

轨道静态调整的工艺流程如图 15-12 所示。

15.4.3 施工程序及要求

静态调整的步骤分为轨枕编号、轨道检查、轨道状态测量、适算、调整件更换、复测等。

1) 轨枕编号

(1) 轨枕编号方法

①全线采用贯通的连续里程,里程由 3 位数组成(前 3 位),表示千米数。

②对 CPⅢ点进行编号来划分区间,第 4 位数字"3"表示 CPⅢ;同一里程(以千米为单位)下相邻两个 CPⅢ点之间为一个区间,区间号为两位数字(第 5、6 位);顺里程增加方向分左(右)线对每个区间起始处的 CPⅢ点编号,编号是奇数表示左线,是偶数表示右线。如:561311,表示线路里程为 DK561 范围,CPⅢ点,左线第 11 个区间。

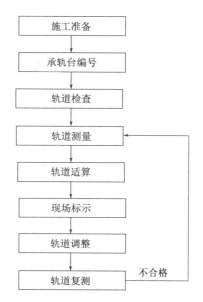

图 15-12 轨道静态调整工艺流程

③每个区间第 1 根轨枕编号:相对 CPⅢ点顺里程增加方向最近的轨枕作为该区间的第 1 个轨枕必须进行标记,轨枕编号为 3 位数,第 1 根轨枕编号为 001,其余以此类推,直到下一个 CPⅢ为止,现场可间隔 5 或 10 根轨枕(轨道板为承轨台)距离进行编号,如 561311003 (说明见表 15-17),表示左线里程为 DK561,第 11 个区间的第 3 根轨枕(承轨台),如图 15-13 所示。

轨 枕 编 号 方 法 表 15-17

编号	561	3	11	003
代表含义	里程	CPⅢ	区间编号	轨枕编号

(2) 轨枕编号要求

①为便于在轨检小车程序中输入轨枕编号和详细里程,须对区段的 CPⅢ控制点位置里程和两 CPⅢ控制点之间编号为 001 的第一根轨枕的详细里程(精确到 0.01m)制成表格,如 "561303001" 和 "561+005.10",为建立统一的精调复测结果数据库打下基础。

②以后运营期间的维修工作也需要此"编号系统"。出于这个原因,每个区间的第一根

轨枕都要求有清晰并且永久的标记。可以在轨道板上用螺栓固定不锈钢钢板,刻上本区间内第一块轨枕的编号,如561303001,采用统一大小和字体。每隔10根轨枕在现场采用白底红字将编号用油漆刷在线路左侧的轨枕上,方便迅速查找。

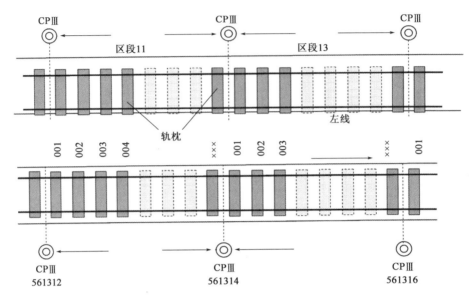

图15-13 轨枕编号示意图

2）轨道检查

轨道检查工作分两个阶段:一个阶段在长钢轨铺设前,一个在轨道状态测量前。做好轨道检查工作对轨道调整至关重要。首先,长钢轨铺设前,对钢轨、扣件、垫板、焊缝等应逐个进行检查、清洁,确保轨道状态良好;其次,在长钢轨铺设并完成锁定后,需再次检测扣件系统,对损坏部件应及时更换,扣压力不足的,应及时施拧到位。

（1）钢轨

钢轨要用肉眼全面查看,应无污染、无低塌、无掉块、无硬弯等缺陷。

（2）扣件

扣件应安装正确,无缺失、无损坏、无污染,扭力矩达到设计标准,弹条中部前端下颚与轨距挡块间隙≤0.5mm,轨距挡肩与轨距挡块间隙≤0.3mm。肉眼配合塞尺及力矩扳手,全面检查扣件。安装不正确的扣件如图15-14所示。

（3）垫板

垫板应安装正确,无缺少、无损坏、无偏斜、无污染、无空吊(间隙≤0.5mm)。肉眼配合塞尺全面检查。不符合要求的垫板如图15-15所示。

（4）焊缝

焊缝要全部检查,采用1m平直度尺及塞尺检查,主要测量焊缝平顺性,顶面0~+0.2mm,工作边0~-0.2mm,圆弧面0~-0.2mm。发现轨头不平顺及时通知铺轨单位处理。钢轨不平顺如图15-16、图15-17所示。

图15-14 弹条中部前端下颚与轨距挡块间有间隙

图15-15 钢轨吊空

图15-16 钢轨侧面不平顺

图15-17 钢轨顶面不平顺

3）轨道状态测量

CPⅢ复测分CPⅢ平面网和高程控制网两部分进行，主要是保证CPⅢ网的精度，从而保证轨道状态测量的准确度，为精调奠定基础。

①应根据复测成果进行平面控制点的稳定性分析，按"同精度复测坐标较差"应小于±5mm及相邻点坐标差之差小于±2mm作为判别标准，满足限差要求可认为点位稳固。超过限差要求应结合线下工程结构及高程复测成果进行分析判断，特别要结合沉降评估结论进行分析判断。

②复测成果各项精度指标满足CPⅢ精度要求时，复测精度较好（一般同精度复测坐标较差小于±4mm），宜采用原网成果进行长轨精调作业；对于其他情况宜采用复测成果。

③根据复测成果进行高程控制点的稳定性分析，按复测与原测高程成果较差不大于±5mm、相邻点对高差较差小于±8$\sqrt{L}$及同一里程一对CPⅢ点间高差较差小于±1mm作为判别标准，满足限差要求可认为点位稳固，超过限差要求应结合线下工程结构及高程复测成果进行分析判断，特别要结合沉降评估结论进行分析判断。

④对于复测成果存在系统性偏差或超限控制点超过20%的路段，须报上级单位重新进行评估。

15.4.4 轨道调整

1）调整方法

（1）轨距、轨向调整

轨距、轨向调整通过更换轨距挡板和绝缘轨距块来实现，单股钢轨调整配置见表15-18。根据设计要求，弹条Ⅶ型扣件系统的轨距调整允许范围为 -6～+4mm。轨距调节是通过更换不同型号的轨距挡板和绝缘轨距块，实现横向调节，每步调节 2.0mm。

单股钢轨调整配置表　　　　　　　　　　　　　　　　　　　表15-18

序号	单股钢轨调整量（mm）	绝缘轨距块和轨距挡板号码			
		外侧		内侧	
		轨距挡板	绝缘轨距块	绝缘轨距块	轨距挡板
1	-6	11	16	8	7
2	-4	11	14	10	7
3	-2	11	12	12	7
4	0	7	14	10	11
5	+2	7	12	12	11
6	+4	7	10	14	11

（2）高低、水平调整

高低、水平调整通过更换垫板来实现，其配置见表15-19。

根据设计要求，弹条Ⅶ型扣件系统的最大调高量为 20mm。高度调整通过嵌入轨下调高垫板实现。

钢轨高低位置调整垫板配置表（单位：mm）　　　　　　　　表15-19

序号	钢轨高低位置调整量	轨下调高垫板总厚度	大调高垫板总厚度
1	+1～+5	1～5	0
2	+6～+10	1～5	5
3	+11～+15	1～5	10
4	+16～+20	1～5	15

2）轨道调整步骤

（1）现场标记。根据调整方案和对应的承轨台号首先用石笔在钢轨表面或轨腰处标记调整件的型号。

（2）调整件摆放。根据现场的标记，把调整件准确无误地摆放在承轨台挡肩的两侧。调整件摆放要有专人复核，摆放要整齐，以便于更换。

（3）松扣件。根据现场的标示，施工人员采用双头螺杆紧固器或扳手逐一将扣件松开。轨温在设计锁定温度±20℃范围内，可连续松开扣件数量不大于 5 个承轨台；轨温超出锁定轨温 20～30℃时，可松开单个承轨台扣件进行调整。

（4）扣件更换。扣件松开后，施工人员把扣件逐一拆开，摆放整齐，螺杆不要直接放在道床板上,应对螺杆进行保护,以免对螺杆造成污染。扣件拆开以后,把标准件统一放在线间,对承轨台上的杂物进行清理,并避免杂物进入螺栓孔内;更换轨垫时,先由工人用撬杠抬升钢轨,取出标准件并清理承轨槽;清理完毕后,将调整件逐一安装到位。

(5) 紧固扣件。调整件安装完成后,施工人员使用双头螺杆紧固器或扳手按照要求把扣件锁紧,达到设计标准。

(6) 扣件复查。用塞尺进行扣件空隙及更换型号的复查,确保准确。如发现不符合要求的扣件,首先检查问题其是否在轨头焊缝处(有的焊缝不平顺),如果不是,用撬杠往缝隙大的方向拨一拨钢轨,如有必要,可以把轨距挡块换成异型组合;相反,通知铺轨单位对焊缝进行处理。如果轨底与轨垫间的缝隙不满足要求,也是先检查其是否在钢轨焊缝处,如果是,就通知铺轨单位对焊缝进行处理,相反,就更换成合适的轨垫,如图 15-18 所示。

a)

b)

图 15-18 更换扣件和扣件复查

(7) 标准件归类。把换下来的标准件分类整理,轨距挡块用绑扎带按每串 20 个穿绑起来,轨垫按每摞 20 个用封箱胶带或绑扎带捆起来。所有换下来的标准件集中放在线间,等下班收工时再带出线外,分类放在指定的位置,做到工完场清。

3) 质量标准和控制要点

(1) 对适算时标记的突变或特殊点位,在更换扣件前,用弦线和塞尺进行复查,并检测扣件系统是否存在遗失、污染和错误安装等问题。

(2) 在摆放调整件前、更换调整件时均须反复核对更换扣件、调整方向是否正确。

(3) 更换扣件前后,须用塞尺、弦线检测更换处前后扣件状态是否正常,通过现场情况确定最佳调整方案,并做好记录。

4) 轨道复测

轨道复测步骤与"轨道状态测量"基本相同,不同的是,设站位置应与上次测量设站位置错开,以确保能对上次换站接头段落进行精确测量。对调整区段采用轨检小车进行轨枕连续测量,形成最终的"轨道静态调整量表"和"调整件使用情况详表"并备案。

15.4.5 质量控制及检验

长轨铺设前,务必做好扣件、钢轨的清理工作,此工作的好坏直接关系到下一步的轨道精调精度。做好CPⅢ网复测工作,对施工过程中损坏的点位,必须立即恢复。

轨道精调的第一遍测量和调整对整个精调工作至关重要。首次测量工作应认真细致,不厌其烦,反复测量,确保数据精确;同时第一遍调整应加强现场核对,及时调整适算方案,确保调整件更换正确,杜绝错换、漏换等现象。

15.5 本章小结

(1)中条山隧道无砟轨道施工,经过合理地安排人员、设备,确保了无砟轨道施工顺利完成。施工过程中施工成熟后单次施工无砟整体道床99m(共计6.6m道床板15组),单循环时间控制在24h左右,施工工效得到很大提高,同时整体道床施工质量得到有效控制,经济、社会效益良好。

(2)本章主要介绍了单线铁路隧道无砟道床施工过程中有关人员及设备的组织。从道床施工相关技术要求、施工流程、操作要求、控制要点出发,对轨道测量控制、无砟道床施工、轨道精调方面进行了详述,并介绍了如何在小断面隧道开展无砟轨道施工,可为类似工程施工提供参考。

第16章

长大单线隧道工程建设管理与科技创新

Key Construction Technology for Zhongtiaoshan Tunnel of Haolebaoji-Ji'an Heavy-haul Railway

Key Construction Technology for Zhongtiaoshan Tunnel of
Haolebaoji-Ji'an Heavy-haul Railway

16.1 工程技术管理

为充分发挥施工单位现场管理优势,提高工作效率,激发施工单位自控、自律和诚信度,浩吉铁路公司推行施工技术现场分级管理制度。技术分级管理是创建诚信单位的分支及延伸,体现了浩吉铁路公司"在施工过程中以施工单位为主体"的理念。技术分级管理,有助于施工单位完善技术管理自控体系,锻炼和提高技术人员的业务素质,有利于具备等级管理的施工单位简化工作程序、提高工作效率,有利于各参建单位之间形成"比、学、赶、帮、超"的良性竞争理念,不断提高技术管理水平。

16.1.1 施工组织设计方案动态管理和技术方案分级管理

1)施工组织设计方案动态管理

进场初期,经理部组织各工区主要管理人员编制、讨论、修订实施性施工组织设计方案,并按照流程进行审批,每年或重大施工技术方案发生变化时,对实施性施工组织设计方案进行调整,每季度对标段工期进行梳理和通报(图16-1、图16-2)。

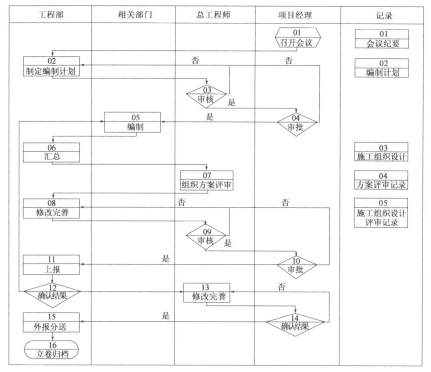

图16-1 施工组织设计编制流程

图 16-2　修订版管理制度和施工组织设计

2）技术方案分级管理

(1) 重点方案

项目进场后,组织相关人员确定项目需要编制的专项方案,按照企业方案管理办法进行分级,明确各项方案分级审批程序。根据专项方案的不同确定编制责任人,由项目经理部组织编制责任人统一集中办公,进行方案编制。专项方案编制完成后由项目经理部总工程师负责主持,工程部牵头组织机电、物资、安质相关部门对方案进行审查,审查完成后再由其编制人员进行修改,修改后按照程序上报审批(图 16-3、图 16-4)。

(2) 一般小型方案

一般小型方案由工区安排专人进行编制,然后由工区总工程师组织相关人员对方案进行评审。评审后将其修改方案和审批记录报项目经理部。项目经理部总工程师对上报方案组织相关人员进行评审,提出修改意见,返回工区修改完善后按程序上报审批。

16.1.2　作业指导书和技术交底统一化

作业指导书和技术交底由经理部统一组织各工区技术人员进行讨论,分别编制、集中评审,并请相关部门进行把关,编制作业指导书 25 份、技术交底 17 份,形成了一套完整的可复制、可推广的技术资料。

定稿后,将作业指导书装订成册,下发各工区,并制作成二维码,悬挂于施工现场,便于作业工人随时扫码查阅(图 16-5);并将技术交底做成卡片,随身携带,可随时翻阅。

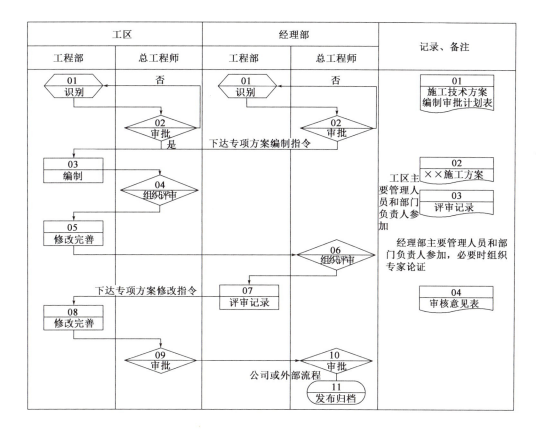

图 16-3 专项施工方案编制和审核流程

a)

b)

c)

图 16-4 专项施工方案编制和审核表

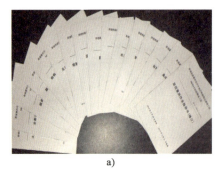 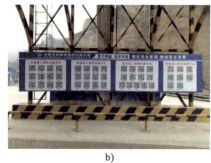

a)　　　　　　　　　　　　　　b)

图 16-5　作业指导书及二维码

16.1.3　变更设计管理

与以往的施工变更设计不同,浩吉铁路公司在建设过程中,充分体现各参建方的积极性,实行技术分级管理,授权施工单位进行自主变更,充分体现了变更的真实性、时效性及计价的合理性。

1) 据实变更

浩吉铁路公司在严格合同履约的基础上,首开先河,改进计量工作,简化计量程序。浩吉铁路公司无风险包干费,根据现场实际情况参建各单位均可提议据实变更,根据实际验工计价,及时结算费用。自开工以来,浩吉铁路公司在变更设计管理方面一直要求据实变更,无论是正变更还是负变更,建设指挥部均组织设计、监理及施工单位到现场踏勘并研讨,根据现场实际情况进行合理变更,在保证现场施工安全、质量的前提下,尽可能加快施工进度。尤其是对提出负变更的单位按照节约投资的一定比例(8%~10%)给予奖励,更加促进了施工单位现场据实变更的积极性。

2) 授权变更

浩吉铁路公司在设计变更上以建设单位为主导组织开展,最终建设单位审核批准计价,且Ⅱ类变更无须上报上级单位审批。同时为充分发挥施工单位现场管理优势,最大限度提高效率,激发施工单位自控、自律和诚信度,浩吉铁路公司在全线根据各施工标段实际管控能力,对现场技术进行分级管理(A级、AA级、AAA级),给予施工单位不同等级的自主变更权限,主要对格栅钢架节段长度变化、开挖工法变化(CD法、CRD法等特殊工法除外)、同一围岩级别初期支护参数变化、相邻围岩级别变化、洞口边仰坡加固及防护方案变化、超前小导管方案变化、超前大管棚变小导管、涵洞角度、高程调整或移位、涵洞外改沟、顺路、顺渠、铺砌调整、基坑防护措施变化、井点降水措施变化、涵洞基底换填深度变化、加长桩长、降低承台高程、乡村道路改移、一般沟渠的改移、浆砌坡面、坡脚防护、绿化工程长度及范围变化排水设施变化、强夯、重型碾压和冲击碾压相互变化、路基局部换填处理等方面进行授权自主变更,建设指挥部对施工单位自主变更进行抽查,掌握现场实施情况,如发现问题及时纠正和处理。

如果有工程变更弄虚作假、因技术原因造成质量安全事故、未能有效履行工程变更职能

(如手续不齐全、未批先干等)、未按变更方案施工的,情节严重时,将直接取消管理等级,不得进行自主变更。

当现场地质局部与设计不符、围岩量测接近预警值,或出现其他突发紧急情况时,可以立即根据实际情况进行应急处置。如增加锁脚锚管、超前小导管等措施等,及时快速地处理围岩变形,事后及时反馈。这样既整体提升了管理效率,又有效保证了施工现场工程安全、平稳推进。

3)合理计费

为了实现建设单位、施工单位双赢,在浩吉铁路建设过程中,采用单价承包、量价分离合同模式,并实事求是地进行合同外费用补偿,减轻了施工项目资金压力。

(1)变更设计按照合同约定,经建设单位审批后,比照清单内的项目计价方式及时进行验工计价。

(2)按合同规定符合价格调整的材料设备,经建设单位审批后,根据实际完成情况在合同价款调整中验工计价。

(3)履约考核费按合同约定办理计价。

(4)其他合同价款调整,经建设单位批准后办理计价。

凡是施工单位为了保证现场施工安全、提高工程施工质量的所有措施所增加的费用,建设单位均给予相应补偿。主要对钢材加工集中场、长仰拱栈桥、型钢格栅钢架制作、机械手湿喷射混凝土及回弹量补偿、征地拆迁协调、工程优化、特殊地质处理、部分大临设施及临时用地、大临电力工程费、钢结构集中加工运费、隧道格栅加工增加费、砂石料运输成本增加费等进行了费用调整。这种创新务实的管理举措,极大地调动了施工单位的积极性,提高了施工单位进行精细化管理的信心,积极进行技术创新、工艺创新、工装改造。为共建单位实现"诚信、协商、共赢"创造了良好的工作开端,各方受益匪浅。

4)变更流程

为了确保变更快捷、迅速,经理部和工区均安排专人负责,根据现场实际情况据实进行变更,确保现场顺利施工。变更首先由工区向经理部提出变更提议申请,同时在提出变更申请前工区必须组织各部门从方案的可行性、安全质量等方面进行评审,并将评审意见报送至经理部。经理部由总工程师组织相关人员进行现场踏勘,核实工区变更方案提议的合理性及可行性,确定是否进一步上报。设计变更审批流程如图16-6所示。

5)变更实例

(1)优化横通道断面尺寸,满足通风要求,加快施工。

中条山隧道设计为双洞单线隧道,正洞左右线设横通道,横通道净空尺寸为4m×4.5m(宽×高),与正洞平面交角为45°。由于隧道为双洞单线特长隧道,为了有利于施工运输、大型机械化作业、通风、抽排水等施工组织,提高施工效率,将横通道,净空尺寸调整为6.5m×5.5m(宽×高),与正洞平面交角调整为60°。

(2)F7断层优化支护参数,确保施工安全(中条山隧道F7断层变更)。

中条山隧道1号斜井正洞左线DK620+525~DK620+745、右线DK620+535~DK620+755段洞身穿越中条山F7主干断层,该段埋深约630m,围岩为太古界洞沟组涑水杂岩,岩性以斜长片麻岩为主,其次为角闪岩、辉绿岩,节理裂隙极发育,岩脉产状不稳定,分布无规律;受构造运动影响,岩体破碎,胶结性差,强度低,无地下水,围岩级别为Ⅴ级,如图16-7所示。

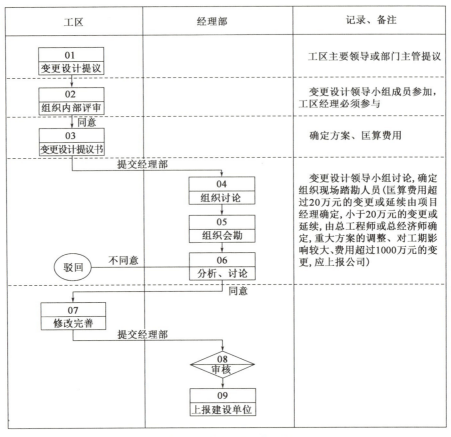

图16-6 设计变更审批流程

图16-7 现场围岩情况揭示

自2016年12月4日第一次出现预警开始共计出现110次预警,其中红色预警45次(左线28次,右线17次),除左线DK620+620有一次拱顶日沉降量达到红色预警外,其余均为水平收敛红色预警,水平收敛日变形量红色预警17次,累计变形量红色预警27次。在施工过程中受高地应力影响,初期支护多处出现变形开裂,为保证现场施工安全,现场对施工初期支护变形段采取增设锁脚锚管、水平砂浆锚杆及立套拱等加固措施;在继续施工过程中选取不同段落按"刚性支护一次到位""柔性支护释放应力后进行初期支护"两种模式进行试验,通过试验确定F7断层带初期支护施工参数,有效控制围岩变形,解决了初期支护变形开裂问题,确保顺利通过了F7断层。

6)优点及效果

(1)施工单位变更设计提议书直接报送建设单位、抄送监理和设计单位,并且提议书的报送可采用电子扫描件,所有变更在实施前均上传至微信群、邮箱及浩吉铁路公司协同办公平台系统,经建设、监理、设计单位审核,保证了变更方案的正确性,并且在自主变更的执行过程中参建各方均不定期地到现场检查方案的执行情况,对盲目变更、不贴实际变更的单位取消自主变更资格,促进了各单位技术管理的诚信度建设,也不断提高了施工单位技术人员自身业务水平,节约了申报时间。

(2)经四方勘察,当具备变更条件时,指挥部会及时签发变更设计方案通知单,施工单位可立即按照设计变更方案施工。

(3)方案确定后,施工单位进行工程量和费用增减的计算,经指挥部确认后,季度验工计价时,便可按照设计变更进行计价,加快了变更设计的验工计价。

(4)建设单位可委托监理单位组织延续变更,简化了变更程序,提高了工作效率。

(5)变更组卷工作由提出变更单位进行组卷,提高了组卷质量和速度。

(6)施工单位拥有自主变更权后,可以依据现场施工情况,及时地发起变更设计流程,简化了工作程序,减少了中间环节及变更流程的时间,变更设计流程时间由以前的3~5d缩短为1~2d,提高了工作效率。变更的方案一切立足于施工现场,更贴近施工现场,现场更易操作。方案由施工单位提出,更加有利于发挥技术人员的创造性,方案能最大限度得到认可,更易被采纳;自主变更提高了各方的积极性,真正提升施工单位的主体责任和履约诚信,变更更加公平、公正;建设单位能按照施工单位提出的方案,快速安排相应人员带上方案确认单,现场确认方案,不影响现场施工。

16.1.4 技术分级管理要点

技术分级管理是工区安全、质量、成本管理的基础。没有安全可靠的技术方案,安全无法保障;没有严密的施工方案,质量就无法保障;没有优秀且经过充分优化的技术方案,项目的经济性也得不到保障。所以,技术分级管理是管理提升的基础,应做好以下几方面:

(1)技术人配备到位。在人员配备上,从经理部到各工区,均配足、配强各类专业技术人员,以满足现场管理需要;在人员综合能力上,对各类管理人员,尤其是工区总工、工程部长等关键岗位提出了如:"必须具备丰富技术管理经验和能力"等具体要求;在爱岗敬业奉献成长上,结合每个技术人员特长对其进行专门的职业规划,大大提高了技术人员的工作积极性。

(2)技术管理责任制到位。针对技术管理,对每个技术岗位制定了岗位责任制,涵盖全体技术人员,对每个岗位的人员该做什么、什么时候做、做到什么标准等均提出了明确要求,提高了员工的岗位责任感。

(3)考核奖罚到位。为了有效地激励员工工作主动性、积极性和创造性,对所有技术人员的履职情况分等级考核,考核结果与收入、职称评定、晋升均有效挂钩,真正体现优胜劣汰。

同时做好基础管理"五加强":

(1)进一步加强施工方案优化。在施工方案确定时,一定要结合现场条件,水位地质情况等因素,多方比选,使方案满足技术可行性、先进性、安全可靠性、经济合理性等要求。

(2)进一步加大交底的针对性、可操作性。尤其对班组长作业交底,力求简单、易操作。对各道工序的班组长进行细致交底;为他们制作文字简洁、可操作性强。便于携带的质量控制工艺卡片。在文字交底的同时,更加注重现场交底,使班组长及操作工人感到更直观、更具体、更容易接受。

(3)进一步加强方案执行的严肃性。在施工过程中,为防止方案执行走样,技术人员需严格按方案进行交底及过程检查,对既定的方案,原则上须严格执行。如现场条件变化,确需改变方案的,必须按程序履行方案变更手续;同时对随意变更方案的,须分清责任,严肃处理。

(4)进一步加强变更设计的及时性、合理性。针对现场条件发生变化,确需变更的,尤其危及安全时,依据技术分级管理的要求进行及时处置,同步留下影像资料及相关信息,并及时上报变更资料以便归档。在应急处置时,需掌握及时性、真实性、经济性、安全性的原则。

(5)进一步加强技术创新及信息化建设,推进质量管理水平和施工效率。开展中条山隧道带水施工工艺工法的研究,确保施工安全质量,以及脆弱环境生态保护施工技术研究,实现人与自然和谐共处;同时积极推行小改革及科技成果转化应用工作,项目有仰拱自行式悬挂模板、隧道衬砌多功能端头、水沟电缆槽整体式模板和轮式移动桁架体系、定型钢模安装止水带等工装,因此大大提高了施工效率,加强了质量控制,实现了现场施工标准化。

16.2 质量安全管理

按照浩吉铁路公司建设管理理念,结合铁路项目管理的现状,突出"建设为运营服务,运营为经营服务",明确了质量安全管理基本方针及目标,即质量是浩吉铁路工程的生命线,以质量保证安全;明确施工单位质量安全的主体责任,并分层级落实,管负管的责任,干负干的责任;明确监理工作的定位,是建设单位管理的延伸,主要围绕质量安全开展工作;合理的价格保证合格工程,合理的费用购买优质服务;通过技术措施,降低风险,保证质量安全;机械化、工厂化、信息化、专业化保证质量安全。

项目在建设过程中进行了大胆创新实践,实行班组长工程质量责任制;过程质量控制实行"三检制"(班组自检、复检、专检);解决质量管理问题,完善施工单位自控体系,解决管理与操作层责任界定的问题。质量安全的关键是责任人、责任制的落实。项目紧紧扭住这一关键环节,在标段内实行班组长工程质量责任制,明确关键工序班组长及其质量责任,将技术、质量、作业标准落实到作业层和作业面,建立作业层管理制度、责任追究制度、完善分包合同等措施。项目施工质量安全管理一直处于平稳可控、不断提升的状态,相比以往的铁路施工建设取得了可喜的成绩,施工质量显著提高。

16.2.1 班组长质量责任制的实施及成效

1)班组长质量责任制的实施

落实班组长工程质量责任制,项目部是责任主体,项目经理是第一责任人,工区是落实的关键。根据标段工程特点、用工组织方式和自身管理实际,制定了具体的实施办法和切实有效的推进措施,确保班组长工程质量责任制落实到位。

项目以工序划分,明确划分作业层和管理层的质量责任。同时严控工程实体关键工序质量,突出了关键工序中卡控要点的质量管理责任。

为了落实班组长工程质量责任制,本工程主要采取以下四个方面的措施。

(1)整个项目统一分为管理层和作业层两个层级,实施扁平化管理,防止指令层层衰减。项目部管理层和工区管理层是统一整体及利益捆绑,项目部和工区都可以直接管到作业层,工区层面发现问题就在工区层面解决,项目部层面发现问题就会同工区层面共同解决,这样简单、高效、可操作性强,指令能够得到果断执行。同时,项目部授予工区充分权限,核心就是现场作业层的工资标准、发放情况由工区全部掌握,即常说的"管钱、管人、管事"必须统一,首先管住钱才能管住人,最后才能管住事。

(2)作业层组织方式简单高效,考核奖惩机制公开透明。按照隧道施工工序组建班组,班组长必须是现场直接带领工人施工作业、班组工人听其指挥,并由工区任命作为工序主体负责人,负责带领公司招收的临时用工组建的班组。班组长必须具备良好的品德、丰富的现场施工管理经验、较强的管理能力和责任心,且在班组中具有较高威望等条件,以确保班组自控体系得到落地。在实行班组长质量责任制中班组长是管控的关键,对上,班组长直接由各工区副经理进行管理;对下,班组长直接管理到班组每一名员工,可以有效确保项目部的各项管理要求由工区管理人员直接精准下达到班组作业人员。作业工人接受岗前培训教育和日常技术交底和安全质量培训,从事相对固定工序作业。工区支付给作业工人合理的劳动报酬,提供相对舒适的生活条件。作业工人除有固定工资外,还有考核奖惩机制,进一步促进工程质量提升。

(3)落实作业层责任主体,强化作业层人员的质量安全责任。班组长为工序质量安全的主体责任人,给予班组长合理的津贴。各工区负责与培训合格的班组长在工程(工序)施工前,工区与班组长签订质量责任书。责任书应明确班组长的实名信息、质量责任。同时工程验工计价前,班组长、工区质量总监(或副经理)对拟计量工程(工序)签订工程质量承诺书,作为工程计量支付依据之一。通过将关键工序的具体管理责任以《质量责任书》的形式对班组长进行了明确,将项目经理的第一责任进行了传递和分解,有效提高了班组长对质量、安全等管理的责任心,形成了"责任共同体",对项目质量安全以及文明施工管控具有极大促进作用。并对关键工序实行"三检制",自检(班组长)→初验(施工员)→复验(质检员)。班组长作为每道工序主体责任人,制定了激励奖惩机制,即权、责、利必须有机统一。

(4)落实班组长安全质量责任制的配套措施。定期不定期地组织班组长进行思想教育,通过了解以往施工过得工程项目及其他工程项目的安全质量事故案例,使班组长首先从思想上意识到目前工程建筑行业的安全、质量形势。班组长的业务技能培训学习,由工区安全部、工程部、质量部定期组织进行,通过风险源辨识、安全隐患、质量通病预防措施和技术交底、作业指导书、质量验收标准的培训学习提高班组长的业务技能及知识水平。对不服从管理的班组人员班组长有权建议分管领导予以辞退。每月对工区内所有班组长进行拉通式考核,根据质检人员一次报检合格率,给予奖金分配,大大提高了班组长的工作积极性。

2)班组长质量责任制的成效

通过班组长质量责任制在本工程的实践,工序质量得到明显提升,偷工减料行为全面杜绝,工序安全得到保障,工序进度明显加快,实现了质量"零返工"、安全"零事故"。同时,班组长质量责任制解决了管理层与操作层责任界定的问题,并使施工单位自控体系与现场紧密结合,成效显著。

(1)通过实行班组长质量责任制,班组长由被动管理向主动管理的转变,工程质量控制关口由检查监督管理向自控过程管理的转变。班组长对不合格产品需要承担相应责任,由对上级领导负责转变为对自己负责;工程质量管控的关口从施工完成后进行合格检查前移到了施工过程中,由质量是管出来的转变为质量是干出来的,实现关口前移、过程自控。

(2)施工现场各工序施工质量、安全形势得到了大幅度提升,以前的习惯性违章及质量通病问题得到了很大程度的改善。全员安全、质量意识得到了进一步提高,偷工减料、野蛮施工的现象已彻底被杜绝。

(3)通过开展班组长工程质量责任制提高了一次报检通过率,节约循环时间,加快了现场施工进度。自班组长责任制和"三检"制实行以来,班组长自检共1659次,其中发现问题及整改处理166次,工程验收一次通过率由原来的90%左右上升到现在的98%以上。

(4)提高了班组长参与技术方案的积极性,能提出合理建设性意见,方案更加贴近现场。

(5)通过各级管理人员的培训与现场指导,施工人员的业务技能、知识水平及工作积极性等均进一步提高。

16.2.2 工序质量"三检制"落实

在施工过程中,要求工序质量检查严格执行"三检制",即班组自检、复检、专检。质量检查以质量自控为基础,使每道工序都处于受控状态。形成检验批的工序由工区专职质检员组织,对已完工序质量检查验收,经验收合格后填写报验资料及隐蔽工程验收记录,报请监理验收。具体"三检"程序如下：

(1) 班组自检。施工工序完成后，按照谁生产谁负责质量的原则，班组长要对反映该工序质量的控制点进行自我检查，发现问题及时处理，将问题彻底解决在施工过程中。

(2) 复检。班组长及班组成员自检完成后，报技术员进行复检，技术员根据作业交底要求进行检查，若发现与技术要求不符或质量问题督促作业班组进行整改，整改完成后报专职质量检查员进行专检。

(3) 专检。专检由项目专职质量检查员负责，根据工区质量要求及技术交底对已完成工序进行检查，若发现质量问题及时通知作业班组和班组长进行整改，验收合格后报监理工程师进行验收。

"三检"过程形成书面记录，由检查人员签字完成后归档，检查人员必须根据设计图纸、技术交底、标准规范等进行检查，做到依法合规、有理有据，并形成可追溯性书面记录；没有履行隐蔽验收程序进入下道工序作为质量管理红线控制，项目部按照责任追究办法追究相关责任人责任。

16.2.3 质量分级管理的实施及成效

1) 质量分级管理的实施

(1) 完善相关制度、做到有章可循。项目部根据分级管理相关要求，针对现场报验程序的变化，对原有三检制度进行调整，制定了《质量分级管理自控体系实施管理细则》，经各部门讨论改进，在现场实施过程中经过几次修订完善，在施工现场全面实施。同时结合"三检"制度，对每道工序进行考核奖惩，施工过程中每道工序由现场质检人员进行考核（结合班组长评比，项目部每半月组织一次对班组长相同工序的纵向评比，每一月进行优秀班组长评比）并且现场质检人员的考核与班组长的评比相挂钩，加大奖惩力度，对考核兑现奖金每半月以现金形式发放，罚款从当月计价款中扣除；项目部进行奖金监督分配。通过奖励激励施工班组及各级管理人员的积极性。为加强各作业区施工现场管控，建立了夜班巡视检查制度，每晚由项目部领导与部门负责人为一组进行夜班巡视，了解现场施工情况有无异常，检查和指导各班组施工，做到施工过程监管无漏洞、无死角。

(2) 分清各级工序，明确管理责任。结合项目部原质量自控体系中的工程质量"三检"制度，针对这次质量分级管理的开展要求，将隧道各工序分为常规工序、重要工序、关键工序共三个级别，强调关键工序必须经过项目部专检人员进行检查方可进入下道工序施工。专检人员由专人负责，并且要求每道工序检查需填写《施工过程质量检查记录表》，检查人必须签字确认以利于追溯。项目部每半个月检查一次，检查记录情况进行归档，确保每道报检程序责任人明确，过程检查记录详细真实，并且具有可追溯性。

(3) 做好源头控制，狠抓材料质量。为了确保进场材料合格，项目部对材料供应商重新招标，提高砂石料等地材的合同单价，每月两次定期组织试验、物资和质量管理人员到材料生产地进行联合抽查检验，对原材料生产和进场过程层层监控，确保材料进场必须合格。

(4) 严盯关键工序、加强过程管控。分级管理试点开展后，试验人员对仰拱、二次衬砌大体积混凝土浇筑进行全程跟班作业,对混凝土拌和、运输、入模、振捣等工序全程跟踪,随时掌握混凝土的各项技术指标,确保混凝土入模浇筑质量符合规范要求。

(5)加强技术交流、完善资源配置。结合优秀班组长评比活动,组织所有同工序的班组长相互交流施工经验,邀请公司其他隧道项目有经验的湿喷机械手、混凝土施工专家来我标段进行培训指导,通过一系列现场质量评比、观摩学习、现场演示讲解等质量管理活动来提高隧道施工质量。

2)质量分级管理的成效

(1)自控能力提升。浩吉铁路公司授予的质量分级管理相关权利,是建立在施工单位诚信的基础上,对施工单位管控能力的认可,这种认可激发了项目各级管理人员的管理热情。同时响应质量分级管理,我标段进一步强化了项目管理层的巡视检查、工区技术人员和质检人员的工序验收,确保现场施工质量得到持续有效的控制。

(2)工效提高。质量管理 A 级单位,授予了 6 项自检内容,涵盖了隧道开挖、支护的主要内容,通过授权自检,减少报检环节,提高了隧道掘进的效率,减少了开挖、支护的工序衔接时间。通过工效的提升,工程进度加快,项目投入的管理、生产成本必然会减少,并转化为效益,对施工单位创效具有重要作用。

(3)业务能力强化。项目技术、质量管理人员通过对自主变更内容和授权自检项目的学习,业务能力得到了强化。

(4)管理能力提高。授权自检的项目在没有监理验收的情况下,消除了现场技术、质量管理人员的依赖心理,必须通过自己的管理确保现场施工质量,促使技术、质量管理人员提高自我管理能力,主动适应新要求。

16.2.4 其他质量和安全管理措施

(1)优化专项施工方案,开展隧道安全风险评估,突出"以技术决定安全,方案决定安全"。中条山隧道地质条件复杂,极易产生突水、涌泥及坍塌和隧道淹井事故。为此我们编制了 17 个专项施工方案和隧道风险评估报告。晋豫指挥部和集团公司多次组织专家对斜井抽排水、第三系基底施工方案及隧道风险评估等进行论证,确保了现场施工安全。专项施工方案、作业指导书和技术交底文件由经理部统一组织各工区技术人员进行分别编制、集中评审,并请公司相关部门进行把关。施工方案编制完成后由工区总工及时对工区管理人员进行交底,并编制作业指导书及技术交底文件。工区技术人员对班组进行交底,并由生产副经理组织实施,项目及工区管理人员的不定期检查,使得施工方案在现场能有效落实;并将作业指导书、质量验收标准制作成二维码张贴在隧道洞口。

(2)积极探索创新隧道施工工艺工法,确保工序质量受控。在隧道施工中,始终把如何确保工序质量安全作为工艺工法创新改进的出发点,回归隧道施工"新奥法"理念,以监控量测数据和超前地质预报作为是否安全受控的主要依据。

①严格按照浩吉铁路公司"两紧跟、一贴紧"的理念,作业面均采用下台阶与仰拱一次开挖支护封闭成环施工技术,减少了爆破对围岩的二次扰动,缩短了仰拱施工循环时间,有效

控制周边收敛和拱顶沉降,杜绝了关门塌方事故的发生。

②采用单线隧道新型24m全液压履带自行式仰拱栈桥进行施工,显著降低了仰拱之间的施工缝隙的对接次数,达到了提高仰拱质量的目标;另一方面,仰拱施工时不影响各种运输车辆的通行,在不同工况下都能满足需求,可实现快速移动就位,栈桥施工空间高,有效改善了施工环境。

③自主设计制作混凝土自动定时喷淋设施,能有效保证混凝土养护时间,确保了二次衬砌混凝土养护质量。

④通过对现有的台车进料口进行改装,设置混凝土防空洞报警装置,减少了拱顶脱空、混凝土外观蜂窝、麻面、驼峰及施工冷缝等缺陷,提高了混凝土实体质量。

16.2.5 质量管理成效

(1)通过质量分级管理、诚信施工单位建设等活动及举措,现场质量和安全管理水平得到了大幅度的提高,班组长、技术人员、质检人员配备数量及人员素质能够满足现场施工要求,对现场出现的质量问题能够及时发现并进行整改,全体人员质量意识及责任心有了较大的转变与提升。

(2)质量分级管理缩短了报检验收环节所占用的工序时间,进一步提高了工效,缩短了单循环作业的时间,通过循环奖考核进一步提高了员工收入,从而提高了员工的积极性。

(3)班组长质量责任制和"三检制"解决了质量的把关问题,同时进一步提高了班组长的责任心。

但在浩吉铁路工程质量管理实践中也存在以下问题:一是内业资料过多,使管理人员的精力不能完全投入到施工现场管理当中;二是没有用于质量管理的专项资金。

16.3 文明施工管理

16.3.1 综合管理措施

(1)建立文明施工领导小组,加强文明施工管理。建立、健全以分管领导和文明施工员具体指导、项目经理现场负责,各施工队、班、组具体落实的管理网络,增强管理力量。文明施工管理结构如图16-8所示。

(2)全面开展创建文明工地活动,做到"两通、三无、五必须"。两通:施工现场人行道畅通,施工工地沿线单位和居民出入口畅通;三无:施工无管线事故,施工无重大伤亡事故,施工现场周围道路平整,无坑塘和积水;五必须:施工区域必须严格分离,施工现场必须挂牌施工和工作人员配卡上岗,工地现场材料必须堆放整齐合理,工地生活设施必须清洁文明,工地现场必须开展以创建文明工地为主要内容的思想政治工作。文明施工管理结构图如图 16-8 所示。

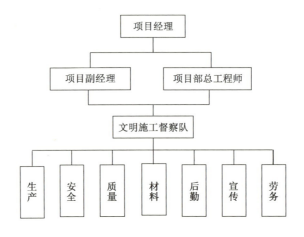

图 16-8　文明施工管理结构图

(3)实行施工现场平面管理制度,各类临时设施、施工便道、加工场、堆放场和生活设施均按经过业主审定的施工组织设计和总平面布置图实施,如因现场情况变化,必须调整平面布置,应画出总平面布置调整图报上级部门批准,不得擅自改变总平面布置或搭建其他设施。

(4)结合工程实际情况,各工区成立以工区主任为组长的文明施工领导小组,对项目经理部及各作业队负责人进行明确分工,落实文明施工现场责任区,制定相关规章制度,确保文明施工现场管理有章可循。

16.3.2　施工场地管理措施

(1)现场必须具有布局合理的场地布置图;进场材料、成品、半成品以及构件等分门别类,堆放整齐;机械设备指定专人保养,保持运行正常,机容整洁。对工地四周进行围挡,围挡必须符合有关规定的要求,具备稳固、整洁、美观。

(2)现场工程概况牌、施工组织网络牌、安全纪律牌、安全宣传牌、防火须知牌、事故记录牌和施工布置图要设置齐全,规格统一,内容完善,位置醒目,特别要注明工程名称、施工单位、工期、工程主要负责人和监督电话,以便接受社会监督。

(3)施工中严格按审定的施工组织设计及作业指导书实施各道工序保持场地上无淤泥积水,施工道路平整畅通。临时道路的路面要硬化,道路平坦、通畅,周边设排水沟,路边设置相应的安全防护设施和安全标志,道路要经常维修。

(4)工地主要出入口、施工道路、办公室、食堂、材料堆积场等均应进行地面硬化,按要求设置洗车槽,并设置交通指令标志和警示灯,保证车辆和行人安全。

16.3.3 施工设施管理措施

(1)现场设立保卫人员,进行封闭管理,实行安全保卫制度,进入施工现场的人员一律要戴安全帽。管理人员与作业人员分颜色区别,建立来访制度。

(2)施工用电有用电规划设计,明确电源、配电箱及线路位置,制定安全用电技术措施和电器防火措施,施工现场的用电线路、用电设施的安装和使用应当符合安装规范和安全操作规程,并按规程进行架设,禁止任意拉线接电。

(3)在现场主门悬挂施工标牌,进场处挂设入场须知。施工场地"六口"(基坑口、桩孔口、竖井口、通道口、楼梯口、预留口)和"六边"(梯步边、通道边、斜道边、坑道边、渣场边、井架边)等一切容易坠落的临口临边位置应设置有效的防护措施并悬挂警示牌。

(4)施工机械应当按照施工总平面布置图和线路设置,位置合理,稳固牢靠,不得任意侵占场内道路。施工机具进场需经过安全检查,检查合格后方能使用。施工机械操作员应当建立机组责任制,并依照有关规定持证上岗,禁止无证人员上岗操作。

(5)施工现场内木材加工间、易燃易爆仓库禁止烟火,作业和易燃易爆场所应配备灭火装置。灭火装置按规定存放,并设立警示标志。

16.3.4 环境卫生管理措施

(1)施工现场设置专职的"环境保洁岗",负责检查施工场地内外的卫生设施和卫生情况,并督促有关部门和个人及时进行清洁。

(2)现场设置职工生活服务设施,工地食堂、更衣室、浴室、厕所等生活设施,需保持整洁卫生,符合深圳市卫生标准;搞好文体活动,做好卫生防病工作,确保职工身心健康;对生活区和办公区场地进行植树、种草绿化。

(3)对厕所及冲凉房要落实专人清扫,定期喷药,保持清洁卫生。

(4)加强出渣管理,严格按照《淤泥、渣土排放管理条例》进行散体物料运输,要严格执行"一不准进、三不能出"(没有运输资格的车辆不准进入工地;超载的车辆不能出工地,车厢没有密闭措施的车辆不能出工地,没有洗净的车辆不能出工地)规定。

(5)施工现场应加强控制噪声污染。对空压机、发电机等噪声超标的机械设备,采用装消音器、应用隔音材料、施作隔音内衬、加设隔音棚等措施,降低噪声。

(6)坑道内、施工场地、运输道路应定期洒水降尘。

(7)严禁在工地燃烧各种垃圾、废弃物。

16.4 工程科技创新

16.4.1 科研立项

浩吉铁路项目在开工时，根据已得到的设计文件、投标文件以及项目现场探看情况，梳理出项目承包工程施工的重难点，以会议的形式探讨面对工程难点可能出现对施工安全、质量、效率等带来不利的因素，就如何解决可能出现阻碍施工安全、质量、效率的问题、为出发点进行科研立项。

16.4.2 研究方法

研究方法主要包括：

(1) 文献调研和现场调查。对施工过程中遇到的问题，通过阅读调研国内外的有关研究成果和现场具体情况，分析确定初步应对方案。

(2) 理论分析。使用各种力学理论对初步应对方案进行合理性分析。

(3) 数值模拟计算。采用平面和三维有限变形弹塑性有限元理论，分析不同施工参数条件下的施工安全性。

(4) 现场试验与统计分析。建立专业的现场试验与监测团队，统计分析现场试验数据与监测数据，及时掌握围岩力学参数、地质变化规律，以更好地指导施工。

(5) 专家咨询。针对施工过程中遇到的复杂地层状况，通过咨询资深的隧道方面的专家，对施工方案进行风险评估，得到最优的施工方案。

16.4.3 研究成果

通过以上研究方法，现场对施工工艺、工序、设备及材料等不断进行改革创新。通过改革创新后的施工工艺、工序、设备以及材料等采用，从施工安全、质量、效率以及经济性与既有成熟工艺工序、设备以及材料等进行综合对比分析，是否满足施工安全、质量、效率以及经济性要求，不断进行摸索探究，研究出最佳方案。

施工过程中不断对现场试验情况进行总结分析，形成成果资料，以专利、工法、论文等形式体现出研究成果，为以后类似工程提供参考。中条山隧道施工过程中获得发明专利 4 项、省级工法 3 项、质量控制（QC）成果 4 项、发表论文 10 余篇。

附录1 项目相关照片

1.1 项目文化建设

项目文化建设见附图 1-1~附图 1-6。

a)   b)

附图 1-1 安全生产月宣誓签名活动

附图 1-2 党员宣誓   附图 1-3 组织员工观看党的十九大开幕式

附图 1-4 团支部组织青年员工学习   附图 1-5 团支部组织青年开展户外拓展运动

a)

b)

附图1-6　庆祝劳动节活动

1.2　学习培训

学习培训见附图1-7~附图1-16。

附图1-7　工程安全质量培训、考核

附图1-8　劳模带领青年学习

附图1-9　班前讲话

项目相关照片 | 附录 1

附图 1-10　班前交底

附图 1-11　青年安全监督岗解读安全质量卡控红线

附图 1-12　职工学习

附图 1-13　消防知识现场教学

附图 1-14　测量比武竞赛

附图 1-15　电焊工比武竞赛

附图 1-16　创新课题研究

1.3　施工现场

施工现场相关照片见附图 1-17～附图 1-43。

附图 1-17　中条山隧道进口拌和站

附图 1-18　拌和站信息化管理

附图 1-19　拌和站料仓

附图 1-20　物资物料堆码

附图 1-21　门禁系统

附图 1-22　应急物资储备库

附图 1-23　开挖作业区

附图 1-24　开挖打钻

附图 1-25　带水作业

附图 1-26　掌子面超前探水

附图1-27 爆破作业现场警戒

附图1-28 响炮后初喷

附图1-29 光爆效果

附图1-30 仰拱初期支护人工清底

附图1-31 拱架安装施工

附图1-32 仰拱与下台阶一次成环

附图1-33 喷射混凝土施工后效果

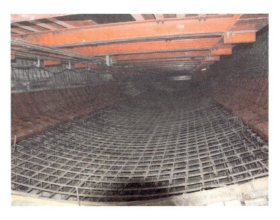
附图1-34 绑扎完成的仰拱钢筋

附图1-35 仰拱端头模安装

附图1-36 仰拱混凝土浇筑

附图1-37 大跨度仰拱施工模板支护

附图1-38 整体式吊模现场施工

附图1-39　大跨度仰拱施工效果

附图1-40　衬砌作业区

附图1-41　二次衬砌拱墙钢筋绑扎

a)

b)

附图1-42　风水管路

附图 1-43　抽排水泵站

1.4　检查观摩

检查观摩相关照片见附图 1-44～附图 1-53。

附图 1-44　日常电气设备检查

附图 1-45　月度检查

附图 1-46　浩吉铁路公司董事长张梅检查指导工作

附图 1-47　工会副主席李晓声调研

附图1-48　山西省发改委重点办张建峰视察

附图1-49　运城市盐湖区政府检查

附图1-50　运城市盐湖区政府检查工作

附图1-51　武九高速公路建设单位人员参观学习

附图1-52　成昆铁路副总经理王晓兵等调研

附图1-53　隧道二次衬砌施工观摩会

附录2 项目荣誉和成果

2.1 获得中华全国铁路总工会火车头奖杯(附图2-1)

附图2-1 中华全国铁路总工会火车头奖杯荣誉证书

2.2 获得2020年度河北省科学技术进步奖二等奖(附图2-2)

a)

b)

附图2-2 2020年度河北省科学技术进步奖二等奖证书

2.3 获得2020年工程建设科学技术进步奖二等奖(附图2-3)

附图2-3 2020年工程建设科学技术进步奖二等奖证书

2.4 获得河南省省级工法3项

(1) 单线铁路软岩隧道下台阶与仰拱同步开挖施工工法(附图2-4)

附图2-4 单线铁路软岩隧道下台阶与仰拱同步开挖施工工法证书

(2) 单线铁路隧道仰拱二次衬砌快速施工工法(附图2-5)
(3) 铁路隧道风机段组合式模板台车衬砌施工工法(附图2-6)

附图 2-5　单线铁路隧道仰拱二次衬砌快速施工工法证书

附图 2-6　铁路隧道风机段组合式模板台车衬砌施工工法证书

2.5　获得发明专利 6 项

本项目获得的发明专利情况见附表 2-1 和附图 2-7。

本项目获得的发明专利列表　　　　　　　　　附表 2-1

序号	专利名称	专利申请号	备注
1	一种隧道含钢筋拱墙的卡具型端头模板及安装方法	201610288598.8	已发证书
2	一种大断面软岩隧道下台阶与仰拱同步开挖的施工方法	201611095881.5	已发证书

续上表

序号	专利名称	专利申请号	备注
3	一种单线隧道大区段仰拱自行式悬挂模板及施工方法	201611068669.X	已发证书
4	一种隧道拱墙衬砌断面渐变的台车模板及其拼装施工方法	201710384936.2	已发证书
5	单线铁路隧道中拱墙衬砌台车的混凝土浇筑装置及其安装方法	201710469931.X	已发证书
6	一种单线铁路隧道基底防排水加强系统	201610419973.8	已发证书

a)

b)

c)

d)   e)   

f)

附图 2-7 本项目获得的发明专利证书

2.6 获得QC成果4项

(1)2017年全国优秀质量管理小组(附图2-8)

附图2-8 2017年全国优秀质量管理小组荣誉证书

(2)2016年度河北省工程建设优秀质量管理小组(附图2-9)

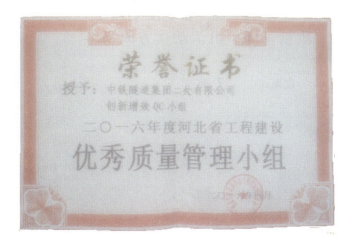

附图2-9 2016年度河北省工程建设优秀质量管理小组荣誉证书

(3)2017年度河北省工程建设优秀质量管理小组(附图2-10)
(4)2017年度全国工程建设质量管理小组活动优秀成果Ⅰ类(附图2-11)

附图2-10　2017年度河北省工程建设优秀质量管理小组荣誉证书

附图2-11　2017年度全国工程建设质量管理小组活动优秀成果Ⅰ类证书

2.7　发表论文16篇

依托本项目发表论文16篇,见附表2-2。

发表论文列表　　　　　　　　附表2-2

序号	论文标题	刊物名称	发表日期
1	蒙华铁路中条山隧道施工关键技术	隧道建设	2017年第37卷S2期
2	单线铁路隧道仰拱二次衬砌大区段施工工艺	隧道建设	2017年12月第37期

续上表

序号	论文标题	刊物名称	发表日期
3	蒙华铁路中条山隧道第三系地层工程地质特征研究	隧道建设	2014年12期
4	蒙华铁路中条山隧道高地应力F7断层软岩破碎段施工技术	隧道建设	2018年S1期
5	基于中条山隧道的台阶法几何参数优化分析	隧道建设	2017年12期
6	单线铁路隧道石质软岩初期支护快速封闭成环施工技术	工程技术	2016年第38期
7	辅助坑道软岩段初期支护及二次衬砌模筑方案调整研究	工程技术	2017年5月第20卷
8	隧道长栈桥二次衬砌仰拱填充施工技术初探	中国科技纵横	2016年第3期
9	单线铁路隧道二次衬砌施工工装优化研究及应用	四川建材	2018年第11期
10	浅谈隧道仰拱与下台阶开挖初期支护成环施工技术	中国高新技术企业	2016年第8期
11	第三系地层隧底质量控制施工技术应用	中国高新科技	2018年第6期
12	隧道陡坡斜井抽排水施工技术	山西建筑	2018年第28期
13	台阶法（带仰拱）一次开挖施工技术在软岩隧道中的应用	隧道建设	2018年第2期
14	蒙华铁路隧道工程施工技术要点及机械化配套	隧道建设	2017年第12期
15	基于中条山隧道的台阶法几何参数优化分析	隧道建设	2017年12期
16	第三系泥岩工程特性与仰拱施工技术研究	现代隧道技术	2021年第2期

注：浩吉铁路在开通运营前的名称为蒙华铁路，为了与实际情况保持一致，表中使用"蒙华铁路"，后同。

2.8 项目其他荣誉

本项目获得的其他荣誉共42项，详见附表2-3和附图2-12。

本项目获得的其他荣誉　　　　　　　　　　　　　　　　　　　附表2-3

序号	获奖单位或个人	获奖名称	获奖时间	获奖文号
1	蒙华铁路MHSS-3标项目部	中铁隧道蒙华铁路"大干100天"劳动竞赛第一名	2016年1月	
2	蒙华铁路MHSS-3标项目部	蒙华铁路公司晋豫指挥部2015年度先进集体	2016年1月	

续上表

序号	获奖单位或个人	获奖名称	获奖时间	获奖文号
3	蒙华铁路 MHSS-3 标项目部	中国中铁五四红旗团支部	2016 年 4 月	
4	罗进	山西省"运城市爱岗敬业劳动模范"荣誉称号	2016 年 4 月	运发〔2016〕6 号
5	蒙华铁路 MHSS-3 标项目部	中国铁路总公司先进基层党组织	2016 年 6 月	
6	蒙华铁路 MHSS-3 标项目部	中国中铁全国青年文明号创建团队	2016 年 7 月	
7	蒙华铁路 MHSS-3 标项目部	中国中铁蒙华杯劳动竞赛 2016 年上半年评比第二名	2016 年 8 月	
8	蒙华铁路 MHSS-3 标项目部	中国中铁授予工人先锋号	2016 年 8 月	
9	蒙华铁路 MHSS-3 标项目部	2016 年上半年"中铁隧道蒙华杯"劳动竞赛第一名	2016 年 8 月	
10	蒙华铁路 MHSS-3 标项目部一工区	全总 2014—2015 年度全国安康杯竞赛优胜集体、优胜班组	2016 年 9 月	豫组委办〔2016〕3 号
11	蒙华铁路 MHSS-3 标项目部	中央电视 CCTV1 纪录片《超级工程——中国路》	2016 年 10 月	
12	蒙华铁路 MHSS-3 标项目部一工区	河南省示范性劳模创新工作室	2016 年 10 月	豫工发〔2016〕13 号
13	蒙华铁路 MHSS-3 标项目部	运城市工人先锋号	2017 年	
14	蒙华铁路 MHSS-3 标项目部	蒙华晋豫指挥部 2016 年度先进集体	2017 年 1 月	晋豫综〔2017〕2 号
15	蒙华铁路 MHSS-3 标项目部	中铁隧道局集团有限公司 2016 年度先进集体	2017 年 1 月	
16	蒙华铁路 MHSS-3 标项目部	中铁隧道局集团有限公司安全文明样板工地	2017 年 1 月	隧安质函〔2017〕19 号
17	蒙华铁路 MHSS-3 标项目部	中国中铁蒙华杯劳动竞赛 2016 年下半年评比第三名	2017 年 2 月	
18	蒙华铁路 MHSS-3 标项目部	中铁隧道局集团有限公司节能减排标准化工地	2017 年 3 月	隧技函〔2017〕109 号
19	蒙华铁路 MHSS-3 标项目部	蒙华铁路公司 2016 年先进集体	2017 年 3 月	蒙华综〔2017〕13 号

续上表

序号	获奖单位或个人	获奖名称	获奖时间	获奖文号
20	蒙华铁路MHSS-3标项目部	中铁隧道局集团有限公司工程项目文化建设示范点	2017年3月	隧党宣〔2017〕18号
21	尚军	运城市五一劳动奖章	2017年4月	
22	周勇	运城市五一劳动奖章	2017年4月	
23	李晓军	运城市五一劳动奖章	2017年4月	
24	罗进	山西省五一劳动奖章	2017年4月	
25	蒙华铁路MHSS-3标项目部一工区	中国中铁优秀青年安全监督岗	2017年5月	
26	蒙华铁路MHSS-3标项目部一工区	河南省五四红旗团支部	2017年5月	
27	蒙华铁路MHSS-3标项目部	中铁隧道局集团有限公司幸福之家项目部	2017年6月	
28	蒙华铁路MHSS-3标项目部	蒙华铁路晋豫管段履约考核第二名	2017年6月	晋豫综〔2017〕37号
29	蒙华铁路MHSS-3标项目部	中国中铁蒙华杯劳动竞赛2017年上半年评比第三名	2017年1月	
30	赖召刚	中国中铁蒙华铁路"优秀班组长"荣誉称号	2017年1月	
31	蒙华铁路MHSS-3标项目部一工区	中铁隧道蒙华杯2017年上半年评比第一名	2017年11月	
32	蒙华铁路MHSS-3标项目部三工区	中铁隧道蒙华杯2017年上半年评比第三名	2017年11月	
33	李培林	中国中铁劳动模范称号	2017年11月	
34	尚军	中国中铁劳动模范称号	2017年11月	
35	蒙华铁路MHSS-3标项目部	中国中铁安全标准工地	2017年12月	
36	蒙华铁路MHSS-3标项目部	中国中铁2017年度节能减排标准化工地	2018年1月	中铁股份科信〔2018〕18号
37	蒙华铁路MHSS-3标项目部	蒙华晋豫指先进集体	2018年1月	晋豫综〔2018〕6号
38	蒙华铁路MHSS-3标项目部	山西省工人先锋号	2018年4月	
39	尚军	山西省五一劳动奖章	2018年4月	
40	陈鸿	运城市五一劳动奖章	2018年5月	
41	冯兴龙	运城市五一劳动奖章	2018年5月	
42	郭玉旺	运城市五一劳动奖章	2018年5月	

附图 2-12　本项目获得的其他荣誉

参 考 文 献

[1] 田四明,王伟,巩江峰.中国铁路隧道发展与展望(含截至2020年底中国铁路隧道统计数据)[J].隧道建设(中英文),2021,41(2):308-325.

[2] 2020年中国公路隧道建设现状、建设中存在的问题及建设管理方法分析[Z].https://www.chyxx.com/industry/202106/954431.html.

[3] 洪开荣.我国隧道及地下工程近两年的发展与展望[J].隧道建设,2017,37(2):123-134.

[4] 严金秀.中国隧道工程技术发展40年[J].隧道建设(中英文),2019,39(4):537-544.

[5] 李自强.重载铁路隧道结构的动力特征及设计方法研究[D].成都:西南交通大学,2018.

[6] 扶晓康.重载铁路隧道基底结构动力响应特性研究[D].长沙:中南大学,2014.

[7] 刘宁,彭立敏,施成华.基岩软化条件下仰拱结构疲劳寿命的预测分析[J].振动工程学报,2016,29(5):936-944.

[8] 常凯.铁路隧道底部上拱病害机理分析及整治技术研究[D].北京:中国铁道科学研究院,2017.

[9] 杨懿.桩基加固的岩溶隧道地基沉降计算方法研究[D].成都:西南交通大学,2018.

[10] 牛亚彬.重载铁路隧道病害机理及整治技术研究[D].北京:中国铁道科学研究院,2013.

[11] 李力.重载无砟轨道铁路隧道基底加固技术研究[C]//中国铁道学会,2017:157-162.

[12] 雷青川.重载铁路黄土隧道水泥土挤密桩地基加固技术研究[J].工程技术研究,2019,4(6):15-17.

[13] 陈福江,刘金刚,方钱宝,等.水泥土挤密桩加固黄土隧道地基的稳定性研究[J].铁道建筑,2017(7):85-87.

[14] 张宁,张光伟,刘瑞辉,等.隧道台阶法施工中台阶长度的优化分析[J].公路,2019,64(10):299-303.

[15] 李豫东,梁斌,赵琳,等.浅埋隧道大管幕施工台阶法几何参数优化[J].河南大学学报,2019,49(5):623-630.

[16] 王旭.大跨度隧道台阶法爆破开挖进尺研究[D].重庆:重庆交通大学,2018.

[17] 戴润军,李东顺,张成勇.宝兰客运专线软岩隧道三台阶七步开挖法及机械配套快速施工技术[J].隧道建设,2015(S2):76-85.

[18] 李长白.黄土隧道快速台阶法施工工艺研究与安全分析[J].工程建设标准化,2019(9):82-88.

[19] 耿启军,屈振荣,蔡国庆,等.三台阶大拱脚临时仰拱法与微台阶法在砂质黄土隧道中的适用性对比分析[J].铁道建筑,2019,59(11):67-69.

[20] 刘招伟,李建华.台阶法(带仰拱)一次开挖施工技术在软岩隧道中的应用[J].隧道建设(中英文),2018,38(2):287-294.

[21] 李建华,邓涛,刘大刚,等.下台阶含仰拱一次开挖工法仰拱早期受力研究[J].隧道建设(中英文),2018,38(7):1115-1122.

[22] 林建奎.三台阶带仰拱一次开挖工法在高铁隧道施工中的应用[J].城市建设理论研究,2018(26):68.

[23] 马兆云,余云燕.高地应力软岩隧道仰拱施作方法研究[J].兰州交通大学学报,2019,38(3):13-20.

[24] Ponlawich Arjnoi, Jae-Hyeung Jeong, Chang-Yong Kim, et al. Effect of drainageconditions on porewater pressure distributions and lining stresses indrainedtunnels[J]. Tunnelling and Underground Space Technology, 2009(24):376-389.

[25] Lisa Hernqvist, Gunnar Gustafson, Asa Fransson, et al. A statistical grouting decision method based on water pressure tests for the tunnel construction stage-A case study[J]. Tunnelling and Underground Space Technology,2013,33(1):54-62.

[26] 赵启超.高压富水区大断面公路隧道衬砌结构受力特征及防排水技术研究[D].成都:西南交通大学,2018.

[27] 蒋进.高压富水地层山岭隧道衬砌受力机制探讨与结构设计[D].重庆:重庆交通大学,2012.

[28] 王山霖.地铁区间隧道穿越富水断层带防排水对策及支护结构研究[D].成都:西南交通大学,2018.

[29] 徐钟.复杂岩溶隧道涌突水演化机理及灾害综合防治研究[D].成都:成都理工大学,2018.

[30] 李冬生.矿山法水底隧道渗流力学特征及分区防排水研究[D].成都:西南交通大学,2010.

[31] 雷勇锋.富水隧道排水施工技术研究[J].铁道建筑技术,2017(3):116-119,128.

[32] 张鹏飞.富水破碎围岩山岭隧道安全施工控制技术研究[D].长沙:湖南大学,2014.

[33] 林红星.特长铁路隧道穿越不良地质段综合施工技术研究[D].西安:西安建筑科技大学,2017.

[34] 翁杨.隧道虹吸排水方法及其在渗漏病害处置中的应用[D].杭州:浙江大学,2018.

[35] 李鑫.雪山隧道断层破碎带稳定性分析及治理方法[D].济南:山东大学,2015.

[36] 万飞,谭忠盛,马栋.关角隧道F2-1断层破碎带支护结构优化设计[J].岩石力学与工程学报,2014,33(3):531-538.

[37] 徐前卫,程盼盼,朱合华,等.跨断层隧道围岩渐进性破坏模型试验及数值模拟[J].岩石力学与工程学报,2016,35(3):433-445.

[38] Oreste P P, Dias D. Stabilisation of the excavation face in shallow tunnels using fibreglass dowels[J]. Rock Mechanics and Rock Engineering,2012,45(4):499-517.

[39] 刘运生.超前小导管管径和管长对其超前支护"棚架"效应的影响分析[J].铁道标准设计,2012(S1):30-32.

[40] 闵书.隧道超前小导管注浆预加固数值分析[D].重庆:重庆大学,2013.

[41] 郭璇,张鸿儒,蒙蛟,等.软弱围岩隧道管棚预支护开挖土压分布模型试验[J].岩石力学与工程学报,2016,35(6):1214-1224.

[42] 张庆松,李鹏,张霄,等.隧道断层泥注浆加固机制模型试验研究[J].岩石力学与工程学报,2015,34(5):924-934.

[43] 李有业,任国臣.单洞双线高速铁路隧道Ⅲ级围岩仰拱快速施工技术[J].隧道建设,2013,33(7):586-590.

[44] 蒋晖光,陈文超.隧道仰拱长栈桥施工应用[J].隧道建设,2012,32(S2):187-189.

[45] 武明静.万荣隧道24m自行式仰拱栈桥施工技术研究[J].铁道建筑技术,2017(8):84-87.

[46] 盛重权,张江涛.隧道仰拱机械设备配套快速施工技术[J].施工技术,2013,42(S2):217-219.

[47] 苏辉.长仰拱栈桥在黄土隧道施工中的应用[J].隧道建设,2017,37(S2):192-197.

［48］田晓峰.长大隧道自行式移动仰拱栈桥研制及施工技术［J］.施工技术,2017,46(15):120-123.

［49］刘春阳.高原特长隧道安全快速施工技术研究［D］.北京:北京交通大学,2011.

［50］陈绍华.青藏铁路西格二线关角隧道关键技术［J］.隧道建设,2016(S3):355-372.

［51］吴秋军,于丽,王峰,等.高海拔特长隧道低压低氧环境施工控制技术研究——供氧技术标准、关键通风技术、施工人员组织、施工装备效率［J］.隧道建设,2017,37(8):161-162.

［52］闫明超.壁板坡特长隧道平导快速施工技术［J］.铁道标准设计,2016,60(5):112-113.

［53］齐志冲.长大隧道开敞式TBM地质适应性与施工技术研究［D］.石家庄:石家庄铁道大学,2015.

［54］郭旺明.特长单线隧道无砟轨道施工技术与管理［J］.高速铁路技术,2019,10(5):87-91,96.

［55］蒲荣宇.单线特长铁路隧道CRTSI型双块式无砟轨道施工技术［J］.铁道建筑技术,2014(7):108-112.

［56］曹科.特长铁路隧道机械化施工设备配套技术探讨［J］.铁道建筑技术,2017(6):15-18,36.

［57］韩贺庚,申志军,皮圣.蒙华铁路隧道工程施工技术要点及机械化配套［J］.隧道建设(中英文),2017,37(12):1564-1570.

［58］谢大文,刘一,王华.单线铁路隧道机械化配套方案在乌兹别克斯坦安—琶铁路隧道的实践应用［J］.隧道建设(中英文),2020:1-6.